中国式现代化与基层治理创新研究丛书

大城善治：社会治理创新的上海实践

唐有财 等 著

華東理工大學出版社
EAST CHINA UNIVERSITY OF SCIENCE AND TECHNOLOGY PRESS
·上海·

图书在版编目(CIP)数据

大城善治：社会治理创新的上海实践/唐有财等著
.—上海：华东理工大学出版社，2022.11
ISBN 978-7-5628-6756-2

Ⅰ.①大… Ⅱ.①唐… Ⅲ.①社会管理—研究—上海
Ⅳ.①D675.1

中国版本图书馆 CIP 数据核字(2022)第 202773 号

策划编辑 / 刘　军
责任编辑 / 孟媛利
责任校对 / 秦静良
装帧设计 / 居慧娜
出版发行 / 华东理工大学出版社有限公司
地址：上海市梅陇路 130 号，200237
电话：021-64250306
网址：www.ecustpress.cn
邮箱：zongbianban@ecustpress.cn
印　　刷 / 杭州日报报业集团盛元印务有限公司
开　　本 / 710mm×1000mm　1/16
印　　张 / 16
字　　数 / 221 千字
版　　次 / 2022 年 11 月第 1 版
印　　次 / 2022 年 11 月第 1 次
定　　价 / 168.00 元

基层治理体系和治理能力现代化研究书系

上海学术·专业出版中心

社会工作与社会治理出版中心

荣誉出品

中国式现代化与基层治理创新研究丛书

华东理工大学社会与公共管理学院
上海高校智库·社会工作与社会政策研究院
组织编写

目　录

第四编　社区治理智能化

第五编　社区治理专业化

第六编　社区治理法治化

第七编　社区多元共治

前　言

一、如何理解社会治理创新

习近平总书记指出："创新是一个民族进步的灵魂，是一个国家兴旺发达的不竭动力，也是中华民族最深沉的民族禀赋。"近年来，党和政府高度重视创新工作，中共十八届五中全会明确提出了"创新、协调、绿色、开放、共享"的新发展理念，把"创新"放在新发展理念之首，代表了发展的核心理念，指明了中国未来经济社会发展的方向和着力点。创新覆盖中国经济、政治、社会、文化等各个发展领域，贯穿发展实践过程，形成了经济创新、社会创新、文化创新、组织创新、管理创新等各种理论表述。自十八届三中全会明确提出创新社会治理体制以来，社会治理创新俨然成为我们这个时代最重要的关键词。什么是社会治理创新？为什么要推进社会治理创新？如何推进社会治理创新？上述问题是如今政府、学界和社会必须回答的重要问题。

本书认为，社会治理创新涉及对社会治理和社会创新两个概念的理解。正如不少学者如洪大用所指出的，社会治理就其基本含义而言，是指维护社会秩序、促进社会团结、激发社会活力、防范社会风险的一系列体制机制、组织安排和工作过程。① 需要强调的是，与西方社会的治理结构和制度不同，中国的社会治理要不断完善党委领导、政府负责、民主协商、社会协同、公众参与、法治保障、科技支撑的社会治理体系。这一社会治理体系包含了多重目标，即党和政府的方针政策得以有效落实，各种社会力量得以有效培育和

① 洪大用：《与时俱进加强和创新社会治理》，载《人民日报》2018 年 10 月 23 日第 7 版。

激发，社会各方通过协商对话达成共识，促进公众主体性的生长、公共精神的培育以及治理成本的有效降低等。显然，多重目标的实现对社会治理创新来说是个很大的考验，特别是很多目标在实现的过程中会面临内在的张力，如何克服这些内在的张力则势必对治理者形成巨大的考验。

在上述治理目标中，党的坚强领导是我们的政治优势和组织优势，然而如何培育社会力量、如何实现公众参与、如何实现党的组织力和社会自治力的有效衔接，都是社会治理面临的巨大挑战。特别是如何用社会的逻辑来解决各类社会问题，是中国社会未来很长时间内都需要解决的难题，因此借鉴社会创新的理念就显得尤为必要。在彼得·德鲁克提出社会创新以后，随着市场化和全球化的发展，社会创新作为政府、企业和非营利组织等单位合作解决社会问题、促进社会发展的新机制正在迅速崛起，并成为一种新的全球化趋势(俞可平，2011)。[①] 根据学者扎普夫的梳理和界定，社会创新是指改变了社会发展方向的新的组织结构、控制手段、生活方式，它可以更好地解决社会问题，所以值得推广并进行制度化。[②] 在这个意义上，社会创新是治理理念和治理方式的深层次变革。

基于上述分析，本书认为，社会治理创新将社会创新的理念和方式应用到治理领域，它在当前经济社会深刻转型的背景下，坚持“以人民为中心”的实践原则和价值取向，以着力破解人民群众“美好生活”需求与发展的不平衡、不充分之间的矛盾为目标，针对各类社会问题，重构社会运行体制机制，培育多元治理主体，创新组织和管理方式，从而改变社会关系、创造共享价值、提高社会整体福利，最终实现社会良性发展的目标。社会治理创新的本质就是各种要素及其关系的重构，就是改变原有的组织方式、资源配置、空间布局、技术应用、治理流程、规则体系和互动模式等，通过重构来实现治理效能的提升。因此，社会治理创新是理念创新、组织创新、技术创新、方法创新和应用创新的综合体。好的社会治理创新可以最大限度地激发相关主体

① 俞可平：《社会创新的若干趋势》，载《杭州(我们)》2011 年第 11 期。
② 陶秋燕、高腾飞：《社会创新：源起、研究脉络与理论框架》，载《外国经济与管理》2019 年第 6 期。

的治理潜能并且降低政府与社会的治理成本，从而实现治理范式的深刻转型。而在社会治理创新的实践过程中，各类治理主体的内生动力如何以及社会机制能否理顺是社会治理创新能否实现可持续发展的重要因素。在社会治理创新的导向下，各地都在开展各种形式的创新实践，各种创新概念层出不穷，然而不少创新实践都只是外力介入的结果，没有实现真正意义上的重构，最终只能成为变相的“内卷”，因此是不可持续的。这提醒我们，在理解社会治理创新时，要能透过表象看到实质，从而把握社会创新治理的内在逻辑。

为什么今天我们要将社会治理创新放在如此高的位置上？本书认为，我们应该在“结构转型—体制变迁/机制调整—问题需求”的框架中来理解其紧迫性和必要性。正如前面所指出的，社会治理创新是治理要素及其关系的重构，因此是体制和机制层面的变革。这一变革在深层次上是由社会结构转型所决定的。社会结构是社会学的核心概念，它代表的是一种相对稳定和持久的关系模式，包括人口结构、阶层结构、城乡结构、社会组织结构等多方面的内容。当下的中国正处于以“市场化、工业化、城市化、信息化和全球化”为核心特征的社会深刻转型过程中，这一转型必然带来社会结构的重构，从而带来新的治理挑战。

市场化和工业化转型导致了社会利益的深刻调整、各种社会问题的增加以及体制外力量的生长；城市化带来了大规模的人口流动，流动性成了当今社会最为核心的特点，使得传统的以属地为基础的治理体制和机制很难适应当今的社会治理；以互联网、物联网、大数据、云计算等现代信息技术(ICT)为主导的信息化更是重塑了人们的关联方式、人际的沟通方式和公共参与方式，因此也深刻地影响了社会治理的方式、深度和广度。总之，社会结构的深刻转型意味着传统的治理方式逐步式微，需要形成与之相匹配的治理体制和机制。

社会治理创新必须以回应问题和需求为导向。在这个意义上，创新是手段，而解决问题才是创新的目的。社会问题是伴随着社会发展和转型而产生的，任何社会都会面临特定时代的问题，关键在于治理方式能否有效应对这些问题。如社区治理中的物业管理难、停车难、加装电梯难等问题，都是近年来基层社会治理的新现象和新挑战，很多问题都难以通过传统的思想工作和情感治理来解决。此外，社区治理中还存在大量的居民行为问题，如宠物扰民、楼道堆物、噪声大等。这些问题虽然看上去并不大，但一旦处理不好，就有可能引发邻里矛盾，影响基层社会的和谐稳定。本书中所包含的案例代表了当前城市社会治理面临的难题和挑战，如自治金项目主要解决的是社区治理中居民参与不足的问题，滨江建设者之家面对的是超大城市中的流动人口治理的问题，奉贤区四堂间面对的是城市化进程中郊区农村的养老和社会治理问题……因此，如何通过治理方式和方法的变革来破解上述难题是基层治理的主要任务。

二、改革开放以来上海创新基层社会治理的发展历程

上海是一座创新之城，也是超大城市社会治理的标杆。作为一个常住人口约 2 500 万的超大城市，上海面临的治理难题的复杂性和挑战性无疑是巨大的，但同时，社会对这一城市的治理要求也在逐渐提高。上海的城市治理承载着彰显中国特色社会主义制度优越性的功能，同时也担负着输出治理经验的使命。习近平总书记每次考察上海时都会对上海的社会治理提出要求。2017 年，习近平总书记参加十二届全国人大五次会议上海代表团审议时强调，走出一条符合超大城市特点和规律的社会治理新路子是关系上海发展的大问题，并指出“城市管理应该像绣花一样精细”。2018 年，他在上海考察时进一步指出，“一流城市要有一流治理，要注重在科学化、精细化、智能化上下功夫”。2019 年 11 月，习近平总书记在上海调研时提出了“全过程人民民主”的重要思想。2020 年 2 月，习近平总书记考察上海时又指出“人民城市人民建，人民城市为人民”。上述讲话精神成为上海创新社会治理的指导思想，也是在社会治理方面中央给上海布置的重要任务。本书所呈现的创新实践案例是践行上述治理要求的重要探索。

上海的基层社会治理是一个长期发展的过程，既有路径依赖，也有改革创新。因此，要理解当前的社会治理创新实践，还需要将其放在历史的脉络中来考察。改革开放 40 多年来，上海顺应经济发展和社会管理的新形势与新需求，不断推进社区建设，建立和完善基层社会治理体系，做强做实社会治理平台，提升社会治理能力，特别是在基层党建、精细化治理、协商民主等方面形成了具有普遍示范意义的制度安排和创新实践，形成了超大城市社会治理的经验模式。大体来说，上海的基层社会治理体制改革经历了以下四个阶段。

（一）起步阶段（1986—1995 年）

20 世纪 70 年代末 80 年代初，中国开始推行市场化改革，改革激发了经济和社会的活力，进而也促进了社会管理体制的变革。中华人民共和国成立之后，单位制成为城市社会的主要制度安排，而街居制则处于从属地位。改革开放后，中国城市中的单位制逐步解体，这意味着单位的社会管理功能逐步式微。大规模的人口流动使得原先基于户籍制度的管理模式也日益受到挑战，社区建设逐步提上日程。1986 年，民政部召开了中华人民共和国成立以来的首次全国城市街道居民委员会工作座谈会，将“社区”这一概念引入城市管理中，全国各地也积极推进社区建设。上海作为我国的老工业基地，由于受到传统体制的影响，在改革开放、城市建设和公共服务方面的进程反而落后了。住房难、出行难、买菜难等社会问题层出不穷，严重影响了人民群众的生活，也对基层社会治理形成了巨大考验。上海积极响应社区工作会议的精神，于 1986 年年底首次召开了全市街道工作会议，会议决定：恢复街道办事处和居委会的功能，强化街道办事处的“属地管理”和“综合协调”功能。这一会议的成功召开标志着上海的社区治理拉开了帷幕。

（二）确立管理体制（1996—2002 年）

这一阶段的主要任务是确立和完善“两级政府、三级管理、四级网络”的社区管理体制。面对 21 世纪日益复杂的社会问题，基层社会治理的制度化建设也更加迫切。1996 年，上海首次召开城区工作会议，提出了“两级政府、三级管理、四级网络”的社区管理体制，街道在城市管理和基层社区治理中的地位更加突出。1996年，《中共上海市委、上海市人民政府关于加强街道、居委会建设和社区管理的政策意见》（沪委〔1996〕5号）明确了街道党工委和街道办事处在城市管理中的地位和作用，特别就人员编制、财政经费、职能任务等方面做了详尽的规定。1997年1月15日，上海市第十届人民代表大会常务委员会第三十三次会议审议通过了《上海市街道办事处条例》。进入21世纪后，上海先后出台了《上海市村民委员会选举办法》《上海市居民会议制度实施办法》等一系列法规和政策文件，为推进村居自治工作提供了制度保障。

为了夯实基层治理力量，上海新建了近1 000个居委会，并进一步在制度层面明确了居委会的人员编制和待遇、办公场地等问题。这一时期，上海的城市建设和经济体制改革不断深化，特别是伴随国有企业改革出现了两个“一百万”问题，即一百万下岗工人和一百万动拆迁居民，此外还分流了一大批具有丰富管理经验的中层干部。为了给经济建设保驾护航，很多优秀的中层干部开始进入社区，把一些企业管理的理念和经验带到社区工作中，对社区治理产生了积极影响。总之，这一时期的社区工作一方面服务于经济建设，克服了经济体制改革所带来的社会危机；另一方面，也逐步实现了制度化和规范化，社区治理力量不断增强。

（三）深化管理体制（2003—2013年）

进入21世纪以来，上海基层社会治理体制变革从制度建设转向了平台建设，同时深化了基层民主实践。上海市委市政府召开的首次社区工作会议探索了居委会直选，建立了居委会的组织基础。除了民主选举外，治理体制变革更加突出了具有中国特色的社会主义基层协商民主实践。起始于黄浦区五里桥街道的“三会”（听证会、协调会、评议会）制度作为社区协商民主工具得到了认可和推广。2017年，它更是被写入了《上海市居委会工作条例》，作为一项制度被固定下来，这也是中国特色社会主义民主制度的重要成果。在平台建设方面，2004年12月，上海市委八届六次全会通过的《中共上海市委关于加强社区党建和社区建设工作的意见》确立了社区党建和社区建设“二化一覆盖”的总体目标:“社区建设实体化、社区管理网格化以及社区党建全覆盖”,重点建设公共服务的三个中心,即社区事务受理中心、社区文化活动中心和社区卫生服务中心。2006 年,上海市政府把建设 100 个社区事务受理中心作为市政府实事项目,出台了全国首个社区政府服务地方标准,进一步推动了社区事务受理中心的标准化建设。

(四) 创新治理体系(2014 年以来)

中共十八届三中全会首次提出“推进国家治理体系和治理能力现代化”这个重大命题,并把“完善和发展中国特色社会主义制度、推进国家治理体系和治理能力现代化”确定为全面深化改革的总目标。基层社会治理是国家治理体系的重要组成部分。因此,开展基层社会治理改革是推进国家治理体系现代化的必然要求。上海市积极响应上述中央精神,2014 年,上海市委将“创新社会治理,加强基层建设”提升到市委一号调研课题的高度上,并于该年年底出台了“1+6”文件。

这一轮改革对街道的职能和机构进行了调整,全面剥离了街道的招商引资功能,街道的工作重心主要转向公共管理、公共服务和公共安全。“1+6”文件提出了“坚持党的领导、坚持核心是人、坚持依法治理、坚持改革创新、坚持重心下移”五个原则,明确了进一步完善治理体系、进一步提升治理能力的目标,并就街道(乡镇)体制、居(村)治理、区域化党建、社会组织、网格化管理、队伍建设、法治保障和组织保障等方面提出了指导意见。“1+6”文件出台后,街道和社区的力量得到了进一步强化,并成为基层社会治理的关键一环。

三、上海市委“1+6”改革的主要内容

2014 年出台“1+6”文件,是进入新时代之后上海社会治理体制重要变革的重大举措,构建起了超大城市社会治理创新发展的“四梁八柱”。“1+6”文件中的“1”代表的是《关于进一步创新社会治理加强基层建设的意见》,这是总体指导意见,主要强调原则性和系统性。“6”个配套文件是专项政

策，具体包括《关于深化街道体制改革的实施意见》《关于完善居民区治理体系加强基层建设的实施意见》《关于完善村级治理体系加强基层建设的实施意见》《关于组织引导社会力量参与社区治理的实施意见》《关于深化拓展网格化管理提升城市管理效能的实施意见》《社区工作者管理办法（试行）》，主要体现操作性和规范性。根据上述意见的要求，“1＋6”改革的目标是，“经过3—5年努力，进一步完善基层社会治理体系，进一步提高基层社会治理能力，使基层社会在深刻变革中既充满活力又和谐有序，为城市治理体系和治理能力现代化奠定坚实基础，为上海顺利实现‘四个中心’和社会主义现代化国际大都市建设目标提供坚实保障”。“1＋6”文件是上海基层社会治理体制的重要变革，涉及街镇体制、社区治理、社会组织、队伍建设等多方面的内容。

（一）改革街道管理体制

“1＋6”改革按照“重心下移、权责一致、做实基层”的原则，将资源、服务和管理下沉到街道。首先是街道职能的转变，具体包括强化街道统筹社区发展权，取消招商引资职责和强化“三公”职能（街道工作重心转向公共服务、公共管理和公共安全），赋予街道建议权、同意权、考核权、参与权、综合管理权等五项权力。其次是完善街道领导体制，将“社区（街道）党工委”更名为“街道党工委”，保留行政党组，撤销综合党委和居民区党委，新建社区党委，更好地担负起区域化党建和“两新”组织党建、居民区党建工作。最后是调整街道办事处的内设机构，按照“6＋2”的模式进行设置，对服务群众的窗口服务单位进行了整合，统一设立六个中心，即社区事务受理服务中心、社区文化活动中心、社区卫生服务中心、城市网格化管理中心、社区党建服务中心和社区综合治理中心。

（二）推进析出街道，做实基本管理单元

析出街道主要是指，为了缓解郊区镇域管理难和公共服务供给不足的问题，在集中连片城市化区域与中心城区或新城连片的社区中新建或筹建街道。新析出的街道按照“6＋2”的模式统一设置。另外，针对暂不具备新建街道条件的近郊地区和大型居住区，探索建立基本管理单元。基本管理单元主要承担公共服务供给、政府管理延伸和社会力量协同共治的功能。在资源配置上，析出街道通过构建服务中心、服务分中心、服务站等模式来提供各类社区公共服务。

（三）补齐服务网络短板

首先，全市所有街镇建立社区事务受理服务中心，在基本管理单元建立分中心。其次，根据《社区事务受理服务中心建设服务规范》，实现所有社区事务受理服务中心做到“六个统一”，即服务事项、办事流程、建设规范、标识标牌、管理软件和评估体系的统一。最后，所有社区事务受理服务中心实行“一头管理、一门办理、一口受理、全年无休和全市通办”的服务模式，借助互联网信息系统，提升“互联网＋政务服务”水平。

（四）深化居民自治与社区共治

在居民自治方面，在现有的居村治理架构下，进一步健全包括居村委下属的专业委员会、居村民小组和楼组等在内的自治网络，培育各种类型的自治理事会和议事会等自治载体。强化居委会对业委会的指导和监督，如在居委会下设环境和物业管理委员会，探索居委会成员通过合法程序兼任业委会成员的方式方法。此外，进一步完善民主选举制度，推进社区自治的制度化、规范化和程序化，如建立健全自下而上的自治议题和自治项目形成机制，推广“听证会、协调会、评议会”三会制度和“四议两公开”制度，探索在居民区开展自治金项目。在社区共治方面，主要采取如下措施：一是搭建社区代表会议、社区委员会等共治平台；二是丰富共治主体，包括街道党工委、办事处、派出机构、“两代表一委员”、驻区单位和居民区党总支、居委会和社区居民等；三是拓展共治内容，把社区发展规划、社区公共管理和公共服务等事务纳入其中；四是建立社区联席会议制度等工作制度。

（五）鼓励社会组织参与社区治理

一是培育发展社区社会组织，加大社区生活服务类、社区公益慈善类、社区文体活动类和社区专业调处类等四类社区社会组织的培育扶持力度，降低注册门槛。二是推进社会组织服务平台建设，在街镇层面成立社会组织服务中心、社会组织联合会、社区基金会等枢纽型组织，为社区社会组织发展提供技术和资金支持。目前，上海已经实现市、区、街镇社会组织服务中心全覆盖，并且制定了街(镇)社会组织服务中心建设指南地方标准，实现了中心的社会化、实体化和规范化运作。另外，上海目前已经成立了80多家社区基金会，其数量在全国名列前茅。三是在政府购买服务方面，上海建立了全市统一的政府购买服务管理平台。

（六）加强社区工作者队伍建设

首先，强化班长工程，尤其在居民区层面，给予带头人事业岗位、事业待遇，连续两届表现优秀、群众公认的居民区党组织书记，直接进入事业编制。其次，推进“社区工作者职业体系”建设，在社区工作者的额度管理、录用方式、用工管理、薪酬体系、专业发展和考核激励方面都出台了一系列办法。据统计，截至2018年3月，上海市共有社区工作者4.7万名，他们成为基层社会治理的一支关键队伍。

四、上海市社会治理的创新逻辑与实践经验

上海基层社会治理的制度变迁和政策设计为各区、街镇和社区创新社会治理实践提供了制度框架，特别是市委“1＋6”改革将街道的工作重心转移到公共管理、公共服务和公共安全上来，对基层社会治理的创新提出了更高的要求。很多研究都指出，在“一号课题”之前，对街道工作的评价标准主要依据GDP和财政收入等量化的经济指标，这样的指标易于比较和测量。但是，当基层社会治理成为街道和社区的工作重心时，如何衡量社会治理的工作成效就成为一个难题。而治理亮点和品牌项目就成为对基层社会治理工作进行评价的重要因素，也是基层治理创新的重要动力因素。

在这一评价导向下，上海各区、街镇和社区开展了形式多样的创新实践，产生了一批在上海乃至全国都具有一定影响力的社会治理品牌项目。这些丰富的治理实践不仅为上海基层社会治理制度建设提供了经验支撑，而且也有助于进一步优化体制机制。本书收集了近年来上海在社会治理方

面的一些颇具代表性的经验，涵盖的内容包括居民区自治、公共空间的改造和微更新、公共空间运营管理、社区治理智能化、社区治理的法治化以及社区工作者的专业能力建设等。上述内容都涉及当前城市治理中遇到的一些深层次的共性问题，它们都采用了现代社会的治理理念和方法，代表了城市精细化治理的方向，因此，从这些案例中梳理出相应经验和实践逻辑具有重要意义。本书认为，上海在创新社会治理过程中主要形成了以下典型经验。

（一）党建引领一根红线贯穿始终

作为一个有着红色文化基因的超大城市，上海经历了深刻的变革，特别是随着工业化、市场化、信息化、国际化和城市化的快速推进，上海日益呈现出主体多元、流动加速、形态复杂的特点，因此如何实现城市活力和社会秩序的有机平衡就成为社会治理需要破解的难题。城市基层党建是推动城市发展的组织基础，是引领社会治理方向的制度保障。上海在创新社会治理的过程中始终坚持党总揽全局、协调各方的领导核心地位，在领导机制上强化街道党工委的领导核心作用，重组了社区党委，更加注重系统性、整体性、协同性；在平台建设上，大力推进社区党建服务中心的规范化建设。在居民区自治实践中，从议题的提出、议事会的组织、决策的落实等过程中，基层党组织也起到了领导核心作用。一是坚持党建的价值引领。所谓价值引领就是所有的创新都应该以人民为中心，如邻里汇、邻里中心建设把社区公共空间让渡给居民，滨江建设者之家致力于打造建设者的服务阵地，这些创新实践都体现了党全心全意为人民服务的宗旨。二是依托党建搭建治理平台，如黄浦区零距离家园，切实发挥居民区党组织的领导核心作用，统筹凝聚各类党建资源、行政资源、社会资源，拓展居民区治理单元，推动居民区、商铺、楼宇等各方互联互动，引导多元主体有序参与。三是通过党建引领实现制度和规则建设，如耀江社区的住户守则是在党建引领下形成的居民普遍遵守的公约和规则，体现了自治、德治和法治的有机统一。

（二）精细化治理作为治理理念

自习近平总书记提出“城市管理应该像绣花一样精细”以来，精细化治理逐渐成为城市治理的指导思想。精细化治理是注重细节、精简准确、精益求精和追求卓越的治理模式，这也与上海这一城市的品格和精神相契合。而信息、制度和能力是实现精细化治理的三大基本要素。

首先，信息是精细化治理的基础。一般而言，对一个社区的信息掌握得越精准和详细，对其治理的效果就越明显。这就要求社区治理必须建立科学的信息采集系统，要求一线的社区工作者必须主动走家串户，收集社情民意，从而为治理决策提供科学的依据。本书中，宝山区的“社区通”建立了一个居社互动的社区治理信息平台，实现了信息化技术为治理赋能；静安区的社区分析工具则是一套采集社区问题、资源和需求信息的辅助性分析工具，可使居民区的信息更加系统和科学；控江路街道的“社区大脑”则依托信息化手段将社区治理信息的采集、数据分析研判、问题处置等各个环节都纳入了一个处理系统中。

其次，制度是精细化治理的工具。这里的制度不仅包括宏观层面的政策和相关的规章，还包括社区通过自治的方式所形成的具有一定约束力的社区公约和规则，这些公约和规则是精细化治理的重要工具。本书中，五里桥街道的新“三会”制度、耀江社区的住户守则、奉贤区的“和美宅基·美丽约定”都是制度化建设的典范。

最后，能力是精细化治理的支撑。这里的能力主要是指基层社会治理能力。当前基层社会治理面临问题的复杂性和挑战性都大大增加了，这对基层社会治理能力提出了更高的要求。本书中的黄浦计划、虹口区的全岗通、徐汇区的社区工作者“全面成长计划”都是对基层社会治理现代化的重要探索。通过课程体系设计、工作流程优化、专业力量引入等各种方式，上海的社区工作者队伍正从“经验主义”走向“专业主义”，他们的治理能力得到了显著提升，从而为整个城市的专业化治理奠定了基础。

（三）基于问题导向的创新动力

创新的目的是解决社会问题。正如彼得·德鲁克所指出的，“在把社会问题转化为企业机会的过程中，最有意义的机会可能不在于新技术、新产品和新服务，而在于社会问题的解决，即社会创新”①。这表明，是否有效解决问题是衡量创新与否的核心评价标准。上海这一超大城市在社会治理中面临着很多深层次的问题，如垃圾分类问题、住宅小区综合治理问题、社会资源的筹集问题、物业管理难题以及居民的社区参与不足等。这些问题的形成具有历史性、结构性和复杂性的特点，而如何解决这些问题是党和政府的工作方向，也是基层社会治理的重要着力点。例如：本书中的陆家嘴社区公益基金会就是通过各种新颖的公益项目来筹集社会资源的；南京东路街道贵州西居委会等的社区微更新则通过党建引领、专业规划和社会动员等多种方式进行了空间的更新和改造；梅陇三村绿主妇则通过发展社区社会组织、开发专业项目、依托专业资源来破解社区中的垃圾分类难题。

（四）党建引领与多元主体共同参与

联合国全球治理委员会在名为《我们的全球伙伴关系》的研究报告中对治理的概念做出了如下界定，“治理是任何公共或私人机构管理其公共事务的诸多方式的总和，它是使相互冲突的要素或不同利益得以调和并采取联合行动的持续的过程。它既包括有权迫使人们服从的正式制度和规则，也包括人民和机构同意的或认为符合其利益的各种非正式的制度安排”。这表明，现代社会治理是多元主体共同参与的结果。不过与西方所强调的多元主体参与治理不同，中国的治理体制是在党的领导下的多元合作，这样既保证了治理的方向性，也激发了社会的活力。长期以来，社会力量薄弱和居民参与不足是中国治理体制的短板，这就陷入了“行政有效、治理无效”的治理困境。治理主体的单一化导致政府的治理压力非常大，因此，如何培育多元主体、实现多元主体共同合作是治理创新的重要方向。一是积极培育各类社会治理主体，如本书中的社区基金会、梅陇三村绿主妇等都是在社会治理中积极发挥作用的社会力量；二是建立多元主体共同合作的平台和机制，如黄浦区的“零距离家园”理事会通过搭建平台将各类行政执法力量和专业

① ［美］彼得·德鲁克：《管理：使命、责任、实务-使命篇》，王永贵译，机械工业出版社 2009 年版，第 349 页。

力量下沉到居委会，实现了对社区问题的快速响应和高效解决；三是几乎所有的治理创新案例都是多部门合作的结果，其合作方既包括纵向的不同层级的政府部门，也包括横向的相关单位。总之，是否善于整合资源，是否善于充分调动各方力量，是社会治理创新能否成功的重要因素。

（五）顶层设计和基层探索良性互动

社会治理创新是顶层设计和基层探索良性互动、有机结合的过程。政策设计是具有全局性、普遍性的制度变革，是建立在特定的理念基础上的；而社会治理创新则是经验和实践层面的，是各个地区基于本地情况的探索，这种探索具有特殊性、地方性和多样性。顶层设计为各地的治理创新提供目标和方向，而各地的创新实践又为顶层设计提供经验支撑。首先，2014 年年底上海市委出台的“1＋6”文件为这一轮的上海治理创新实践提供了制度框架。本书中大部分的创新实践都是在“一号课题”发布之后形成的，如居民区自治金项目、社区基金会、社区工作者的专业化和职业化建设等内容都是“1＋6”文件中明确规定的，各区基于自身的情况，形成了各具特色的探索，这也是对“1＋6”文件的回应。其次，这些创新实践是自下而上和自上而下持续互动作用的结果。很多创新实践从个案探索走向了行业发展，最典型的是上海社区基金会的发展。上海早期成立的洋泾社区基金会和陆家嘴社区公益基金会原本只是自下而上的个案探索，这两家社区基金会在筹集社会资源、推动社区共治方面取得了显著的成效，得到了市里的高度肯定，之后被写入“1＋6”文件中。此后，全上海掀起了一股发展社区基金会的热潮，形成了社区基金会的行业发展态势。最后，不同的创新实践相互借鉴、相互竞争和相互学习，从而使得创新实践不断扩散。例如，杨浦区、闵行区和徐汇区在公共空间的规划与运营方面做出了各自的探索，这些探索既有差异，又有相同点，是社会创新不断扩散的结果。

（六）持续性的积累和深化发展

社会治理是一个长期性的工作，虽然不同时期和不同类型的社区所面临的问题在表现形式上会有差异，但其内在的治理精神是一以贯之的，如重视人的主体性、尊重程序和规则、培育公共精神、重视多元合作等。在这个意义上，社会治理更像是一种培育土壤的工作，需要一代代人浇水、施肥，当社会治理的土壤肥沃了，在这块土地上开展的治理实践就更有生命力。虽然治理创新强调重构和改变，但一项创新是否具有真正的价值则看它是否能够持续。在本书中，我们可以看到不少街道对价值和方法的坚守。如五里桥街道新“三会”制度持续推进 20 多年，一代代的五里桥社区干部不断坚持和完善，并将其内化，最终五里桥街道成为中国基层协商民主的典范。徐汇区对邻里汇工程的推动，进一步丰富了其内涵和具体内容，在这个过程中，其以人民为中心的宗旨理念是贯穿始终的。总之，正是注重持续性的积累和深化发展，而不是追求短期性的盆景效果，上海的社会治理才始终走在全国前列。

（七）对专业知识和专业精神的尊重

社会治理体系和治理能力现代化需要专业的治理能力。当前，基层社会治理面临的情境、任务和问题都发生了深刻的变化，原先基于经验主义的治理方式逐步遭遇挑战，新的治理问题对提升社会治理能力提出了更高的要求，因此，如何提升基层治理从业者的能力是当前社会治理创新的重要任务。专业的治理能力意味着从业者需要具备从事社会治理工作所需要的独特的知识体系和操作方法，这就意味着我们需要借助各种专业团队的力量。在本书中我们可以看到，很多创新实践都是专业团队和基层治理实践者合作的结果，如社区规划与社区微更新借助的是规划学科的相关团队，《住户守则》是法律专业力量参与设计的，黄浦计划是高校社会工作专业力量参与推动的。在调研中，我们也看到，无论是政府部门的领导还是基层的工作人员，他们普遍都对高校和智库的研究团队非常重视，并且形成了良性的互动合作，而这种对专业知识和专业精神的尊重也进一步为上海的社会治理创新提供了智力支持。

第一编

社区自治与居民参与

“强行政，弱自治”一直被视为中国社区治理的困境。“弱自治”的本质是居民的社区参与不足，由此导致社区的公共精神缺失。因此，激发居民的参与热情是社区治理创新的重要目标。基层协商民主和社区社会组织培育是社区自治的有效路径，自治金项目是吸引居民参与的重要抓手，它们都是有效推动社区自治的重要创新形式。

新“三会”制度是中国城市基层协商民主的伟大实践，体现了社会主义民主制度的优越性和运行逻辑，它将自上而下的政策推动与自下而上的居民参与有机结合起来，实现了党的领导与人民当家作主的有机统一。

浦东新区的自治金项目是近年来上海推动社区自治工作的重要创新。与传统的动员式参与模式不同，自治金项目更强调居民的需求导向以及专业的项目设计。自治金项目也是实现“三社联动”的重要载体，对吸引居民参与具有积极的推动作用。

梅陇三村绿主妇是从社区中孵化产生的社会组织，实现了社区参与的组织化、项目化、专业化和可持续化，为破解城市垃圾分类难题提供了方案。这一社区社会组织的发展模式实现了社区与社会组织的双向嵌入、双向融合，是中国城市社区自治的重要本土经验。

五里桥街道新“三会”制度：基层协商民主的本土经验

唐朗诗（华东理工大学公共政策系副教授）
茹烨坤（华东理工大学社会工作系硕士研究生）

一、背景与缘起

2014年9月，习近平总书记在庆祝中国人民政治协商会议成立65周年大会的讲话中指出，“协商民主是中国社会主义民主政治中独特的、独有的、独到的民主形式”，“涉及人民群众利益的大量决策和工作，主要发生在基层。要按照协商于民、协商为民的要求，大力发展基层协商民主，重点在基层群众中开展协商”。习近平总书记的重要讲话指明了发展基层协商民主的重要性与必要性。

当前中国基层治理已经发生了巨大变化，治理主体及其权力关系趋于多元化，治理问题愈加复杂化。发展基层协商民主，不仅能够集思广益，为治理难题提供有效方案，更重要的是，还可以扩大群众对公共事务的参与度，提升群众的政治认同感，有助于巩固社会主义基层民主制度和完善基层社会治理体系。正如习近平总书记在讲话中所强调的，“涉及基层群众利益的事情，要在基层群众中广泛商量。在人民内部各方面广泛商量的过程，就是发扬民主、集思广益的过程，就是统一思想、凝聚共识的过程，就是科学决策、民主决策的过程，就是实现人民当家作主的过程。这样做起来，国家治理和社会治理才能具有深厚基础，也才能凝聚起强大力量”。

黄浦区五里桥街道坚持探索基层治理的创新形式，大力发展基层协商民主，建立了新“三会”制度。新“三会”制度是一种具有本土特色、适应时代要求的治理创新模式，其规范化、科学化、系统化的协商机制以及有效运行的诸多要素，能够为基层协商民主建设与发展提供值得借鉴的思路。

二、新“三会”制度：五里桥街道基层协商民主的发展历程

五里桥街道位于黄浦区西南部，地处上海市中心城区，其社区结构具有鲜明的二元化特点，面临着新旧住房混合、社区居民构成复杂、人口特征多样、老龄化程度较高、公共服务压力大等问题。为了破解社会治理难题，五里桥街道早从 20 世纪 80 年代起就开始探索基层协商民主机制，在 1999 年首创了“三会”(听证会、协调会、评议会)制度。经过 20 余年的实践，“三会”制度不断得到深化和完善，逐渐发展成今天的新“三会”制度，形成了一套行之有效的流程和方法，构建起程序合理、环节完整的协商民主体系。

从发展历程来看，“三会”制度最早起源于五里桥街道的桑城居民区，而后辐射到整个街道。桑城居民区因运用群众协商的方式开展小区弄堂垃圾整治工作而创立了“三会”制度，取得了良好的效果。五里桥街道对这一套取得了积极成效的工作方法进行了总结和提炼，率先推出居民区“三会”制度，即在居民区党总支的领导下，在街道、区有关职能部门的支持下，由居委会主持召开听证会、协调会和评议会，达成“事前听证、事中协调、事后评议”。随着基层民主实践的不断推进，“三会”制度成了基层民主协商、化解矛盾、依法治理、服务群众的有力支撑。对于五里桥街道的居民而言，参与“三会”已经是一件稀松平常的事了：社区要建设惠民项目，先开“群众听证

会”;居民间出现矛盾纠纷,及时召集有关居民召开“群众协调会”;党政部门干得好不好,评价权在“群众评议会”。“三会”制度切切实实提升了社区群众的“幸福指数”。作为上海市首批21个民主自治示范点之一,紫荆居民区在探索基层群众自治和协商民主的实践中不断深化和创新“三会”制度,在原有的基础上形成了“三会配三制”模式,即听证会配套公示制、协调会配套责任制、评议会配套承诺制,使“三会”制度的外延不断扩大。

在国家政策层面,党的十八大报告明确提出“社会主义协商民主”这一概念。2015年中共中央《关于加强社会主义协商民主建设的意见》出台,提出要“稳步推进基层协商”。党的十九大报告强调“统筹推进基层协商”和“打造共建共治共享的社会治理格局”。党的十九届四中全会指出“构成程序合理、环节完整的协商民主体系”和“完善党委领导、政府负责、民主协商、社会协同、公众参与、法治保障、科技支撑的社会治理体系”,对基层治理中的协商民主体系建设提出了新要求。为了响应党的十八大以来关于协商民主的政策要求,五里桥街道在原“三会”制度的前置阶段设立新“三会”制度,即在听证会前设置议题征询会,在协调会前设置民主恳谈会,在评议会前设置监督合议会。

新“三会”制度进一步丰富了从居民群众中收集自治议题的途径,健全了自下而上的自治议题形成机制,解决了“谁来自治”“自治什么”“如何自治”“如何提升成效”的问题,提升了群众参与度和居民自治的有效性,完善了自治程序的系统性,增强了自治领域的完整性,在实践中得到了群众的广泛认同。新“三会”制度已成为实现居民自治、推进基层民主建设的有效途径。

三、新“三会”制度的主要做法

从操作程序层面而言,新“三会”制度是一套系统性的基层协商民主机制,包括听证会制度(议题征询会—听证会—公示制)、协调会制度(民主恳谈会—协调会—责任制)、评议会制度(监督合议会—评议会—承诺制)三大块内容，这套机制操作清晰、环节完整，形成了协商解决公共事务的系统性流程。

（一）听证会制度：协商议题的收集、讨论与公开

新“三会”制度中的听证会制度，是在原有的听证会之前增设议题征询环节，在之后配套公示制。

一是议题征询会，“自治什么”由居民说了算。议题征询会设立的目的是自下而上地征询、收集社区内涉及社会性、公益性、群众性的各类公共议题和居民群众的意见建议。

五里桥街道紫荆居民区党总支在每年1月和7月都会召开议题征询会。议题征询会的具体流程包括以下几个环节：

（1）会前准备工作。下发“议题征询表”，由党总支、居委会收集汇总，先行确定可提交至议题征询会讨论的议题，提前15天在居民区内进行公示，告知居民议题征询会召开的时间和地点。除了主动报名参会的居民代表外，会议还邀请居委会委员、自治家园理事会常务理事、社区民警、业委会代表、物业公司代表、其他居民代表、居委会结对律师等共同参与。

（2）会上讨论与表决。先由议题发起方对议题进行陈述，如居民代表提出完善小区技防设施、优化物业服务、维修小区设施等要求，又如自治家园理事会提出半年内准备开展的活动和工作设想。每项议题陈述完毕后，与会人员对该议题发表意见，并在充分交流沟通的基础上对议题进行表决，形成议案和工作计划。

（3）会后公开议案。对讨论决定的各项工作计划和活动安排等，在小区宣传栏内张贴公告，让全体居民了解、知晓。对涉及居民区的政府实事工程、小区公共项目和需要多方共同解决的重要事项，则提交听证会进行决策。

居民区依托议题征询会，将原本散落的自治议题组织化和集中化，同时也使听证会的召开更加民主化和法制化。

二是听证会，对项目进行广泛讨论并形成方案。需要在听证会上讨论

的事项主要有政府或居委会实施的项目、涉及社区成员切身利益的重大事项，以及在议题征询环节决定提交听证会决策的重要事项。这些议题对小区治理来说非常重要，因此需要更广泛、更充分的讨论。

桑城居民区曾经实施过小区污水管道改造工程，该工程被列入街道实事项目。由于污水管道改造是涉及社区成员切身利益的建设项目，因此需要召开“小区污水管道改造听证会”。会前，居委会牵头成立了由居委会主任担任组长，以改造工程涉及的居民群众代表、居民会议代表、社区单位代表等为组员的听证小组，就改造工程如何实施进行了摸底调查，广泛征求小区居民对污水管道改造工程的意见，掌握了基本情况。

在随后召开的听证会上，听证小组成员、施工方、街道职能部门代表、居委会结对律师等，围绕“工程的必要性和可行性”“小区房屋结构”“施工方案”等内容进行了认真讨论。施工方在对小区的每栋每户查看走访的基础上，向与会人员陈述了改造工程的概况和具体的施工设想。居民代表们就施工材料、工程进度安排等进行了详细询问，施工方做了耐心、细致的解答。会议商定，将成立“下水管道改造工程”巡访小组，对施工过程中可能出现的问题进行及时监督、反馈和沟通。经过表决，听证小组成员一致同意实施该污水管道改造工程。

听证会结束后，业委会对《小区下水管道更新工程方案》进行了意见征询，得到了绝大多数居民的理解和支持，工程得以顺利实施。最终，桑城居民区的下水管道改造工程在多方的共同努力下按时完工，困扰居民多年的问题得到了妥善解决。

三是配套公示制，公开信息，协商程序更透明。不管是在议题征询会环节，还是在听证会环节，居委会都会在会前向居民公开征集议题、公示开会信息，在会后再向居民公示议题方案等会议结果，做到信息公开、程序透明，让居民全方位知晓社区内发生的事。

（二）协调会制度：协商解决与达成共识

新“三会”制度中的协调会制度主要体现为民主恳谈会、协调会，并配套落实责任制。

一是民主恳谈会，有针对性地了解和确认纠纷情况。在协调会之前增设民主恳谈会，目的是事先了解和确认当事人的矛盾纠纷与诉求，这样可以更有针对性地进行后续的协调，在协调会上更高效地化解纠纷。

原水小区就曾利用民主恳谈会顺利化解社区矛盾纠纷。业主管某曾因小区停车问题与保安人员发生肢体冲突，结果造成管某左眼上下泪管断裂。管某要求小区业委会承担责任，并请居委会进行协调解决。中二居委会调解委员会主任小陈召开了由一方当事人业主管某、业委会主任苗主任和社区民警小朱参加的恳谈会。管某陈述了当日发生矛盾纠纷时的具体情况，并提出因肇事保安是原水小区业委会聘用的，小区业委会作为管理方和责任方，应向其赔偿5万元医疗费的诉求。调解委员会主任小陈围绕当日纠纷的具体细节和管某的利益诉求进行了详细询问。

在掌握了管某的诉求的基础上，调解委员会主任小陈又召开了由另一方当事人肇事保安、原水小区业委会主任苗主任和社区民警小朱参加的恳谈会。小陈向大家陈述了管某的诉求。原水小区业委会主任苗主任表示对肇事保安的过激行为负有一定的教育管理缺失的责任。针对肇事保安无力赔偿管某医疗费用的情况，苗主任表示业委会愿意承担相关费用，但是要求对赔偿金额进行进一步的商讨。在两次恳谈会结束后，小陈又和大家共同梳理、分析、汇总了管某和肇事保安的矛盾焦点和利益诉求，提出了由原水小区业委会承担25 000元赔偿金并辞退肇事保安的处理方案。在之后召开的协调会上，当事双方就上述处理方案达成共识，有效化解了纠纷。

二是协调会，协商讨论达成共识。对于社区难以解决的事务、一般矛盾事项或执行过程中产生冲突的议题方案等，居委会采取组织参与协调会的方式进行协商沟通，并最后达成共识，解决矛盾。

瞿溪路800弄小区的居民们曾经因小区门口沿街餐饮店排放的油烟和噪声污染与餐饮店负责人发生过矛盾纠纷。居民们向居委会提出了解决油烟污染和噪声污染的诉求，居委会接到诉求后，对这些餐饮店逐一进行了走访，对其经营范围、证照手续、扰民情况等进行调查摸底，同时又上门听取有关居民的意见，并与街道市场监管所进行了沟通。随后，居委会召开了由瞿溪路800弄小区的居民代表、小区门口沿街餐饮店负责人、居民区调解委员会成员、市场监管所有关负责人、物业公司负责人、社区民警参加的协调会。会上，居民代表提出，餐饮店油烟污染和噪声污染严重且占道经营，严重影响了居民的日常生活；物业公司也提出餐饮店随意在背街一面排放油污，导致下水道经常被堵住，破坏了环境；餐饮店负责人则表示他们大多是外来务工人员，难以承担上万元的油烟净化器的费用；市场监管所有关负责人强调，餐饮企业的经营活动必须按照国家的有关法律法规和规章制度执行，否则将依法处理。

居委会引导各方充分讨论协商，互谅互让，最终达成共识，提出了以下解决方案：一是对餐饮店烟道进行整改，控制油烟排放量；二是对餐厨垃圾进行及时清理，避免废弃油脂外流；三是要保证沿街道路畅通，不得占道经营；四是对无证照经营户，由市场监管所依法处理，对无污染处理设施或污染处理不达标的餐饮店，督促其限期整改。参加协调会的餐饮店负责人签署了相关责任协议书，并在会后进行了整改，有效缓解了矛盾纠纷。

三是配套责任制，明确权责，落实执行方案。经过民主恳谈会、协调会，各方形成一致方案后，就需要完全按照协商方案去执行。为了避免违反协商方案等情况的发生，街道在新"三会"制度中创设了责任制，以契约化的方式明确各方主体的权利与责任，对各方行为进行监督约束，从而减少推诿与不落实等情况的发生。

（三）评议会制度：全程监督评议、保障协商绩效

经过民主协商后确定的议题与方案，由有关主体负责实施，但为了保障方案的执行与项目的完成，只有对此过程进行监督，对结果加以评议，才能保障协商民主的治理绩效。新"三会"制度中的监督合议会—评议会配套承诺制，则为社区协商绩效提供了全程监督评议的有力保障。

一是监督合议会，对事项实施进行全程监督。原"三会"制度中的评议

会一般是一年召开一次，但由于开评议会的频次太低，难以保证足够的监督，而监督评估应贯穿于社区公共事项实施的始终。因此，基层党组织和居委会在评议会之前设置了监督合议会，引入民主自治监督或第三方专业监督，对公共事项的整个过程进行有效监督。

海悦居委会在干湿垃圾分类“绿色账户”的积分工作上采取了监督合议会的方式。五里桥街道市容所在海悦居民区试点干湿垃圾分类“绿色账户”积分制，居民将垃圾有效分类后，在湿垃圾袋上贴好条形码，垃圾房工作人员通过扫描条形码，为该居民的积分卡积分，居民获得的积分可用于兑换现场或网上商品。积分制这一方式受到了居民的广泛欢迎，在项目的决策听证会上全票通过，但在具体实践中还是出现了操作不便、各方衔接不顺的问题。为此，居委会牵头成立了由居委会主任担任组长，居民区党总支、自治家园理事会、业委会、居民代表、物业公司、社区民警等各方共同参与的“绿色账户”专项寻访小组，监督推进项目运行。

专项寻访小组成立后广泛听取居民意见，查问题、找不足，寻找可行的方案。试点一段时间后，专项寻访小组召开了第一次“绿色账户”工作监督合议会。会上，组长就前段时间的监督情况进行了通报，尤其是存在的主要问题；市容所结合大家的建议，提出了整改方案。会后，市容所为每栋楼设置了“绿色账户”湿垃圾专门投放箱，提高了工作效率；专项寻访小组也积极参与活动的宣传推广。现在，参与活动的住户已从开始的 60 余户增加到 210 余户，有更多的居民加入“绿色账户”的积分活动。

二是评议会，对协商绩效开展考评。为保证公共事项实施的结果符合预期，居民群众还需对相关主体及其负责事务进行评议、评估。

2014 年，瑞南居民区党支部指导该居民区完成了新一届业委会换届选举工作。为更好地缓解业主与物业的矛盾，居委会牵头建立物业工作“月月评”机制，由居委会主任担任组长，党支部、业委会、自治家园理事会、居民代表、社区民警等各方共同参与，组成评议小组，每月定期对物业工作进行评议。在“月月评”的评议会上，评议小组对物业管理中存在的问题进行评议，并对物业各部门的工作人员进行评分。物业公司根据评议报告，对存在的问题进行整改，评议小组则对整改情况进行监督，并在下次评议会上予以通报。

瑞南居民区在瑞南新苑的物业工作中采取了“月月评”的评议会模式，提升了物业管理绩效，化解了瑞南新苑小区业委会、物业公司和部分业主之间长期存在的激烈的矛盾纠纷。

物业工作“月月评”的评议会，已成为瑞南新苑小区广大业主、业委会、物业公司之间良好沟通的桥梁，做到了有问题及时协商，陆续解决了业主物业费调整、物业续约等多件久拖不决的治理难题。

三是配套承诺制，确保监督评议有效落实。通过监督合议会、评议会发现的问题，必须由相关负责人进行整改。为了避免部分有关部门的故意推诿或消极对待，五里桥街道创设了承诺制，要求被评议的主体或单位必须做出承诺，保证完成问题的整改，从而保障居民利益，有效落实监督评议成果。

四、新“三会”制度的成效与不足

（一）取得的成效

一是提升了党组织的政治引领力。在推进基层协商民主的过程中，五里桥街道党工委和居民区党总支发挥了组织动员、资源统筹、有效链接的引领作用。在组织动员上，基层党组织在提出公共议题、搭建协商议事平台、构建协商程序等过程中承担着组织者的角色。在资源统筹上，基层党组织利用自身的政治优势，聚集各方人力物力，整合各方资源，推进新“三会”制度的实施。在有效链接上，基层党组织作为社区治理的领导力量，在协商民主的过程中充当国家与社会的桥梁，发挥着上下沟通和引导互动的作用。

二是激发了居民参与的活力。新“三会”制度本身就是为了回应与解决居民反映强烈和集中的问题而建立的有效机制，它将协商的议题与居民的实际需求紧密联系起来。新“三会”制度的各个环节设置，不但能促进居民反映问题和讨论议题，而且通过评议考核，也能让居民知晓、监督社区公共事务。

三是构建了基层社会治理共同体。新“三会”制度的实施，将广泛的治理主体纳入协商民主体系中，使得协商民主具有广泛的代表性和参与的包容性。参与基层协商的主体非常广泛，大部分居民区的议事主体采取了“1+N+X”的模式。其中，“1”是居民区党支部和居委会的成员，起着协调和引领的作用；“N”是特定议题涉及的对象、社区居民代表、政府有关部门；“X”则是根据议题的内容，被邀请参加的有关专业人员。

四是以规范程序发挥了基层民主的优势。新“三会”制度形成了规范化的协商程序，主要体现在规则清晰、流程标准、过程透明、协商平等、执行有效等方面。规范化的协商程序，不但能够解决社区治理难题，而且增强了社区居民对协商机制的认同，不断扩大了居民的参与度，发挥了基层协商民主的优势。

（二）存在的不足

首先，虽然新“三会”制度在解决社区治理难题上发挥了积极作用，取得了显著的治理成效，但是在实施过程中，还存在一定程度上的形式主义问题。其次，街道的基层协商民主的体系化、制度化水平还有待提高，部分居民区还没有形成常态化的协商机制，缺乏长效化的工作机制。再次，政府与居民的纵向协商有待增强。最后，不同层级的协商平台之间的联动性还远远不够，如街镇层面的社代会和居民区层面的议事会之间的通道还没有打通，政协委员进社区、人大代表联络机制等定期联系居民、征集议案的机制也还没有形成。

案例点评

叶敏（华东理工大学公共政策系副教授）

发端于五里桥街道的“三会”制度是上海对中国基层社会治理的重要探索。“三会”制度切实解决了居民自治中“谁来自治”“自治什么”“如何自治”“如何提升成效”的问题，已经成为深化社区自治、加强基层协商民主建设的重要抓手。

历时20多年，从原来的“三会”制度到现在的新“三会”制度，五里桥街道在坚持协商民主的内核的基础上，进一步优化治理流程、细化治理机制，有力破解了各类治理难题。实践证明，新“三会”制度适应了中国社会结构的快速转型，填补了生活场域和基层治理领域中的制度空白，缔造了一种与中国文化基因、新型社会结构相适应的治理模式，形成了本土化的治理经验。

新“三会”制度作为一种由基层探索得出的民主自治方法，体现了打通基层民主“最后一公里”的制度功效，有利于扩大公民的有序政治参与，有利于更好地实现人民当家作主。

浦东新区自治金项目：社区治理项目化的实践

侯秋宇(华东理工大学社会学系博士研究生)

一、背景与缘起

上海市浦东新区，有人称它为一个“神奇的地方”。自20世纪90年代中央决定开放浦东新区之后，浦东新区迅速发展，发生了翻天覆地的变化，成为向世界展示中国崛起的窗口。与高楼林立的年轻浦东相配套的，是“年轻社区”的聚集：社区新建化、居民年轻化、生活创新化、邻里陌生化。社区正从一个“共同体”向单纯的“居住场所”转变。与此相伴而生的，是居民社区参与的主动性差，社区活力难以激发。居民参与度低、社区自治难，成为社区治理中无法摆脱的困境。

社区自治最重要的主体就是居民，没有居民参与就没有社区自治。遗憾的是，目前的实践调研显示，尽管有政府的大力推动，但很多居民仍不愿意参与自治。虽然硬件条件有了大幅度的改善，但居民的获得感和主人翁意识似乎并没有显著提升。面对这样的社区治理难题，2009年，浦东新区开始探索社区自治发展的新道路——自治金项目的基层实践。浦东新区从“以奖代补”出发，坚持自下而上地产出项目，突出居民的核心作用，注重项目的公益性、可行性、可持续性与参与性。浦东新区通过制定阶段性的发展规划，使辖区内的社区居民能更好地接受新鲜事物。最终，各类特色项目在浦东新区遍地开花，有效提升了社区居民的参与度，激发了社区的活力。

二、自治金项目的来源

距离社区自治的提出和实施已经有相当长的一段时间了，但是对于何为自治、如何自治，实践给出的答案却一直不尽如人意。居委会作为居民自治组织，是社区自治的重要主体，它们的主要工作都应该落实在自治层面上。然而在实践中，很多社区干部还习惯于传统的组织动员方式，对于如何通过创新来吸引居民参与缺乏相应的理念和工作方法。为改变居委会的工作方式，增强其自治意识，激发其创新热情，原南汇区（2009 年划归浦东新区）实行了“以奖代补”政策，这就是自治金项目的“雏形”。

（一）“以奖代补”的实施和推广

原南汇区的“以奖代补”政策是设立增强居委会自治功能的专项资金，以奖励的形式进行增量扶持。即去除常规性预算，只要居委会的工作有特色，就给予居委会奖金（自治金），这部分钱由居委会自行支配。2010 年，“以奖代补”的成功经验在浦东新区全区得到推广。浦东新区向全区范围内的 749 个居委会共下发扶持资金 6 706.8 万元，其中基础奖金为 5 030.3 万元、特色奖金为 1 676.5 万元。有 115 个居委会获得特色奖一等奖（4.5 万元/居委会），有 208 个居委会获得特色奖二等奖（2.5 万元/居委会），有 426 个居委会获得特色奖三等奖（1.5 万元/居委会），平均每个居委会获得约 2.24 万元奖金。

这笔钱采取项目化运作，项目的产生从居民需求中来，项目的最终决定权还在居民手中，项目的实施主体以社区志愿者为主，居民监督评议项目实施，街道自治办负责全程指导。“以奖代补”政策的成熟、普及和推广，成为浦东新区推动自治金项目的“开路先锋”。

（二）陆家嘴街道自治金项目试水

陆家嘴街道是上海经济发展最具活力的地区之一。2011年，陆家嘴街道开始了自治金项目的实践。最初自治金项目在陆家嘴各个社区推行时，居委会干部并不是很接受，认为“太烦琐”“自己不适应”等。但是随着各种社区服务项目、议事厅项目的打造和运作，到2012年，陆家嘴街道的自治金项目取得了意想不到的效果，大大提升了居民社区参与的热情，各种类型的自治项目在社区落地开花。浦东新区民政局基层政权建设科有关人员在接受访谈时表示，随着自治金项目的推行，很多居委会的申报积极性也逐步提高，都希望自己社区的项目能被选中，这与最初实施自治金项目时居委会觉得难以接受的情况形成了鲜明的对比。

自治金项目在陆家嘴街道试点，并在推行的过程中不断创新和完善。从2013年开始，浦东新区将自治工作的经费纳入部门常规预算，实现了居委会成员薪酬标准跟社会平均工资接轨。2014年年底，上海市委“1＋6”文件出台后，在街道层面成立了社区自治办，自治金项目成为自治办推动自治工作的重要抓手。居委会的工作经费也提升到每年10万元，其中大约4万元用于自治金项目。

（三）多种类型小区的初步尝试

陆家嘴街道的成功经验并没有带来全区的普遍推广。众所周知，陆家嘴是众多跨国银行的大中华区及东亚总部所在地，是中国最具影响力的金融中心之一。这里的社区是年轻人聚集较多的地方，具有自己的特殊性。为了检验自治金项目的适用性，区民政局又选择了分别位于三林镇和北蔡镇的两个老旧小区来试点，实践证明，自治金项目在老旧小区同样有效。有关工作人员说：“这两个小区跟最初实施自治金项目的小区很不一样，在这两个小区推行成功之后，我们就知道，这个事可以做！”自此，自治金项目在整个浦东新区推广开来。自治金项目的目标是，通过这一创新方式，激发居民的参与动力，引导居民通过协商议事来讨论项目的设计与实施，并促进社会组织等各类治理主体共同参与。

三、自治金项目的资助范围

实施自治金项目的初衷是希望加强居民参与，促进社区建设，并且希望居民可以自己解决自己社区内部的事情。然而，社区的需求是多元的，因此一个社区可以选择的自治金项目也是多种多样的。这就面临一些具体的问题，即社区应该支持什么样的项目，什么样的项目才是好的自治金项目。

在商讨自治金项目的申请范围时，大家一致给出了如下两个标准：① 分辨一个好的自治金项目，并不是只看它做哪一类的事情，而是要看它具体是怎么运作的，运作了以后给小区带来了什么；② 自治金项目应该用少量资金撬动整个社区的各种资源，应该有助于挖掘和培育社区志愿者，促进邻里关系。也就是说，一个好的自治金项目应该具备四个特点：公益性、可行性、可持续性和参与性。

其中，最具争议性的项目类型非歌舞类等自娱自乐项目莫属。有些人认为，对居民来说，自娱自乐的项目才是大家最喜闻乐见的；而且，并不是每个小区都有很多需要居民议事协商的突出问题，不能逼着居民去协商，更不能为了议事而议事。因此，支持这类项目也是可以的。但也有人认为，这种自娱自乐的项目本就是居民自己可以做的，这类项目公共性不足，不应该通过政府财政资金来支持。最终，能否体现“公益性”成为歌舞类等自娱自乐项目可否申请的重要标准。也就是说，如果这类项目不仅仅是居民自己唱、自己跳，还能够具备公益服务的功能，如慰问老人、带动更多的居民参与社区活动等，那么它便可以申请。

除此之外，浦东新区政府还规定了不能申请自治金项目的内容：一是属于居民区党总支和居委会的日常工作事项且有财政保障的项目；二是形式和内容等设计过大、过宽，超出社区和街镇实际能力范围的项目；三是居民参与度低的项目；四是不以公共利益为目标，甚至有营利倾向的项目。

四、自治金项目的运行机制

（一）自治金项目的流程

自治金项目是项目化治理的重要延伸，因此也有一套规范的申报和评审流程。具体来说，整个自治金项目的运作包含征集需求、项目预审、项目申报、项目审批、项目实施、公示评估等六个阶段。

1. 居民需求是自治金项目的起点

居民的需求是在居民区党总支的领导下征集的。各个社区可采取社区议事会、开放空间、展望未来论坛等参与式治理的方法，广泛收集居民区党员、群众的意见和建议，及时了解、掌握居民的需求。居委会根据居民的需求，组织和指导居民形成项目小组，编制项目方案。

征集需求是自下而上形成自治金项目的第一步。在居委会倾听居民心声、征集居民需求的过程中，居民们感受到自己得到了社区的尊重，自己的需求被回应了。虽然有时候居民的需求出于各种原因并没有得到真正满足，但居民们在这一互动过程中增进了对居委会工作人员的信任和认同。

2. 居委会确定项目送街道预审

在广泛征集了居民的需求后，居民区党总支和居委会召集部分居民代表讨论确定项目，并向街道进行预申请。在确定项目的过程中，居民区党总支主要发挥价值引领作用，保证项目代表社区的整体利益。街道主要通过社会组织服务中心引入专业力量，对项目方案进行预审，确定是否可列为支持项目。

3. 预审项目经居民同意后方可申报

居委会将街道初审通过的项目提交居民代表会议讨论，经居民代表会议同意，并且向居民公示 7 日无异议后，报街道审批。

4. 街道审批

街道办事处、镇政府审批同意后，确定项目立项。

5. 居委会带领居民具体实施

居委会负责对自治金项目的实施进行管理。管理的内容主要包括：一是挖掘社区居民骨干，成立项目自管小组，指导自管小组实施项目；二是负责项目预算经费的日常管理；三是对自治金项目的开展给予各方面的支持。

6. 结项后公示评估

在项目实施过程中，居委会要指导和督促项目小组及时向居民群众汇报项目的进展情况。项目完成后，要将资金使用情况、实际效果等进行公开，接受群众监督。各街镇要通过评议会、随机满意度调查等形式，组织居民对项目的成效进行测评。结项后的公示评估是为了确保自治工作经费用于民、惠于民。

（二）自治金项目的运作主体

实施自治金项目的目的是吸引居民参与社区治理，因此居民是自治金项目的运作主体。居委会作为居民自治组织，主要是负责组织动员居民来参与，而不是直接作为项目的实施者。不过，由于自治金项目是个新生事物，一开始居民并不太了解，由居委会实际运作自治金项目的情况屡见不鲜，不少社区工作者也认为增加了工作的负担。针对社区工作者对自治金项目的接受程度不同这一情况，浦东新区并不追求一蹴而就，而是采用循序渐进的方式，让那些优秀的社区做示范和样板，逐渐带动其他社区。先进的带动作用，不仅减小了推行自治金项目的阻力，而且也让居民们看到了自治金项目带来的益处，从而引导居民逐步主动参与到自治金项目中来。随着居民的参与主动性和积极性不断提高，居委会也开始从项目的直接实施者转变为平台搭建者，让居民真正成为自治金项目的主体。

自治金项目通过项目化的方式来吸引居民参与，进而培育具有活力的社群。如三林镇的“乐妈园”、书院镇的“小草莓亲子乐园”、祝桥镇的“绿色联盟”等，都是基于自治金项目而产生的社群。这些社群成员基于共同的兴趣、爱好和需求等聚到一起，而自治金项目通过提供项目设计、资金支持、组织赋能等方式，让这些自发的社群发展成具有一定组织行动力的团体。以三林镇世博家园社区的“乐妈”团队为例，她们成立的初衷是为社区内的一些妇女、儿童及其家庭提供服务，希望年轻的妈妈们可以有一个互相交流的平台。这个平台最初只有 6 个人，后来慢慢发展到了 15 个人，最终发展为“乐妈园”。居委会通过自治金项目资助她们开展各类活动，并引导她们关注社区公共事务。在社区党支部的引领下，“乐妈”团队带动了更多居民参与社区公共事务，真正实现了居民的事务居民自己说了算，将自我管理、自我服务的理念延伸到了更广的社区事务中。

五、浦东新区自治金项目的经验和不足

目前，从全上海来看，自治金项目的覆盖范围已经十分广泛，为什么浦东新区尤为突出呢？过程性才是关键因素。一个好的自治金项目，最重要的是过程性的体现，而不是单纯的结果导向。在这个过程中，居民可以充分地参与进来，即使没有产生项目，这个过程也很有价值。浦东新区的自治金项目在推广过程中就很注重阶段性规划，给予社区充分的发展时间，这为真正做实、做好项目打好了基础。自治金项目的确促进了居民的社区参与，通过对社区居民增权赋能，进一步增加了居民参与社区公共事务的深度，增强了居民的主体性。当然，在自治金项目开展的过程中，我们也发现了一些不足，主要包括以下三个方面。

（一）部分居委会对实施自治金项目缺乏足够的动力

自治金项目代表了一种新的治理理念和治理方式，包含了设计项目、实施项目、评价项目等过程，这对社区工作者的能力和工作方式都提出了新的要求。不少社区干部仍然习惯于传统的组织和动员方式，对自治金项目不理解，甚至觉得加重了他们的工作负担。由于缺乏自治金项目的运作经验，他们不善于通过项目来吸引居民参与，自治金项目的成效也不明显，因而他们在一定程度上缺乏开展自治金项目的动力。

（二）居民对自治金项目的参与不足

自治金项目的成效最终取决于居民的参与度。调研发现，很多自治金项目还只是社区干部在设计和执行，居民的参与度非常低，这就违背了自治金项目的设计初衷。这种居民参与不足的本质还是项目设计没有从居民的

需求和兴趣出发，导致项目没有吸引力。

（三）娱乐型项目须向公益型项目转变

自治金项目具体做什么，需要围绕社区的特点和问题而展开。对于项目的设计和实施而言，娱乐型的自治金项目无疑是最简单，也是居民参与度相对较高的。对于一些融合性相对较弱的社区而言，通过娱乐型的自治金项目来吸引居民参与，促进居民的相互交往进而提升社区认同感，是非常有必要的。但是自治金项目不能停留在这个层面上，毕竟目前的自治金项目的资金来源主要是政府财政支出，因而项目必须是基于公共利益的。所以，基于自益动力的娱乐型自治金项目需要向互益甚至他益的自治金项目转型，从而促进社区治理。

案例点评

冯猛（上海师范大学社会学系教授）

开展社区居民自治金项目的目标是借助政府公共资金撬动社区资源，推动居民自我管理、自我服务、自我教育、自我监督，营造居民参与社区治理的氛围。自治金项目是项目化治理机制在社区层面的延伸和实践，它改变了传统的行政动员模式，从居民的需求和社区的问题出发，寻求由居民共同参与治理的方式，体现了社会治理理念的转变。

浦东新区率先探索了自治金项目的运作方式。由于是新的治理方式，因此自治金项目在上到居委会干部，下到社区居民那里都经历了一个从不理解到接受的过程。浦东新区通过“以奖代补”的方式设立自治金项目，并确定了自治金项目的方向和运行机制，在实施自治金项目的过程中注重发挥居民的主体性，通过自治金项目培育有黏性的社群，并引导他们参与到社区公共事务的治理中来。浦东新区的实践表明，自治金项目是吸引和驱动居民参与的有效手段，是推动社区自治的重要抓手。

梅陇三村绿主妇：社区里成长起来的生态环保社会组织

张佳华（上海市陆家嘴社区基金会秘书长）
丁茜茜（华东理工大学社会学系硕士研究生）

一、背景与缘起

国家统计年鉴数据显示，我国近年来的年均垃圾产生量达1.86亿吨，并呈现出不断增长的趋势。其中，生活垃圾在所有垃圾中占比最大，全国平均值为68%左右，而上海则接近70%。在对垃圾的处理方式上，目前世界上有两种通行的方式，即填埋和焚烧。然而，这两种处理方式都属于后端处理，存在两个共同的问题：一是"邻避效应"导致后端处理量常常无法覆盖前端垃圾产生量，使得大量设施超负荷运载；二是这两种方式都会对环境造成污染，填埋产生的渗滤液和沼气分别会引发地下水污染和温室气体增加，而焚烧产生的灰渣和飞灰对环境也会产生很大危害。

如何有效处理大量垃圾并不残留有害物质？目前的国际经验显示，完全依靠后端处理在技术上仍然需要进一步的突破。如果从前端就开始控制垃圾的产生量，就可以减少后端的处理压力。垃圾分类政策就是出于这个目的，即一方面将有用的垃圾转换成可用资源，另一方面减少后端处理的成本和危害。为了推进垃圾分类工作，上海市人民政府办公厅在 2018 年发布了《关于建立完善本市生活垃圾全程分类体系的实施方案》。2019 年 7 月 1 日，《上海市生活垃圾管理条例》正式实施。这一文件基本实现了单位生活垃圾强制分类全覆盖，居民区普遍推行生活垃圾分类制度。

目前，日本、韩国等国家或地区的垃圾分类工作有很多可取之处，但我国无论是国土面积还是地方政策都与它们有很大差异，因此很难直接照搬其他国家或地区的经验。在我国城市地区，生活垃圾产生的源头是居民区，垃圾分类工作需要居民的高度配合才能有效开展。如何普及垃圾分类的重要性？怎样有效动员居民支持垃圾分类工作？垃圾分类工作如何持续开展？这些都是我们迫切需要解决的现实问题。徐汇区梅陇三村的绿主妇则为中国城市社区探索了通过社区社会组织的专业化项目运作来破解垃圾减量回收和社区生态环境保护难题的本土经验，对城市社区的垃圾分类工作乃至社区治理都具有重要的借鉴意义。

二、社区垃圾分类的本土实践：梅陇三村绿主妇

（一）绿主妇的成立背景

绿主妇是上海社区垃圾分类的典范，它的产生、发展和推广与垃圾分类行为理论模型不谋而合。绿主妇所在的居民区是建于 20 世纪 90 年代的徐汇区凌云街道梅陇三村小区，是个典型的老公房小区。小区建筑面积共 10.8 万平方米，共有 2 369 户居民，常住人口约 6 500 人，其中 60 岁以上的老年人占 30%以上。在 2007 年之前，小区的基本情况是“脏乱差”。居民素质不高、诉求多、怨气重，邻里关系矛盾重重，环境问题上的矛盾集中体现为小区内高空抛物现象时常发生，绿化丛中垃圾袋随处可见。用老百姓的话来说，这是个名副其实的“垃圾小区”。

2007 年，尚艳华调任梅陇三村居民区党总支书记。为了改变小区状况，

她每天主动捡拾垃圾，用自己的行动感染居民。随后，在党员和楼组长的共同参与下，居民们原先只抱怨、不动手的情况开始发生变化，这为后续的垃圾分类工作的开展打下了良好的基础。在这一过程中，小区内有十几户家庭的主妇自发成立了一个“绿主妇、我当家”环保行动小组，组织开展垃圾减量回收。当时正值世博会前夕，一些用利乐包做的凳子被捐赠到小区，给小区的退休妇女带来了启发：如果把小区内废弃的利乐包收集起来做成凳子，就可以供居民使用，还可以减轻小区清洁工作的压力。

居民的这一想法点燃了尚书记灵感的火花，而此时北京的一家环保社会组织——地球村——也给她提供了一臂之力，这家社会组织所倡导的“生活垃圾源头减量”理念给了她启发。于是，在居民区党总支和居委会的支持引导下，小区内的“绿主妇、我当家”环保行动小组首次在小区内开展了“废物再利用、绿色你我他”的垃圾减量回收活动。参与活动的居民家庭超过了40户，回收可再利用的家庭废弃物达到了13.8千克。此次活动标志着“绿主妇、我当家”共建“生态凌云”活动的正式启动。

（二）明确责任与能力：绿主妇正式成立

要彻底改变小区“脏乱差”的环境和培养居民的良好生活习惯是一项长期的工程，需要内外部力量的共同协作。在内部，小区已经具备了内生动力，举办垃圾减量回收活动的想法一开始就是居民自身的意愿，梅陇三村的居民已经将生态环保作为对美好社区生活追求的重要内容。在外部，小区则需要专业力量的介入，特别是专业的垃圾分类处理方法的支持。此时，尚书记想到得趁热打铁，在培育居民骨干队伍的同时，成立正式的专业社会组织，以便为日后的环保工作提供技术支持。于是，依托“绿主妇，我当家”环保行动小组的前期基础，上海市徐汇区绿主妇环境保护指导中心（简称“绿主妇”）于2011年正式在民政局注册成立。

作为一个内生型的社区社会组织，绿主妇具有以下两大特点。一是本土性，绿主妇从梅陇三村内部发展起来，因此扎根在梅陇三村，其志愿者主要是社区居民，他们了解和认同社区。二是在组织架构上，绿主妇和梅陇三村居委会采用“一套班子，两块牌子”的架构，由居民区书记担任理事长，居委会主任担任秘书长。这一架构实现了居民区与社会组织的优势互补，居民区书记具有动员居民的组织优势，而社会组织在链接资源和项目运作方面具有专业优势。此外，采取居委会和社会组织并行的模式，不仅大大降低了社会组织的运作成本，而且为居委会干部掌握专业工作方法进行了赋能。

（三）培育居民意愿：软硬件双管齐下

绿主妇成立后做的第一件事就是将居民区内的垃圾箱房进行硬件微更新。梅陇三村居委会的社区干部陈新根认为，如果居民觉得垃圾箱房又脏又差，垃圾桶又脏又乱，摆放在任何一户居民家的门口都会引来居民的不满，他们是不愿意好好去分类的，如果通过硬件微更新把垃圾箱房都变成社区一景，居民们就会觉得扔垃圾也是一件挺快乐的事。正是考虑到居民的这种顾虑，梅陇三村开始对小区内的 6 个垃圾箱房进行外观改造。竹制的屋顶和爬满植物的墙面，使得小区内的垃圾箱房更加贴合小区的整体风格。微更新后的垃圾箱房焕然一新，居民的怨言也少了很多。

只改造硬件还远远达不到呼吁居民进行垃圾分类的目的，因此在改造硬件的同时，也需要提升居民的精神追求。正如尚书记所说，小区做环境教育的目的就是培育居民的自治意识和环保意识，让他们认可并通过自己的行动参与社区的环保。为了让居民意识到垃圾分类对环境保护的重要性，绿主妇在小区内的社区学校开设了“环境大讲堂”系列讲座，从水资源的优化利用到社区废旧资源的管理，再到如何进行能源优化，循序渐进，一步步引导居民了解垃圾分类的综合价值。“环境大讲堂”系列讲座不仅激发了居民的环保意识，也孵化了一批自治小组，他们逐渐成为绿主妇的骨干人群。

（四）以奖带动：小小的卡片牵动居民的心

动员居民参与垃圾分类，最难的不是如何开始，而是如何延续下去。绿主妇在最初也遇到了难题：本想着趁热打铁，在小区居民有了这么大改变的情况下多开展垃圾减量回收的活动，但没有预料到的是，活动办完了，人气也就散了，活动一直无法延续。经过复盘反思，绿主妇决定采取以奖带动的方式使项目持续化。针对每个加入垃圾分类活动的居民，绿主妇都会奖励他一张零废弃回收卡，居民每次上交可回收垃圾时都可以在卡中积分，积累到一定的分值可以换取相应的奖品。这一做法激发了居民参与垃圾分类活动的积极性，于是一张张小小的卡片在居民的手中传开。

零废弃回收卡的使用激发了居民逐步养成垃圾分类的好习惯。现在，每周四是梅陇三村垃圾减量回收的固定活动日，每到这一天，“绿主妇”们纷纷上阵，将居民拿过来的废弃物进行接收、过秤、分类回笼，利用智能终端对居民的零废弃回收卡进行记录、跟踪和管理，而居民则利用零废弃回收卡中的积分换取环保再生品。随着技术的发展和升级，居民手上的零废弃回收卡目前已经进化为可以直接在手机微信上兑换积分的电子卡，变得更加便捷了。

（五）环环相扣的项目设计

生态环保是居民对美好社区生活的重要追求。要想彻底改变小区“脏乱差”的环境和居民不文明的生活习惯，需要长期不断的努力，除了内生动力的激发，还需要借助专业的处理方法，从外部为居民营造良好的氛围。为此，绿主妇团队不断研发品牌项目。

第一个品牌项目就是垃圾减量回收，这是绿主妇成立之初的活动。

第二个品牌项目是“变废为宝·创意工作室”。绿主妇将可再利用的牛奶盒、利乐包等通过自行设计制作成手提袋、围裙、遮阳帽、环保包等美观、实用的生活物品，既可自用，也能用于社区展示。这一项目不仅宣传了低碳环保的理念，还让居民对这种变废为宝的过程产生好奇，进而激发了他们一起加入绿主妇的动力。这一项目是为了让居民知道为什么要开展垃圾减量的活动，并让居民看到变废为宝的过程。因此，绿主妇团队成立手工制作坊，动员居民自己动手，将废旧的物品变为可再利用的东西。在变废为宝的各类物品中，居民们最喜欢的就是酵素香皂和酵素洗手液。

第三个品牌项目是“一平方米菜园”。梅陇三村居委会在2013年做了一次民意调查，想知道居民最想得到的礼物是什么。调查结果显示，大部分居民最想得到的礼物是绿色植物。于是，在前两年风靡一时的线上偷菜游戏的启发下，绿主妇利用小区内的一片闲置空地，专门开辟出了一处小区公共菜园，并命名为“一平方米菜园”。这一项目使居民可以自己参与种植有机蔬菜，绿主妇们在小区内学会了种菜技术之后，在自家阳台也都种上了各种蔬菜。

联结这些项目的关键就是零废弃回收卡这张小小的卡片，有了这些项目后，居民可以兑换的东西也更多了。但是只有这些项目是远远不够的。虽然奖励制度提高了居民进行垃圾分类的意愿，但每天都会跟居民打交道的居委会书记尚艳华知道居民心里一直都有一个疑问：我们居民分好类的垃圾在后续的环节中会不会又被混合到一起？如果依然被混合到一起，那我们分类还有什么意义？为了打消居民的疑虑，绿主妇决定通过“厨余垃圾堆肥”项目，让居民知道他们的环保行为都得到了相应的回馈。

第四个品牌项目“厨余垃圾堆肥”由此应运而生。这一项目展示了平时生活中所产生的厨余不仅不是垃圾，相反还有非常大的利用价值。以前让人们头疼的厨余垃圾通过机器的加工处理变成了纯天然的肥料，并且可以给“一平方米菜园”项目中的植物提供养料。居民的疑虑也在这一过程中得到解答：梅陇三村直接将加工厨余垃圾的机器搬到了垃圾箱房里，从厨余垃圾的投放到机器加工，再到堆积成肥，这一过程都在居民的观察下进行。

微更新之后的梅陇三村垃圾箱房不仅外观变得干净漂亮，内部的空间也很敞亮。每个垃圾箱房都被隔成两个空间，一个空间内放着四个垃圾桶，上面分别贴有可回收垃圾、不可回收垃圾、厨余垃圾和有害垃圾的标签；另一个空间内放着一台机器，旁边贴有“厨余加工坊”的标签。每天上午、下午各一次的机器加工声从垃圾箱房里传出来时，居民就知道这是又在生产肥料了。

随着居民需求的变化，“有机芽菜种植”“家庭微绿地”“物物交换，手手相牵”“废旧衣物零抛弃”“爱心编织”等越来越多的项目得到了发展，越来越多的居民从社区环保活动中感受到了生态环境变化带来的新面貌。

（六）获取外部社会资源

梅陇三村绿主妇从一开始的“绿主妇、我当家”环保行动小组，到后来发展成正式的社会组织，不仅配合了市政府“百万家庭低碳行，垃圾分类要先行”活动的开展，更重要的是，在垃圾减量的同时，还通过广泛的宣传动员，不断提升了居民的参与意识、环保意识、公共意识和文明意识。从一位绿主妇成员带动一个文明家庭，从一个文明家庭引领一个楼栋……直到一个团队凝聚全小区居民合力推进绿色环保，共同建设“生态凌云”，都为建设资源节约型与环境友好型的城市社区发挥了积极作用。

在此过程中，凌云街道和梅陇三村居委会给予了各个项目很大的支持，为绿主妇链接了不少资源。比如在“一平方米菜园”项目中，项目实施初期就遇到了困难。虽然最初的想法很美好，但现实情况是绿色植物的生长周期过长，植物需要的营养不够，居民的投入和产出不成正比。如何缩短植物的生长时间？有没有生长周期短的植物？如何最大限度地为植物提供所需的营养？如何使居民的投入与产出尽可能成正比？在政府的支持下，绿主妇链接到了农科院的专业资源，由农科院的老师对项目团队成员进行培训，使居民知晓了很多生长周期短的植物，并掌握了土培变水培的技术和增肥的方法。

三、梅陇三村绿主妇模式的复制推广

绿主妇环境保护指导中心虽然是一个从居民区里成长起来的社会组织，但该组织很快就在上海、长三角地区以至全国产生了很大的影响力，并入选了 2014 年第二届上海市社会建设十大创新奖，尚艳华书记也获得了中宣部 2014 年“节俭之星”、第四届“感动上海年度十大人物”等多项荣誉。在尚艳华的带领下，梅陇三村形成了以居民区党总支为核心、以社区自治组织为主导、以社区居民为主体、社会组织和驻区单位共同参与的社区治理体制机制。随着绿主妇模式的不断推广，各绿主妇团队又发起成立了“绿主妇联盟”，形成了跨居民区、跨街道甚至跨区的合作网络。截至 2017 年年末，“绿主妇联盟”内包含了 41 个分队，骨干志愿者达 2 600 名，促使小区生活垃圾减量 400 多吨，参与种植活动的家庭超过 2 万户，活动辐射区域已覆盖徐汇区 6 个街道、上海市 7 个区和全国 5 个省、直辖市，有效传播了绿色、健康、低碳、环保的理念。

现在的梅陇三村鸟语花香，形成了宁静祥和的氛围，老人们三三两两地在大树下聊天，在长廊下下棋，偶尔跑过几个孩子，随风带来一阵阵欢笑。小区花坛里的植物错落有致，环卫工人拿着扫把清扫着人行道上的落叶，社区环境有了很大的改善。小区还是原来那个面积不大的老小区，只是小区的环境面貌早已发生了极大的变化。从环境的整治，到硬件设施的加强，再到居民之间的和睦融洽，这一切都源自垃圾分类这一看似寻常举措的实施。

案例点评

唐有财（华东理工大学社会学系教授）

梅陇三村绿主妇是我自 2011 年起深度参与介入的一个社区治理品牌，我见证了它从几个松散的积极志愿者队伍发展到具有全市甚至全国影响力的社区社会组织的成长历程。梅陇三村绿主妇的成功不是偶然的，绿主妇的产生有着坚实的组织基础和社会基础，其组织基础就是由尚艳华书记领导的梅陇三村党支部，社会基础则是党支部周围的一批社区骨干。这则案例对社区治理的启示意义在于以下几个方面：

首先，回应了社区的核心需求，即对美好生活环境的追求，这一需求也构成了社区参与的“最大公约数”，是有效吸引居民参与的重要切入点。绿主妇致力于打造生态环保型社区，这一目标很好地回应了国家推进生态文明建设的要求，配合了上海市大力推进垃圾分类的工作部署。

其次，有效调动了女性居民这一参与群体的力量。女性是社区中的积极行动者，她们关注社区，并且有较多的时间和精力，更擅长运用柔性化的工作方式，这让她们在处理社区生态环境问题时有更大的优势。她们是社区参与的天然主体和重要依靠力量。

最后，用治理的理念和方法来处理垃圾分类问题。正式注册绿主妇这一社区社会组织、社校联手、吸收外界社会资源、激发驻区单位的内生动力、引进“一平方米菜园”项目、开发一系列垃圾分类项目，都体现了不同社会资源和社会治理主体之间的互动衔接。

第二编

社区创新服务

人民群众的获得感、安全感、幸福感是衡量基层社会治理成效的最终评判目标，公共服务的有效供给是实现居民获得感从而提升社会治理效能的重要因素。公共服务的供给模式面临的主要挑战是社区需求的多样性与供给主体的单一性之间的矛盾，以及社区服务需求供给的精准匹配难题，这也是社区创新服务的重要切入点。

浦东新区“家门口”服务体系着力在村级层面上建设居民服务中心，着力从资源、项目、机制、队伍、意识、参与等几个方面构建社区服务体系，从而总结出一套社区服务的规范模式，进而实现社区服务的精准匹配。

徐汇滨江建设者之家则是一个为城市建设者提供服务的阵地。建设者之家首要的意义并不在于为这些建设者提供了什么样的服务内容，而在于治理理念和方式的转变，即这些建设者并不仅仅是劳动者，同时也是这个城市的治理主体，为他们提供公共服务是超大城市社会治理的题中应有之义。

奉贤区四堂间是在当前郊区老龄化和空心化的背景下解决社区养老问题的重要探索。四堂间模式充分利用农村地区闲置的宅基房屋，依托传统农村的社会关系网络形成互助式养老服务，并在此基础上建构村庄的公共生活，既有助于解决农村养老问题，也有助于促进村庄治理。

浦东新区“家门口”服务体系：走通城市治理“最后一公里”

熊万胜（华东理工大学社会学系教授）

一、背景与缘起

2018年11月初，习近平总书记在上海视察过程中曾指出：“城市治理是国家治理体系和治理能力现代化的重要内容。一流城市要有一流治理，要注重在科学化、精细化、智能化上下功夫。既要善于运用现代科技手段实现智能化，又要通过绣花般的细心、耐心、巧心提高精细化水平，绣出城市的品质品牌。上海要继续探索，走出一条中国特色超大城市管理新路子，不断提高城市管理水平。”“城市治理的‘最后一公里’就在社区。社区是党委和政府联系群众、服务群众的神经末梢，要及时感知社区居民的操心事、烦心事、揪心事，一件一件加以解决。老百姓心里有杆秤。我们把老百姓放在心中，老百姓才会把我们放在心中。加强社区治理，既要发挥基层党组织的领导作用，也要发挥居民自治功能，把社区居民积极性、主动性调动起来，做到人人参与、人人负责、人人奉献、人人共享。”

习近平总书记的这些话，每一句都很朴实，为社区治理创新指明了方向。浦东新区自2017年5月以来，着力推进“家门口”服务体系建设，推动各类服务资源下沉到村居，更好地为社区居民提供精准化、精细化服务，提高群众的幸福感、获得感、安全感，正是贯彻落实中央和总书记要求的具体体现。

二、“家门口”服务体系的主要做法

浦东新区社区治理创新的“家门口”服务体系的建设，不是一种村居服务的全新革命，而是一种适度的优化，以改进居民的体验。它是一种符合实际的社区营造和服务设计。

“家门口”服务体系的建设具体是在“三个不增加”（不增加机构、不增加编制、不增加人员）的基础上，通过“三个优化”（优化资源整合、优化机制保障、优化服务模式），在村居层面打造一个资源整合、功能集成、机制有效、群众参与的平台，把各村居的七类基本服务（党群服务、政务服务、生活服务、法律服务、健康服务、文化服务、社区管理服务）变得更加就近、便利、稳定和可预期，实现“生活小事不出村居，教育服务就在身边”。“就近”，指的是服务的资源和项目要送到离老百姓最近的地方。“便利”，指的是提供的服务要让老百姓感到很方便。“稳定”，就是要求服务品质保持稳定。“可预期”，就是项目的地点、内容、频次、时间等要具体明确。具体来说，包括以下几个方面。

（一）分类指导，建设服务体系

“家门口”服务体系的着力点在村居，但村和居的实际情况差异比较大，浦东新区对村与居开展分类指导。在村层面建设“家门口”服务中心，做实“四站一室”功能载体，结合美丽庭院、睦邻点建设等，向下延伸建设“家门口”服务点，让村民享受的服务从行政村延伸到自然村。在居民区层面建设“家门口”服务站，完善党群服务，延伸政务服务，做实生活服务，深化法律服务，加强健康服务，丰富文化服务，联动社区管理服务。

所谓“四站一室”，指的是党建服务站、市民事项受理服务站、文化服务站、联勤联动站和卫生室。“四站一室”的建设，目的是让老百姓享受到更为便利、可及的服务。

一是党建服务站。通过组织生活室、书记工作室、志愿者工作室、民主议事厅、咨询办理事项等，实现教育引领、管理调度、服务凝聚、推动治理四大功能，将村党建服务站建设为党建引领的阵地、区域资源共享的平台、党群活动的中心、党员志愿服务的端口、党建形象展示的窗口。

二是市民事项受理服务站。依托“一网通办”，通过自助办理、当场办结、代为办理、现场预审、帮助办理等五种方式，可受理市民事项 199 项。服务站内设置自助服务区，群众可以在此通过市政务“一网通办”门户自行办理，不熟悉操作设备和流程的，也可寻求社区工作人员的协助。同时，通过配备摄像头、高拍仪、读卡器、扫描枪、打印机等设备，对原本必须到街镇社区事务受理中心才能办结的 29 项办理事项，实现在村居就能办结。通过自助办理和当场办结两种方式，群众不出村居，就能办好医保卡换领、灵活就业登记、居住证挂失等常用事项 57 项。对于不能当场办结的事项，通过现场预审、代为办理等方式，实现“最多跑一次”。

三是文化服务站。按照新时代文明实践中心建设要求，打造学习、传播、践行习近平新时代中国特色社会主义思想的场所和载体。按照不少于一场一厅一栏多室[①]的配置标准，开展文体科普活动、道德讲堂等各类文明实践活动。文化服务站推出文化服务产品清单和志愿服务清单。每个村每年的文艺演出场次不低于 5 场，艺术导赏场次不低于 8 场。每年向每个村的重点群众文体团队开展不少于 60 课时的辅导培训。配置数字资源盒、自助数字图书借阅设备等，推出“一村一舞台”项目。

四是联勤联动站。设置社区警务室、公共法律服务工作室、矛盾纠纷调

---

① 一场一厅一栏多室：“一场”是指一个居民只需慢行 15 分钟就能到达公共体育场地，且该场地可作为活动的舞台；“一厅”是指一个可容纳 150～200 人的多功能厅（宣讲厅）；“一栏”是指新时代文明实践宣传栏；“多室”是指配备多个活动室。

解室、平安管理室、视频监控室等，建立协作配合制、应急联动制、考核评价制、首问负责制、情况报告制、联勤保障制，推动社会治理常态管理事项的规范化、模块化，实现社会治安综合治理与城市运行综合管理一体融合、资源共享、运行高效、多方协同的基层治理新模式。

五是卫生室。在每个“家门口”服务中心建设村卫生室，村卫生室内设置诊疗室、药房（药柜）、健康教育（计划生育技术指导、康复）室和治疗室。在原有村卫生室服务内容的基础上，增加简易康复治疗、中医适宜技术，适度增加药品品种配备；在部分有条件的村，可在确保安全的前提下提供补液服务。建立家庭医生巡诊制度，确保每周有全科医师团队巡诊，促进家庭医生实质性下沉，提升服务能级，缩小城乡差距。

到 2019 年 4 月底，浦东新区的 362 个行政村已经实现村层面“家门口”服务全覆盖。其中，建立“家门口”服务中心 308 个（部分村为合署办公的联合党组织，以联合党组织为单位建立中心），“家门口”服务站 1 285 个。每个“家门口”服务中心都包括党建服务站、市民事项受理服务站、文化服务站、联勤联动站和卫生室。部分动迁村、空壳村、城中村，因不具备建设“四站一室”的客观条件和需要，建成“家门口”服务站 14 个、服务点 5 个。

（二）制定标准，提供制度保障

2017 年 4 月，浦东新区首先在陆家嘴街道市新居民区、浦兴街道银桥居民区、川沙新镇七灶村、书院镇塘北村集中试点，形成了四个适合不同村居的典型样板。在试点过程中，浦东新区围绕“家门口”服务体系推进的六个方面的核心（资源、项目、机制、队伍、意识、参与）深入研究，总结出一套规范模式。随后，与市质量技术监督局、市质量和标准化研究院合力制定《家门口服务规范》；作为浦东新区首批区级标准，该规范于 2018 年 5 月正式发布。

值得一提的是，我国现在实行五级标准制度，即国家标准、行业标准、地方标准、团体标准和企业标准。《家门口服务规范》不仅是浦东新区在社会治理领域第一次发布标准，更是市质监局在浦东新区先行先试的第一份区级标准。通过实践，证明行之有效，并有复制推广意义、条件成熟的区级标准，可作为地方标准的储备，优先上升为地方标准，在更大范围内推广。通过推动标准化，实现公共服务均衡化，保障社会的公平公正。

浦东新区由发布标准引领规范统一，进而提升质量效能。《家门口服务规范》是浦东新区建设“家门口”服务体系的“员工手册”，也是建设“家门口”服务站的底板要求。通过发布标准、落实标准，让各街镇和村居共同遵守、统一手势、整体推进，在确保完成底板的基础上，鼓励各单位根据实际情况叠加实用的特色项目，促进所有服务站提供的服务都能够做到“就近、便利、稳定和可预期”。

（三）优化机制，提高服务质量

在完善“家门口”服务体系的建设中，浦东新区继续优化机制，严格执行“四化”工作理念，进一步提高服务质量。

在办公空间最小化方面，严格落实“趋零化办公”，推进村居干部“下楼办公”“开门办公”，提倡“共享空间、共享工位、共享电脑”，避免“一人一座一电脑”，充分释放空间潜能。实现服务、活动与工作共享空间、整合使用，提升为民服务开放度，让群众进门就能找到熟悉的人。比如陆家嘴街道市新居民区，仅在大厅摆放四张桌子和几台电脑，这也是所有社工办公的地方。通过办公空间最小化，倒逼社工走入群众、深入群众、融入群众，与群众打成一片。坚持“一室多用”，通过一周排片上墙，各项活动及服务内容一目了然。比如一间“法治天地”，可融人民调解工作室、法律服务工作室、法律图书小屋、法律知识讲堂等多个功能空间为一体，纳入心理疏导、律师服务、法律援助等服务项目，避免“专房专用”，进而做强了功能，提高了空间使用效率，增加了服务站的人气。坚持“名实相符”，在认真核对排摸的基础上，清理村居20多个有铭牌无服务的机构，做到一块牌子就是一项服务，让群众感到可预期，可自主定位。

在服务空间最大化方面，对腾挪清退的办公空间，通过“三会”制度发动群众参与，深入扎实排摸群众需求，有针对性地设置服务功能。整合学校、文化活动中心、体育场馆、室外场地等资源，通过结对共建、签订协议等方式，为群众提供更广阔的服务空间。

在服务项目标准化方面，每个“家门口”服务站都形成了“三张清单”。首先，通过座谈会、微信调查、实地走访等形式，向各类组织和群体广泛征集信息，分类归纳需求，形成符合本村居群众的“需求清单”。其次，区级和街镇将可下沉到村居的行政资源、结对共建撬动的社会资源、村居自身的社区能人和志愿者等内生资源三方资源对接，形成“资源清单”。最后，将“需求清单”和“资源清单”两相对照、遴选，生成符合本村居实际的“项目清单”。

在服务标识统一化方面，所有服务站的门头标识、灯箱、一周安排、错时延时预约服务均做了规范统一，形成了清晰的服务品牌。

在“四化”工作理念中，“办公空间最小化”是基础，社工的办公地腾出得越多，群众的活动地就越大；“服务空间最大化”是重点，空间资源挖掘得越充分，服务群众的阵地就越多；“服务项目标准化”是关键，只有标准化的项目，才能保证稳定的服务品质；“服务标识统一化”是前提，只有标识统一、规范、有辨识度，群众才更容易找到服务站点。“家门口”服务体系的建设，就是通过把“村居干部的办公地”转变为“群众的活动地”，让基层党组织更有组织力、战斗力、领导力；让村委会和居委会去机关化、去行政化，回归自治组织的本质；让村居干部从“政府视角”转变为“百姓视角”，从管理者转变为服务者，切实为老百姓提供零距离的服务。

三、“家门口”服务体系的成效与不足

（一）成效：工作理念转变、群众获得感增强

浦东新区“家门口”服务体系建设推进两年来，取得了初步的成效，全区从上到下，各方的理念都在转变。从区级部门到街镇政府再到村居，都普遍认识到这项民生工程的意义，都在探索中逐步推进。各方对规范化、标准化的理解更加深入了，也逐步认同了完善社区治理的重要意义。最初，有的村

居书记反映，一开始接到通知，第一个念头是“又多了一项工作”，心中有顾虑，担心村居干部等不接受。随着工作的推进，大家越来越认同这项民生工程。以前机关化、行政化的村居正在向服务型村居转变。特别是《家门口服务规范》中的“下楼办公”和“集中办公”，对村居和老百姓的影响都很大。有的老百姓说，以前村居干部坐在办公桌后面，总感觉隔了一层，现在不仅办公空间换成了明亮的、清新的、舒适的风格，而且进门就有首问接待，不管事情能不能办得成，都能找到相关的工作人员，这种感觉就好多了。“首问接待台”的设置和办公空间的开放，让群众消除了隔离感，使得服务站的服务更加人性化。除此之外，群众也在发生转变——从观望到参与。居民区的年轻人原先很少走进居委会，参与过“小手拉大手”项目之后，更多的年轻人愿意把活动经过分享到朋友圈，进而吸引了越来越多的年轻人参与进来。农村居民也更多地参与到村委会提供的公共文化服务中来，在闲暇时刻，他们总是聚到村里的文化服务站，一起跳跳舞、下下棋，村委会也变得热闹起来。

（二）不足：形式主义犹存、村居自主性弱

在浦东新区推进“家门口”服务体系建设的过程中，还存在着一定程度上的形式主义作风，主要表现为标准化、规范化的服务模式掩盖了老百姓的真正需求，或者说很多贴在墙上的“项目清单”老百姓根本用不上。还存在所有村居的服务形式千篇一律、没有特色的问题。在标准化建设的过程中，村居根据自身实际情况调整的自主性较弱，比如“下楼办公”“集中办公”这两条，不少村居都不具备这样的办公条件，有的也被强行要求做到。针对其中的不足，浦东新区可以从以下两个方面进行改进：一是扩大村居自主权，允许、鼓励村居根据自身情况开展多样化的服务；二是更加强调干部与群众之间的联系，而不仅仅是强调规范化建设，只有干部和群众之间的联系更加密切了，干部才能真正了解群众的需求，也才能真正发挥村居社区的服务功能。

案例点评

唐有财（华东理工大学社会学系教授）

在整个国家治理体系中，社区治理是最末梢的环节，也是国家治理体系的根基。社区治理要解决的并不是很多宏大议题，而是与老百姓的生活息息相关的琐事，把这些事情有效解决了，社区治理就成功了。

浦东新区的"家门口"服务体系是落实习近平总书记上述要求的重要体现。其最大的特点是，在目前的空间、编制、资源等有限的情况下，不是通过增量的投入来提高服务水平，而是通过机制创新和服务标准化等方式来实现资源整合、功能集成，促进群众参与。它将居委会的行政空间更多地让给居民作为活动空间，拉近了居委会和居民的距离，使居民更多地参与到社区治理中来。它建立了居民区服务项目和服务流程的标准，通过服务项目标准化和服务标识统一化，提升了社区服务品质，显著提升了居民的获得感。总之，"家门口"服务体系是从管理型居委会向服务型居委会转型的典范。当然"家门口"服务体系在未来还可以进一步深化，特别是可以建立起居民参与协商议事的制度化通道和平台，让居民从服务对象进一步转变为参与主体，从而实现服务型治理向参与式治理的转型。

徐汇滨江建设者之家：为城市建设者打造党群之“家”

权淑娟（华东理工大学社会工作与
社会政策研究院助理研究员）

一、背景与缘起

中国的快速城市化需要数以万计的建设者，他们为城市的发展付出了辛勤的劳动。庞大的流动人口群体给城市经济社会发展带来了巨大的贡献，但也对当地的城市治理和公共服务提出了严峻的挑战。如何更好地服务流动人口，如何让他们在为城市付出的同时也感受到被尊重和认可，是对一个城市的治理理念和治理能力的考验，也是一个城市软实力的重要体现。

徐汇滨江位于上海中心城区，是上海沿江地带少有的可供大规模、高起点、成片规划开发的地区之一，总面积约 9.4 平方公里，滨江沿岸线长 11.4 公里。2007 年，徐汇区政府与上海市黄浦江两岸开发工作领导小组办公室签署了《共同推进黄浦江沿岸徐汇区段综合开发合作备忘录》，明确了“市区联手、以区为主”的建设机制以及“政府主导、企业主体、市场运作”的开发原则，开始了徐汇滨江板块的整体开发建设。在徐汇滨江集中开发建设的十余年间，有将近 20 个总计 200 万立方米体量的项目同时进行，建筑工人约 6 000 人，高峰时段达 1 万余人。这些建筑工人以已婚中壮年男性为主，具有受教育程度偏低、人员流动性大、所属分包公司多、人员结构复杂等显著特点。因此，徐汇滨江区域一时面临着各种各样的问题。一是人员较难管理。大量建筑工人来自五湖四海，又分属不同的建筑分包公司，人员结构极其复杂，流动人口管理难度非常大。二是治理风险大。人员大量集聚，公共卫生、食品卫生、消防安全等方面的治理风险突出，城市发展的亮点极易成为城市安全管理的盲点。三是治安问题突出。建筑工地管理方式陈旧，建筑工人缺少必要的文化生活和业余活动，赌博、酗酒、打架斗殴等问题时有发生。四是公共服务不足。大量的建筑工人集聚，采购生活用品等基本需求无法及时得到满足，法律咨询、劳动保障、医疗卫生等方面的公共服务更是供给不足。五是难以融入城市。语言不通、文化不同，外来建设者融入上海的难度较大。

如何通过资源的有效整合加强管理和服务，成为徐汇区当时迫切需要解决的问题。根据市委“1＋6”文件的精神和实地调研的结果，徐汇区提出了坚持“党建带群建促社建”的工作思路，积极探索“党委领导、群团注力、企业尽责、社区保障、建设者参与”的工作模式，由区委领导、区委组织部指导、工青妇①等群团组织共同参与，由负责徐汇滨江开发建设的区属国企西岸集团协助尽责，属地龙华街道做好服务保障，徐汇滨江的建设者积极参与。2016 年 7 月，经徐汇区委批准，“徐汇滨江建设者之家”正式成立了。

二、徐汇滨江建设者之家的布局与运行模式

（一）徐汇滨江建设者之家的布局

徐汇滨江建设者之家（以下简称“建设者之家”）是上海市第一家扎根工

① 即工会、共青团、妇联。

地、服务外来建设者的基层群团工作站。它位于云锦路黄石路路口，近地铁11号线的龙耀路站，周边有西岸传媒港、民航四大中心、跑道公园等多处在建项目，在这里工作的建设者们仅需步行5～10分钟即可到达建设者之家。建设者之家的建筑总体采用了轻钢装配式设计，造价低廉，建设速度快，材料可重复利用，实现了“工地搬到哪里，建设者之家建到哪里”(随着建设项目的变化，建设者之家已经前后迁址两次，目前是3.0版本)。硬山式的屋顶和红砖透露着“家”的味道，敞开式的空间可自由进入，体现了开放包容的态度。设计师希望通过建筑结构去联系心灵与关爱，表达对建设者的关心和敬意，这就是设立建设者之家的初心：让他们在这个城市有一个共同的“家”。

建设者之家的建筑面积约为600平方米，由一个半开放的空间和一幢两层楼高的建筑组成。其内部陈设和一般学校的师生活动中心有些类似。建设者之家共有三大功能区域，分别是位于一楼的公共活动区和功能服务区，以及位于二楼的学习教育区。

公共活动区也就是公共会客厅，是一个半开放的空间，建设者们可以自由出入，实现了免费无线网络全覆盖，设置了轨道式棋桌和健身活动器材，每天播放电视节目，每周六晚放映电影，是建设者休闲聚会的最主要的场所。每天中午和晚上，他们从工地回来，总会三三两两地坐在这里，看电视、聊天。逢年过节，建设者之家会举办公益集市(如捐赠衣物、商品特卖等)，开展便民服务(如理发、修鞋等)以及进行文艺演出等，每场活动都是欢声笑语、人山人海。

功能服务区主要包括综合服务站、便民超市、卫生服务站、理发室、洗衣房等功能空间。这些功能都是在常态化需求调研的基础上确定的，用以最大限度地满足建设者的需要。例如，综合服务站和理发室就是2020年最新调整的功能空间。其中，综合服务站新添置了自助式缝纫机，建设者可以根据自己的需要使用；理发室每周有一天会有建设者志愿者和区总工会志愿者为滨江建设者免费理发。

学习教育区包括阅读空间、党员活动室、多功能厅等，是建设者日常学习培训、流动党员参与党内教育管理的场所。

（二）徐汇滨江建设者之家的运行模式

在建设者之家的整个服务和运营的过程中，徐汇区党委始终坚持“党建带群建促社建”的工作主线，在区各相关职能部门、建设单位、社会企业和建设者的共同参与下，形成了“党委领导、群团注力、企业尽责、社区保障、建设者参与”的协同供给模式。由于建设者之家的公共服务涉及面广、供给量大，且服务对象流动性大、需求多样，因此在徐汇区委区政府的积极主导和协调下，形成了对建设者群体公共服务的纵向协同和横向协同供给模式。

纵向协同主要是指市、区、属地街道等不同政府层级间的资源协同、资金配套和权力下放；横向协同则包括政府有关部门、所属街道、建设总包单位、其他社会力量和建设者自身的协同。

建设者之家通过协同供给，形成供给合力，最大限度地匹配多元化的需求，其服务站点则在工作开展中起着策划、组织、协调、引导、监督的重要作用。针对该区域内进城务工人员的公共服务供给问题，建设者之家依托服务站点，实现了政府机构、企业、社会团体和进城务工人员个体的协同作用。

一是建强战斗堡垒。2016 年 7 月，建设者之家正式运营；2016 年 9 月，建设者之家成立了党支部，坚持了“支部建在工地上”“支部建在项目上”等优良传统。党支部书记由经验丰富的居民区书记担任，中建八局、上海建工等项目参建单位党支部的党员担任支部兼职委员。党支部从最初的 3 名党员发展到现在的 5 名党员。进行党支部管理的建设者流动党员对工地上的流动党员开展登记、教育、管理、服务工作。建设者之家的党员群体从一开始只包括了 3 名党员到后来的 18 名党员，再到 26 名党员，直到现在的 116 名党员，队伍不断壮大。党支部认真落实“三会一课”、主题党日等党内组织生活，通过深入开展“不忘初心、牢记使命”主题教育、“四史”学习教育、党史学习教育，不断加强对党支部正式党员、建设者流动党员的教育管理。在服务滨江建设者、服务滨江开发建设的过程中，建设者之家党支部的战斗堡垒作用得到有效发挥，建设者之家的正式党员和流动党员的先锋模范作用显著提升。

二是配优核心团队。服务站日常运营管理团队由党支部书记1名、常驻社工7名（其中西岸集团派驻2名、龙华街道社会特招社工2名、工青妇组织派驻3名）、全科护士1名组成，另有轮值站长4名。团队的主要工作任务为向徐汇滨江区域内的建设者提供便民服务、生活服务、卫生服务、法律服务、党群服务、文化娱乐服务等六类服务。

三是做实“三张清单”。为了更好地满足建设者的需求，管理团队将区域单位资源、群团组织资源、社会组织资源引入建设者之家，服务建设者群体，坚持做细做实资源、需求与服务“三张清单”，并定期更新内容。同时，管理团队还推出了“微心愿”等项目，帮助建设者解决困难，让建设者感受到“他乡是故乡”的温暖。为紧跟工程建设作业规律和建设者的工作生活实际，建设者之家实行“7×12小时”错时工作制度。

为了把建设者工舍门口的党群之家建设得更好，建设者之家的团队用“望闻问切”的方法进行需求排摸。“望”就是多观察，在建设者午休时、下班后，看建设者在“家”里待得舒不舒服，看“家”里的环境整不整洁。“闻”就是听意见，坚持定期全覆盖走访滨江区域建设工地，进工地、进工棚，倾听建设者和建设单位对建设者之家服务的意见和建议。“问”就是做调查，建设者之家常年坚持“三张清单（需求、资源、项目）、一份问卷（需求问卷）、一批心愿（微心愿）”服务机制，通过发放问卷仔细、全面地调查建设者的需求和生活心愿。“切”就是细研究，党支部多次召开专题会议，形成思想共识，确定“家”里的改进方向，为建设者之家做好服务奠定坚实的思想基础。

四是群团注力。随着引领、服务工作的不断深入，建设者之家党支部在徐汇滨江“人民水岸”建设中的凝聚作用越来越明显。例如，新冠肺炎疫情暴发后，建设者之家党支部积极联系19个工地23个地块的临时党支部书记、项目经理，形成了一支45人的联防联控联络组队伍，完成了5 000多名滨江项目建设者的实名信息登记。在建设者之家党支部的努力下，徐汇滨江在建项目中的数千名建设者在复工复产的过程中未发生感染新冠肺炎的情况，直接保障了徐汇滨江的开发建设工作。

三、滨江建设者之家的经验与启示

建设者之家自2016年7月运营以来，共举办各类服务活动1 000余场，惠及建设者20万余人次。建设者获得感显著提升、文明素养日益提高，地区治理也更加有序，同区域110接警率同比大幅降低，真正回应了区域社会治理的实际需求，取得了积极的成效。截至目前，徐汇滨江建设者之家已荣获全国基层党建创新优秀案例、中国社会治理创新实践最佳案例、全国巾帼文明岗、上海社会建设十大创新项目等全国、省市级荣誉20余项。在全国城市基层党建“上海会议”上，徐汇滨江建设者之家被列为现场考察点；几年以来，从全国各地到徐汇滨江建设者之家考察取经的来访者络绎不绝。

滨江建设者之家自运营以来获得的主要经验与启示包括以下几个方面。

（一）把坚持党建引领作为创新社会治理的“引航标”

在机制设计上，突出党委统筹，整合各类服务资源，完善顶层党建设计框架，进而从根本上保证了各项工作的顺利开展。在支部建设上，强调支部联建，凝聚各方共识，成功争取到了项目参建单位对建设者之家的支持，区域化党建的思路更是为建设者之家的后续运营提供了源源不断的外部资源。在骨干培育上，立足党员示范，发挥模范作用，通过系列举措，充分发挥党员骨干的先锋模范作用，极大地增强了建设者对基层党建工作的认可度，为凝心聚力做好服务奠定了最坚实的组织基础。

（二）把坚持人民至上作为回应群众需求的“主心骨”

建设者之家的运营团队通过实地调研、深入访谈等各种方式深入掌握有关建设者工作、生活需求的一手资料，注重完善建设者诉求收集和意见反馈机制，不断优化软硬件配置，力争做到功能布局更加科学、目标定位更加精准、服务项目更加实用，全方位满足建设者多元化、多层次的需求。

（三）把坚持追求卓越作为创新工作方式的“加速器”

跳出传统建制区的社会治理思路，聚焦基层组织功能突破创新，以建设者之家为平台，以党建元素聚集各方资源，为建设者集中服务管理打下扎实基础；在项目的运行过程中，积极开拓党建引领、群团携手、社会牵手、网络联手的模式，打通资源与信息渠道，形成了上下联动、左右互动的良好氛围；随着项目建设不断深入，建设者之家的载体不断丰富，内容不断拓展，服务不断延伸，建设者之家从最初的单一功能发展到融管理之家、服务之家、维权之家为一体的综合家园。

案例点评

刘建洲（中共上海市委党校领导科学教研部教授）

作为上海市第一家扎根工地、服务建设者的志愿者组织，徐汇滨江建设者之家在成立之初就把党建引领放在最前面，秉持“滨江开发建设到哪里，党群服务阵地就跟进到哪里”的理念，为徐汇滨江高质量建设及区域社会治理提供了坚实支撑，探索形成了“政府主导、群团注力、企业尽责、社区保障、建设者参与”的工地服务新模式。

首先，建设者之家是党建引领的“公共空间”。空间结构的创新决定着服务功能的创新。建设者之家耳目一新的视觉形象与空间分布，蕴含着设计者柳亦春先生的匠心与情怀。作为服务建设者的党建引领的新公共空间，建设者之家所使用的材料如红砖、刨花板、轻钢龙骨等，都是工人熟悉的材料和结构，对他们而言具有天然的亲和力，有工人感慨道：“在全国走了许多工地，在这里最能够找到家的感觉。”

其次，建设者之家是资源整合的“运营平台”。建设者之家依托群团改革试点与区域化党建工作优势，坚持共建共享，实行平台化运作，统一整合工青妇等群团组织、建设管理企业、属地街道和相关委办局的服务资源到建设者之家的平台上，由建设管理企业负责硬件建设，工青妇等群团组织、属地街道负责日常运营管理，相关委办局提供服务配送和技术支持，形成了契合需求的“服务清单”，整合企业、政府、群团、区域单位可利用的资源，共同为外来建设者服务，实现了用“小家”的平台撬动和凝聚社会“大家”的力量的目标，服务了来自五湖四海的建设者。

再次，建设者之家是精准服务的“工地之家”。针对建设者普遍反映的日常购物难、求医问药难、业余生活单调、缺少沟通交流等问题，建设者之家设立了便民超市、公共会客厅、法律服务站、卫生服务站、阅读空间、多功能活动室等空间区域，运营时间紧跟建设者生活作息，实行“7×12小时”工作制，精准满足建设者多元化、多层次的需求。目前，建设者之家已经成为滨江建设工地的“治理之家”“服务之家”“平安之家”和“温情之家”。

最后，建设者之家是一个独具特色的“党建共同体”。不同于此前在珠三角一度兴起的劳工草根组织或社工组织，滨江建设者之家创建了一种党建引领的新型公共空间，其选址靠近服务对象，功能布局契合实际需求，运营时间顺应工地实际，不断迭代升级的各种精准服务和活动全方位满足了建设者的多维度实际需求。在这一过程中，区委充分发挥了总揽全局、协调各方的作用，与各方主体一起，共同打造了一个独具特色的为建设者服务的“党建共同体”。

徐汇滨江建设者之家这一新型党建空间通过空间整合机制，推动建设者服务体系的建构，以空间联动机制推动区域内不同组织的互联互通，以空间延伸机制扩大党建的有效覆盖与深度嵌入，以空间扩展机制推动党建引领，实现了“线下空间”向“线上空间”的扩展。这一新型党建空间成为凝聚建设工地治理共识、搭建多元主体协同治理网络、推动精细化治理和精准服务的有效空间载体，实现了把党的政治优势转化为共建共治共享的社会优势。

奉贤区四堂间：宅基上的农村互助式养老

刘晓梅（华东理工大学社会学系博士研究生）
金星（华东理工大学社会工作系硕士研究生）

一、背景与缘起

自2011年国务院在《社会养老服务体系建设规划（2011—2015年）》中提出积极探索新型农村互助式养老模式以来，国家有关部门陆续在十多个文件中倡导发展互助式养老。2018年，国务院更是将互助式养老与居家养老和社区养老并列，互助式养老被正式写入《2018年政府工作报告》中。在文件中，关于互助式养老的用词从“积极探索”到“倡导和支持”再到“发展”，可见互助式养老越来越受到国家重视，国家对互助式养老的发展方向更加明确。互助式养老融合了居家养老和机构养老的优势，被视作积极应对农村老龄化的理性出路[①]。奉贤区四堂间正是超大城市农村互助式养老模式

① 贺雪峰：《互助养老：中国农村养老的出路》，载《南京农业大学学报（社会科学版）》2020年第5期。

的重要探索。

奉贤区位于上海市远郊，以农村社区为主。随着城市化的进一步推进，农村青壮年及其核心家庭逐渐进入城镇生活和工作，留守在村中的多为老年人，空巢化现象日益严重，农村社会变成空巢社会，纯老家庭、独居老人的数量不断攀升。农村社会在人口结构和社会结构意义上的双重老龄化[①]程度持续加深，养老服务需求规模不断扩张，而且伴随农村社会的转型，农村老年人的需求呈现多元化、多样化的发展特点。

但在城乡二元体制的影响下，农村社会的医疗资源、养老服务资源和社会保障水平与城市社会相比存在较大差距。农村社会的养老服务供给面临着诸多挑战。一是家庭养老功能弱化[②]。由于养老服务受传统文化的影响，家庭养老仍然是农村老年人的主要选择。但在社会变迁中，家庭规模的小型化和家庭结构的核心化使得家庭的养老功能不断弱化，家庭成员的照料已难以满足老年人的服务需求。二是社区养老服务覆盖范围有限。由于农村地区地广人稀，老年人居住地在空间上比较分散，现有的社区助餐点、日托所等养老服务设施无法覆盖到偏远地区的农村老年人，以村落为单位的养老服务中心也难以服务村里的所有老年人，老年活动中心的服务内容也比较单一。三是机构养老服务难以普及。受传统观念和经济收入有限的影响，农村老年人选择去养老机构的意愿较低。与中心城区养老机构“一床难求”的景象相反，奉贤区农村的养老机构的床位遭遇大量闲置。奉贤区大部分乡镇的养老院入住率不到三分之二，有些机构的入住率甚至不到50%。

可见，奉贤区原有的养老服务体系难以满足农村老年人多层次、差异化的服务需求，农村养老服务问题显得尤为急迫和严峻。基于此，奉贤区立足农村的实际养老问题，探索出一种新型的农村互助式养老服务模式——宅基睦邻“四堂间”。

---

① 陆益龙：《后乡土中国的自力养老及其限度——皖东T村经验引发的思考》，载《南京农业大学学报(社会科学版)》2017年第1期。

② 穆光宗：《中国传统养老方式的变革和展望》，载《中国人民大学学报》2000年第5期。

二、四堂间互助式养老的主要做法

四堂间是利用农村地区闲置的宅基房屋，在“政府引导、社会参与、村委负责、老人自愿”的运行机制下，为本宅基的独居、高龄、困难等老年人打造的“吃饭的饭堂、娱乐的客堂、学习的学堂、议事的厅堂”，以老年人自助、互助服务为核心理念，通过自我管理、自我约束、自我服务的方式，向老年人提供日常助餐、文化娱乐、精神慰藉等多样化、多层次的养老服务，让农村老年人实现不离乡土的原居养老。

（一）唤醒闲置空间，搭建在地化服务场景

四堂间的空间建构主要有闲置宅基房和闲置厂房两种模式。宅基睦邻“四堂间”项目主要是对这些闲置的个人资源或村集体资源进行适当的装修和适老化改造，打造成老年人可自由进入的公共场所，并使其成为提供互助服务的载体。项目中绝大多数用房是村民闲置的宅基房屋，依托宅基是宅基睦邻“四堂间”创建过程中的一大特色。

在房屋硬件设置方面，政府对其空间构造也有相关的规定。区政府基于老年人的实际特点和实际需求出台的相关文件重点对创建标准做出了规定，相关文件在空间面积、服务范围、设施配置等方面均做出了相应规定。按照相关政策要求，四堂间的建筑面积要大于 60 平方米，应配置厨房设备、冰箱、空调、电视机、桌椅、文娱器材、消防装置等基本设施，每个四堂间的服务半径原则上为 6 个村民小组，每个点位的服务对象不少于 50 人。但在实践过程中，四堂间的服务半径多为两到三个村民小组。在运行管理方面，相关政策规定可由各村委会因地制宜采用不同模式。目前各村的实践主要形成了三种运营模式：房东运营模式、村委会运营模式和社会组织运营模式。各村四堂间分别由宅基房屋的房东、村委会或社会组织负责运营和管理。

（二）发挥四“堂”功能，满足多元化养老需求

早在 2012 年，奉贤区就开始尝试建立宅基睦邻点。当时四团镇三团港村的一位书记正好退休，由于她在村里工作和生活的时间较长，对村庄情况

和村民比较熟悉，在村民中树立了一定的威信，因而镇领导便鼓励她成立社会组织并创建第一家农村宅基睦邻点。三团港村利用一户村民的宅基房，简单配置了桌椅、板凳和电视机等设施，成立了“夕阳暖屋”睦邻点。同年，青村镇李窑村也创建了农村睦邻点。这两个睦邻点被认为是四堂间的发展雏形。

奉贤区于2014年12月进行了首家农村宅基睦邻点的启动仪式，并在启动仪式上正式提出“四堂间”的概念，即“吃饭的饭堂、娱乐的客堂、学习的学堂、议事的厅堂”，将助餐、娱乐、学习和议事多项服务功能集于一身，满足老年人多层次、多元化的养老需求。

1. 建便民饭堂“搭小灶”，让老年人老有所养

“食”是人的基本需求之一。奉贤区民政局在调研过程中发现，在生活服务设施落后、交通出行不便的农村，“食”成为老年人尤其是半自理和不能自理的老年人的生活中亟须解决的难题。因此，设置饭堂便成为创建四堂间的主要初衷，也在实践中成为最受老年人欢迎的一大功能。

方便老年人吃饭的饭堂即便民食堂，形式也比较灵活。老年人自愿参加，自由选择前往。老年人只要支付较低的费用(有的还可以不交费)便可在此享用到荤素搭配合理、营养丰富、新鲜美味的午餐。针对一些卧床或行动不便的老年人，四堂间还会安排工作人员为其提供送餐上门服务。

饭堂是四堂间的关键部分，为老年人提供日常“食”方面的生活照料服务。四堂间通过提供助餐服务，让老年人在家门口解决了因无人照料而产生的吃饭问题，保障老有所养。

2. 创休闲客堂“齐欢聚”，让老年人老有所乐

农村居住空间的分散性使邻里之间的交流十分不便，子女陪伴的缺失使老年人在精神上缺少情感支持，长期面临着孤单寂寞的困境。

四堂间为老年人提供了一个可自由进出和沟通交流的聚集场所。老人们相约聚集在这里，可以拉家常、述心中烦恼、聊国家大事。如果有哪位缺席，其他老年人则会去其家里探望和了解情况，让老年人感受到邻里的关

心。这种方式促进了邻里关系的和谐与融洽，也降低了老年人独居带来的风险。另外，四堂间还为老年人安排文艺演出，带领老年人开展唱歌、舞蹈等娱乐活动，丰富了老年人的日常生活，实现老有所乐。

3. 立快乐学堂“知礼节”，让老年人老有所学

随着生活水平的提高，老年人在精神层面的需求逐步增加，他们尤其在学习新鲜事物上持有较大的热情。四堂间里设置了一个活动功能区，里面宽敞明亮，书架上摆放着各类书籍和报纸杂志，墙面贴着各类知识宣传海报，里面洋溢着浓浓的学习氛围。

针对农村老年人的学习特点，四堂间以图片、视频等通俗易懂的方式为老年人开展健康养生咨询、政策宣讲、安全知识宣传、法律知识讲座等丰富多彩的课程活动。此外，四堂间还结合老年人的生理特征，为老年人提供手指操、健康舞等课程，以及记忆力训练、防跌倒训练、预防认知症训练、脑力训练等有利于促进老年人身心健康的活动。四堂间里的课程学习和健康促进活动，能使老年人充分感受到学习的乐趣。

4. 设自治厅堂“共议事”，让老年人老有所为

四堂间成为老年人议事的公共场所，村民们就大家关心的村庄公共事务如老年人综合津贴发放、土地征用方案、宅基地建设使用方案等问题进行讨论。老年人参与村庄事务保障了老年人的参与权，有利于维护老年人的权益，同时提高了老年人的主体性和能动性。另外，村干部也可在四堂间对村里邻里之间的纠纷等开展调解工作，及时化解村民之间的矛盾。四堂间为村民共商议事、调解邻里纠纷等提供了一个重要的平台，它也成为实现村民自治的重要载体。因此，四堂间发挥了社区自治共治的功能，除了提供乐民、便民服务外，还有利于培养村民互助、合作等公共精神。

三、四堂间互助式养老的支撑机制

与老年人实际需求相契合的服务功能是四堂间可持续发展的原动力，而政府的支持和引导是四堂间持续发展和壮大的强大助推力，也是四堂间

组织化、规范化、制度化的重要保障。

（一）制度支持

政府主要通过制度介入来引导四堂间在创建和运营中规范发展。四堂间的萌芽产生于三团港村和李窑村村民的自发行为，其产生的服务效应得到了社会和政府的认可。在2014年试点运营的基础上，2015年，奉贤区全面推进农村四堂间的创建工作。为规范四堂间的创建工作，推进各镇发展农村养老服务，奉贤区于2015年出台了《奉贤区创建农村宅基睦邻"四堂间"指导意见》（以下简称《指导意见》），从组织运行、创建标准、补贴规范等方面对四堂间的发展首次做了明确规定。2016年，上海市人民政府办公厅发布的《关于推进本市"十三五"期间养老服务设施建设的实施意见》对每个四堂间的创建明确规定给予1万元资助。同年，奉贤区民政局、财政局联合下发的《奉贤区关于老人福利补贴的实施办法》（以下简称《实施办法》）对四堂间的资助补贴进行了明确要求。《实施办法》指出，对按照《指导意见》中的创建标准及要求组织运行的，经第三方评估符合标准的，将给予一定的年度运行补贴。为了推动四堂间的发展，奉贤区政府也不断调整政策，以适应新的社会环境。2018年，奉贤区政府出台了新的扶持四堂间发展的方案——《奉贤区扶持农村宅基睦邻"四堂间"发展实施方案》，对四堂间的创建、运营和补贴标准等做了新的规定。

在四堂间短短几年的发展历程中，政府针对四堂间在创建、运营、评估等不同环节面临的困难制定了多条相关政策并不断进行完善，在创建、运行、补贴等方面也制定了相关标准，使四堂间的创建和运营工作更具操作性，推动了四堂间的发展逐步走向组织化、规范化和制度化。

（二）经费支持

资源保障是四堂间互助式养老服务持续发展的基本前提，政府的财政支持为四堂间互助式养老服务的运行提供了重要的经济支撑。自四堂间试点以来，政府就持续向其发放补贴。《奉贤区扶持农村宅基睦邻"四堂间"发展实施方案》明确规定，对于每个按照标准要求创建并通过验收的四堂间，给予5万元的一次性创建补贴，对于每个按照标准要求运营并通过考核的四堂间，给予每年5万元的运营补贴。

为了激发村集体组织和社会组织的积极性，2018年，奉贤区出台了《奉贤区农村宅基睦邻“四堂间”创建和运营评估办法》。依据该评估办法，对四堂间进行星级评价，设置了合格、三星、四星、五星四个评估等级，并依据评估等级予以不同的资金奖励。

四、四堂间互助式养老的社会化运营方式

（一）引入社会组织，增能运营团队

四堂间的服务方式本质上是老年人自助、互助的模式。因此，提升老年人的自助和互助能力是该模式持续运行的重要举措，通过打造由低龄健康老年人组成的运营团队，实现村民行动的自我发展。

自2017年以来，奉贤区政府就引入了专业的社会组织——新途健康促进社，委托其先后分三批为150家四堂间提供运营技术支持。社会组织通过村委会推进或通过开展活动来挖掘本村低龄健康老年人组建运营团队，并对运营团队进行培训，再由运营团队负责四堂间的管理和服务提供。团队成员由堂主、健康大使、文娱大使和自治大使组成。堂主是四堂间的主要负责人和核心人物，全面负责四堂间的运营管理和各类活动的开展。各类大使根据堂主的安排开展服务工作：健康大使利用四堂间的学堂开展常见疾病预防以及健康生活方式养成等主题活动；文娱大使利用四堂间的客堂开展老人们喜欢的歌曲、舞蹈、手工艺品制作等活动；自治大使利用四堂间的厅堂开展“垃圾分类”“居家安全”等主题活动。

专业社会组织还为运营团队制定了服务标准细则，使四堂间的运营管理标准化，推进了四堂间的规范发展。

（二）整合志愿资源，拓展服务项目

除了政府引入的专业社会组织，还有一些本土培育的社会组织如赛家便利服务社、庄行社会工作服务中心等参与四堂间的运营。这些社会组织

主要通过整合一些本土的志愿资源，为老年人提供文艺演出、讲座等服务。

另外，村委会也会在村中的低龄老年人中挖掘一些有专长的，动员他们成为志愿者，为四堂间的服务对象提供服务，开展读报、唱歌、舞蹈教学、便民服务等活动。例如，西校村的“红帽子”志愿服务队伍，为本村老年人免费理发，到四堂间为老年人讲解政策，每月 15 日还为不方便出行的老年人代缴水费、电费、电话费等。随着宅基睦邻“四堂间”服务质量的提升与数量的增多，志愿服务成为推动四堂间发展的一股重要力量。社会组织、社区和社会工作者“三社联动”，有效推动了农村新型互助式养老模式的发展。

除了社会组织、社会志愿者等社会资源外，企业也为四堂间的发展提供了重要的资源补充。例如，旺盛科技公司资助的 100 万元和南方国际公司资助的 100 万元为老人们添置了电视机，凯宝药业资助了 100 万元购买药品，东奉集团资助了 100 万元购买运营服务……这些企业提供的支持解决了四堂间的部分物资问题。

总之，政府、村委会、社会组织、志愿者和企业等多元主体的参与是四堂间互助式养老服务持续发展的重要组织保障。

五、四堂间取得的成效与不足

（一）四堂间取得的成效

从 2014 年开始初步探索，到 2015 年试点推行，再到 2016 年全面推广以及 2017 年标准化建设，四堂间的规模不断扩大。截至 2020 年上半年，奉贤区已累计建设 422 家四堂间，一共有 9 000 多位农村老年人享受到了四堂间提供的服务。[①] 奉贤区四堂间不仅规模不断壮大，能力也不断提升，现如今正力争实现布点全覆盖、标准全方位、功能全面完善和服务全面升级。四堂间始于养老服务，但不终于养老服务，在社会上产生了良好的运行效果。

一是打造了农村养老服务新模式。作为社区养老服务的尝试，四堂间

① 市农业农村委秘书处：《奉贤打造农村睦邻“四堂间”探索农村居家养老服务新模式》，2020－04－03，http://nyncw.sh.gov.cn/xczx/20200407/5a21ff1f36de4bcfa49a382355b6dda9.html。

无疑是成功的。为了应对农村的养老困境，立足于老年人的养老需求，奉贤区因地制宜，盘活内在资源，挖掘村庄能人，通过标准化建设和规范化运营，探索出四堂间互助式养老服务模式，为老年人提供了可达、可及的养老服务，实现了农村老年人"不离乡土、不离乡邻、不离乡音、不离乡愁"的原居养老。四堂间互助式养老模式所具备的"及时供给、在地供给、与需求对接"的特点使其成为当前奉贤区农村居家养老服务和机构养老服务的有效补充，为农村留守、高龄、独居老人解决了吃饭并消减了孤独感等实际问题。

二是成为农村自治新载体。村干部通过发挥四堂间的议事功能引导村民积极主动参与社区事务治理，加强自治文化建设。另外，很多村两委依托四堂间，将其与党建微家、妇女微家等进行资源整合，在实现养老服务功能的基础上，嵌入了党建、妇联等社区服务功能，形成了"养老服务＋X"功能架构，使四堂间成为一个多元参与社区治理的新载体。

三是引领了农村睦邻新风尚。四堂间通过邻里互帮互助和共享生活空间，打破了村庄个体化、原子化趋势下的空间边界，增加了邻里之间的交流，增进了邻里之间的情感，形成了一种新的邻里相处方式和邻里"出入相友、守望相助"的和谐关系。同时，四堂间的运行也促进了老年人与村干部之间的交流，增进了干群之间的关系，有利于促进社区和谐，提高村庄凝聚力。这种和谐的社区关系有利于社区孝文化的建设，进而引领了新型孝亲敬老文化的发展。

（二）关于四堂间未来发展的进一步思考

四堂间发展之迅速证明其存在的合理性，但也在以下几个方面有待提升。

一是动员社会资源，促进四堂间可持续发展。养老问题的解决关键在于资源。按规划，到2020年年底，四堂间预计发展至500家，实现区域全覆盖。而在实践中，四堂间的运作需要一定的资金投入。目前，四堂间的经费主要来自政府的补贴和村集体经济。尽管政府对每个四堂间的创建和运营都进行了补贴，但是这些经费远远不能支撑一个四堂间实现全功能运行。

村集体组织需要对四堂间的日常运营投入大量资源。对于村集体经济比较弱的村庄，四堂间的运行已让其不堪重负。因此，如何获取充足的资源是关系到四堂间能否可持续发展的关键问题。长期来讲，仅靠政府补贴和村集体经济的投入难以推动四堂间的可持续发展，应当尽可能挖掘和动员村庄内生资源和社会资源，培育慈善文化，为四堂间的可持续发展注入有效资源。

二是鼓励家庭参与，构建互助共同体。在当前的四堂间运营中，家庭成员尤其是子女所发挥的作用是有限的。家庭是养老服务提供中不可或缺的重要角色。应当鼓励老年人的子女或村庄里的年轻人参与志愿服务。这样，一方面可以增加四堂间的志愿资源；另一方面，也有利于增进代际关系，推进孝道文化的传承。

三是完善四堂功能，提升村庄自治能力。作为公共活动空间，四堂间有更多功能有待开发。尽管四堂间已成为村民参与社区治理的新载体，但由于农村老年人自身的参与能力和参与意愿较低，多为被动参与。今后，应当引导老年人主动积极参与社区治理。

案例点评

熊万胜（华东理工大学社会学系教授）

奉贤区四堂间代表了一种乡村聚落内的社区公共生活的发育过程，它最有特点的地方在于其设立在村民组内的一个可以吃饭的地方。

第一，这是一个郊区乡村社区，村民以家庭为核心的私人生活要比城市完整和发达，只需要很有限的公共服务。比如村民不仅在这里生活，也在这里从事一些生产活动，老人们可以做和必须做的事情要比城市里的老人多一些，就不会像城市里的老人那样有那么多的闲暇时间到公共场所去活动。村民一般不是关起门来过日子的，村民之间的私人往来要比城市居民丰富得多，也存在一些守望相助的习惯。农村比城市社区保留了更多的合作互助关系，就不太需要城市社区里的那些高度专业化的公共服务。所以说，我们不必认为奉贤区的老人不愿意去养老院是一种落后的状态，实际上，他们的生活也是很多城市居民希望拥有却无法拥有的。

第二，奉贤区的村落空间结构比较分散，一个村有20个左右的村民组，每个村民组都可以说是一个宅基。这种宅基不是真正意义上的自然村落，而是人民公社时期的小规模农房归并的产物，属于一种"集体化聚落"。相比较而言，上海西北部的乡村主要是由中等规模的自然村落组成的，我国华北地区也有很多以自然村为行政村的情况，社区的形态就有明显的不同。目前，奉贤区的村委会所在地也提供全市普及的各类公共服务，包括农家会所，但是对于很多偏远地区的村民来说还是难以享受到这些服务，因为实在是太远了。四堂间建在宅基上，这符合农村社区尤其是空间分散型社区的特点。这种做法也和全国很多空间分散型社区的做法是一致的。不过，这样的四堂间一般是比较朴素的，它牺牲了人们通常会看重的"高大上"，换来了村民所喜欢的"接地气"。

第三，四堂间的功能定位很有特点，切合的是农村社区"双重老龄化"的实际。四堂间指的是吃饭的饭堂、娱乐的客堂、学习的学堂、议事的厅堂。这些都是老人需要的，不涉及孩子的服务。我们通常认为市中心的社区老龄化程度高，但是如果衡量户籍人口中的常住人口，就可以发现郊区农村的实际老龄化程度要严重得多。随着大量郊区年轻人流入城市，在远郊乡村，常住户籍人口中老人的比例常常会超过三分之二，这基本上也是子女不在身边的老人所占的比例。由于上海的城郊农民可以实现充分的非农就业，常住户籍人口的老龄化会比大多数外地农村更加严重。所以说这是一种"双重老龄化"，一方面是寿命延长和计划生育带来的老龄化，另一方面是年轻人彻底外流带来的老龄化。

农村老人的私人生活的维持正变得困难，同时又缺乏充分的市场服务或者公共服务供给。这个问题在全国都非常普遍，因此奉贤区的努力是非常值得肯定的。

让四堂间可以为老人提供饭菜，是一个比较接地气的做法，这也是奉贤区四堂间和沪上各种村民组织的治理创新最大的不同。吃饭是人最基本的需要，也是老人最需要的服务。即使是在国内其他地区的农村，在其自发的互助养老服务中，提供吃饭都是最基本的功能。然而，吃饭也是非常私人的活动。俗话说，七十不留宿，八十不留饭。比较社区各种服务模式后可以发现，人们对提供吃饭的服务是比较谨慎的。我们可以看到，通常只有那些资源富集的中心城区的社区服务中心才会提供老人就餐服务，一般的城镇社区只提供送餐服务。奉贤区在城镇里尚且还没有推广送餐或者就餐服务，却在农村的宅基睦邻点上开展了就餐服务。所以，奉贤区四堂间的就餐服务到底能不能开展下去，是很值得继续观察的。我们的预言是，在外部资源不够充沛的情况下，只有充分调动村民组内的自发力量，才能增强四堂间的吃饭服务的可持续性。通俗地说，在钱不够的时候，集体吃饭就要更加依赖本地的人力和善心。

第三编

社区空间的规划与运营

空间治理是当前上海城市治理创新的重要转向，其实质是将有限的公共空间更多地让渡给居民，通过重新规划、更新和运营，为居民提供更好的公共服务，并吸引更多的居民参与，培育社区公共性。

城市社区公共空间的营造以徐汇区江南新村邻里汇和闵行区康城邻里中心两个案例为典型代表，体现了城市打造公共空间并实现服务空间和治理空间的双重功能。而社区公共空间的运营背后则是治理方式和治理能力的体现。社区公共空间的打造通过整合社会资源、搭建治理平台、促进公共参与，为居民提供了更好的公共服务。

“鼎治空间”是社区居委会内部公共空间的改造，其核心是行政空间最小化、公共空间最大化，打造去办公化的社区事务阵地。“鼎治空间”的改造表明空间是多重属性的，既有物理空间的属性，也有社会空间、心理空间和治理空间的属性。因此，社区公共空间的更新改造本质上是治理关系的重构。

杨浦区社区睦邻中心是上海较早对改造社区服务空间的探索，回应了老旧城区老龄化社会与服务空间不足的社会问题，其本质是社区服务的供给机制的转变，即从原来的政府主导模式转向了政府主体+社会协同模式。

贵州西社区微更新是关于老旧小区改造的故事，因此也涉及公共空间的重构。专业力量的介入和居民自治参与相结合是贵州西社区微更新的主要模式，外部专业力量的介入在硬件上为社区居民提供了更好的生活空间，而居民的自治参与则从机制上唤醒了居民的主体意识，这也是城市微更新的意义所在。

城市社区公共空间的营造：以服务促治理

赵云亭（上海海洋大学社会工作系讲师、博士研究生）
傅芳艺（华东理工大学社会工作系硕士研究生）

一、背景与缘起

随着城市社区治理的不断深化，面临的问题也日益显现，主要表现在四个方面：一是在当前的社区治理中，政府的积极性远高于居民，社区行政化依然严重，社会空间发育不足；二是居民与居民之间缺乏联系，居民与社区之间的疏离日趋严重，造成居民对社区发展比较冷漠，对社区公共事务的参与度不高；三是居民缺乏利益表达机制与参与社区公共事务的平台和渠道；四是在人民生活水平不断提高和社会主要矛盾转变的背景下，面对居民需求多元化、碎片化、差异化的现状，社区公共服务空间少、资源散、功能弱。这些问题深刻影响了社区治理的推进和效能的提升，给深化社区治理改革提出了新的挑战。基于此，党的十九届四中全会明确提出要坚持和完善共建共治共享的社会治理制度，建设人人有责、人人尽责、人人享有的社会治理共同体。社区治理重在“人人”，强调每位居民都是社区治理的主体，有参与社区治理的权利和义务，目标是实现成果共享。从以上问题中可以看出，新时期社区治理的核心是如何通过社区服务调动居民参与社区治理的积极性，这既是社区治理的题中应有之义，也关系社区共建共治共享格局的实现。围绕这一问题，基层政府进行了大量探索和实践，其中以邻里中心、邻里汇等为代表的社区综合性公共空间的营造提供了一条“以服务促治理”的有效路径。

社区综合性公共空间的探索和运营始于2015年前后。社区综合性公共空间的营造主要着眼于党建引领基层社会治理的要求，坚持以群众需求为导向，以精细化社群运营的方式，把资源向基层聚集和配置，打通服务的“最后一公里”，增强群众的获得感、幸福感和安全感。社区公共空间由便民服务空间、休闲娱乐空间、自治共治空间、志愿服务空间等构成。近年来，各区根据本区发展特点和治理难题，形成了各自的社区公共空间品牌，基本实现了社区公共空间的全覆盖。

社区公共空间的构筑和营造，一方面满足了新时期社区居民日益增长的美好生活需求，促进了居民之间情感的联结，加深了居民对社区的认同感和归属感；另一方面也增强了社区居民的公共参与意识，居民成为社区自治的重要力量，进一步重塑和完善了社区治理结构，激发了社区治理活力。

二、空间再造：公共空间功能的完善和扩展

（一）公共空间：社区闲置空间的重组与再造

社区公共空间是在对社区闲置空间、单一功能空间等空间资源的重组与再造中生成的立体式、综合性治理空间。徐汇区斜土路街道江南新村人口约为1.1万人，其中老年人口占比达到37％，且多为当年江南造船厂的船工和建造师，彼此之间关系紧密，对社区有着较为强烈的认同感和归属感。江南新村邻里汇共有四层，总面积约有1 200平方米。闵行区康城小区是全市占地面积最大的居住小区，绕小区一圈达3.2公里，总占地面积约有100

万平方米，总建筑面积约为 208 万平方米，共有 298 幢、12 600 套住房，近 5 万居民，分设 4 个居委会。康城邻里中心为莘庄镇首家邻里中心，于 2016 年 9 月正式投入运营，位于上海市康城瀑布湾道 49 号，共四层，建筑面积约为 1 400 平方米。

在社区内打造综合性公共空间需要以大面积的物理空间为前提，而市中心老旧小区的空间资源稀缺，社区需通过多方力量联动将社区中的空间资源进行整合，进行公共空间的构筑。徐汇区斜土路街道江南新村邻里汇空间的诞生就是社区内各方力量协同努力的结果。邻里汇筹建小组通过挖掘和梳理社区已有资源，包括老年人退休活动场所、江南卫生站点和国资系统的产权房等，对其进行重新组合、规划、加固，然后装修，最终成型。其中很重要的一部分是江南造船厂退休职工的活动房，该活动房已有 60 多年的历史，虽然破旧，但它是退休职工在社区中唯一的活动空间。对其进行重新改造，势必会导致一段时间内退休老人失去活动空间，使得不知情的退休老人产生不理解情绪。在处理该问题的过程中，社区自治组织——江南匠心舫——扮演了重要角色。江南匠心舫是江南新村内一个已经存在十多年的自治组织，在与筹建小组沟通之后，自治小组成员联名写信给江南造船集团，表示愿意拿出一年时间让街道改造活动房，并坚信经街道重新改造的活动空间会更好。收到信之后，江南造船集团非常支持，并将活动用房以较低的价格租给街道。在街道、企业、居委会、居民等各方力量的大力支持下，邻里汇最终建成，成为助力社区治理和社区服务的重要空间。

（二）服务空间：公共空间功能的完善与拓展

针对居民需求以及居民的年龄结构特点，对社区公共空间不同楼层进行功能设置并配置相应资源，实现全年龄段社区服务。社区公共空间一楼主要提供生活服务与医疗健康服务，包括健康管理驿站、聊天吧、老年助餐点、社区卫生站等，让养老服务嵌入社区。江南新村邻里汇以“医养结合”为核心理念，针对江南新村居民老龄化程度高、健康养老需求突出的问题建设而成。邻里汇内还设有健康管理驿站，依托健康管理驿站和优秀的家庭医生团队，居民可以在这里进行健康自测，并由家庭医生做现场指导，社区居民还可以在这里开展各种健康自管活动。闵行区康城邻里中心一楼同样是以医疗服务、健康养生为主的“健康之家”。二楼一般有老年服务与休闲活动。江南新村邻里汇二楼提供的服务主要包括长者照护、日托照料、老年助浴、康复健身等。而康城邻里中心二楼则设置了以便民服务、兴趣沙龙为主的“乐活之家”。三楼的功能定位为公共托育与共乐天地，为居民提供幼托、晚托、亲子服务，节假日还可以开展种植体验、烘焙培训、亲子活动等。康城邻里中心将其命名为“青春之家”，主要以青年中心、亲子乐园为主。四楼为会议室和阳光休闲区，为居民自治组织提供协商议事的平台和空间，并通过预定的方式提高资源利用率，文化团队、兴趣课程等可以在这里开展，康城邻里中心将其称为“睦邻之家”。

邻里汇空间的建设也带动了整个社区空间的复苏。例如，江南新村依托邻里汇空间，通过居民参与的方式，对整个小区进行社区船文化的空间筑造。对江南新村的很多船工来说，船文化中蕴含着他们共同的价值认同。居民通过议事协商，共同参与设计，将社区废弃车棚打造成全新的船型车棚，并对墙面进行了以江南船文化为主题的重新设计，使其与邻里汇、老城区呈现出统一的风格。社区利用公共空间重新打造了船文化长廊。通过邻里汇空间，以点带面，提升了居民对社区的认同感和归属感，重塑了居民的社区主人翁意识，并在此基础上促进了居民对社区事务的关心，培育了居民的自治意识，激发了居民对社区治理的全面参与。

（三）治理空间：邻里交往、社区服务与自治平台

江南新村邻里汇通过融入“亲邻社区治理”的运营理念来促进社区治理，这个理念主要包括以下三个方面。

第一，亲邻共融，促进邻里间的交往和互动。“会客厅”是在社区中为居民建造的公共客厅，其作用体现在以下两个方面：一方面，为居民招待亲戚朋友提供方便；另一方面，加深邻里间的交往和互动。江南新村邻里汇做到了“全人群覆盖、全时段覆盖”。“会客厅”不仅面向小区内居民，周边社区的

居民也可以申请使用。江南新村邻里汇线上线下全年无休，且互联互通，实现了“线上定制，线下服务”模式。

第二，亲邻共享，整合社区服务类型，提升社区服务质量。江南新村邻里汇内提供政府的公共服务、便民利民服务和志愿者服务。居民的日常需求在江南新村邻里汇都能得到满足。目前，江南新村邻里汇共包括“8＋X”个服务领域，包括为老、健康、咨询、志愿、生活、文体、教育、亲子和其他特色服务。

第三，亲邻共建，搭建自治共治的空间载体。江南新村邻里汇汇聚了多元主体，是一个促进社区自治共治的平台，是社区居民、社会组织等发挥其价值的重要载体。

三、城市社区公共空间的运作机制

通过不断建设和完善运作机制，汇集邻里资源，使得社区公共空间能够更好地为社区居民提供服务，促进社区治理。下面将以江南新村邻里汇和康城邻里中心为例来分析城市公共空间的运作机制。

（一）组织结构：党建引领议事平台

作为一个倡导协同参与的自治平台，邻里中心所强调的是党建引领下的多元参与管理方式。由居委会书记担任理事长，群众团队、驻区单位、群众骨干、社会组织等多方力量共同组成理事会队伍，为邻里中心的建设和维护建言献策。理事会拥有自己的章程和议事规则，主要负责服务项目的引入、重大事项的决策、服务质量的评议与监督。

理事会的主要功能包括以下几个方面：一是议事、决策功能，定期开会，就有关事项形成决议，如康城邻里中心的项目引进、开放时间、场馆的使用规则等；二是确定理事会开设项目的类型及组织活动的内容，理事会以需求为导向，自下而上，通过意见征询确定服务项目。

理事会是议事决策机构，另外设有实体机构进行运作。康城邻里中心采用“3＋N”的团队运营模式。“3”代表团队由三个方面的人员组成：一是专职社工，由政府招录，每个邻里中心配备 2 名社工；二是社会组织；三是区域化党建的驻区单位负责人。“N”代表志愿者团队。理事会做出决策后，由这一运营团队具体执行推进。

（二）社会化需求的遴选机制

社区公共空间的核心功能是满足居民需求，提升社区服务质量。江南新村邻里汇以满足居民需求为首要考虑，同时这也是江南新村打造邻里汇最基本和最重要的出发点。通过建立社会化需求的遴选机制，精准聚焦和满足社区居民的共性需求是完善社区公共空间运作机制的重点内容。目前，康城邻里中心已形成常态化需求调研机制，在实施助老、医疗、文体等常态项目的基础上，不定期跟踪了解居民需求，精准配置服务项目，为居民提供更多他们有需求、有感受度的项目，如“手机摄影、短视频制作沙龙”“《中华人民共和国民法典》宣讲”等课程深受居民欢迎，有效增强了人民群众的获得感、幸福感和安全感。

（三）资源整合机制

社区公共空间通过资源整合保障其有效运转。康城邻里中心主要整合三大类资源来保障邻里中心的有效运转。

第一类资源是政府资源。主要是职能部门通过资源下沉，将公共服务资源配置在邻里中心，基层按需对接。根据闵行区莘庄镇社区办王麟主任的介绍，区级相关职能部门经过前期的运转，目前大概有七大类市级公共服务资源和 87 项区级公共服务资源可以汇集到康城邻里中心。

第二类资源是企业和社会资源。康城邻里中心二层的“悦管家”是一家专门提供家政服务的公司。康城邻里中心为其提供免费的场地，该公司也专门为康城社区定制了专属的优惠套餐。引入市场资源，既满足了社区居民对家政服务的需求，使得社区居民能够便捷地选择更优质、更具性价比的服务，也提高了邻里中心在居民间的知晓度，增强了居民对邻里中心的认同感，促进了社区内居民之间的联系和交流，也促进了自治共治局面的打开，形成了良性循环。开放、灵活的设置，既盘活了社会资源，又为社区居民真正提供了便利，达成了互利共赢的局面。

第三类资源是内生资源，指社区内部的能人。邻里中心提供好的空间、场地，社区内部的能人根据自身实际情况，为邻里中心、居民提供一些服务。例如，由邻里中心提供场地，社区内的书画达人为社区儿童提供书画类的基础课程。再如，康城邻里中心的“大家好社会组织”，其创始人王女士是社区内的居民，最早是社区内某自治团队的骨干成员。谈到邻里中心时，她说：“邻里中心是个好平台，本身我们社区居民之间的交流特别少，但是邻里中心里面有各种各样的活动，家长带着孩子来参加以后交流也增多了，慢慢地也会谈到很多社区内的事情，甚至会一起想办法，本来对社区认同感不是很强的外来租客，也因为有了这样一个纽带，开始愿意参与到社区里面来了。”

（四）规范化自主管理、监督、评估机制

社区公共空间作为自治空间，加强了社区公共空间的监督评估机制建设，促进了社区公共空间的良性运转。徐汇区通过“以评促建”，依托区级层面的设计，在全区范围内建立了统一的邻里汇监督评估机制，促进了邻里汇的可持续发展。康城邻里中心建立自主管理机制，挑选服务圈内有公益心、有影响力的居民代表，组成“自治理事会”或“群众议事会”，定期开展调查研究和监督评估。

（五）服务提升的激励机制

随着社区公共空间内自治团队不断增多和场地有限之间出现矛盾，场地的合理分配成为影响邻里中心运转效率的关键问题。为此，康城邻里中心建立了“幸福积分服务提升激励机制”。自治团队或居民个人通过在邻里中心认领志愿服务项目的形式，得到一定的积分，积分高的居民，获得场地使用的优先权。如此，既激发了居民参与志愿服务的积极性，解决了邻里中心内志愿者团队较为固定的问题，又形成了相对公平的机制，确保了居民参与志愿服务的持续性，为邻里中心志愿团队的不断壮大提供了强有力的保障，而且围绕活动安排、场地协商、活动发布，志愿者们进行议事协商，进一步促进了居民之间的交流，极大地提高了居民参与社区事务的热情，培育了自治共治的意识。

从居民的实际需求出发，汇集社区内生资源、社区外部资源，在区、街道、居委会、居民等多层级力量的共同推动下，社区公共空间的运作机制将不断完善，在提升服务功能的同时，治理效果也逐渐显现。

四、社区公共空间运作的经验探索

（一）党组织引导下多元联动的治理架构和运行模式

坚持党建引领在城市社区公共空间运行中的核心作用，引领空间参与力量的价值导向，通过区域化党建的方式整合区域内的资源，加强政社联动、条块联动、块块联动，推动各类运营主体沟通协商、协同合作，提升基层社会的治理能力和服务效能。康城邻里中心在街道社区党委的领导下，探索成立“社会组织服务中心和邻里中心联合党支部”。一端联系区域党建单位和社区社会组织，成为“党员集散中心”，通过做实党员到社区报到机制，让党员在邻里中心有参与、有服务、有收获；另一端则对接居民区党组织，建立“党建联建枢纽”，区域党建单位通过邻里中心导入基层社区，促进党建联建，加强区域共建和资源共享。

（二）服务型居委会运作模式促进社区治理

基层社会治理行政化是阻碍共建共治共享社会治理格局形成的一大瓶颈。根源在于脱离了基层社会治理的服务本质。探索和创新社会治理，必须坚持“以人民为中心”的理念，精准聚焦群众服务，打造服务群众的公共服务体系，提高群众的满意度和幸福感。城市社区公共空间的建设通过将行政化空间进行压缩，实现服务空间的最大化，为社区居民提供最大化服务。一方面，服务型居委会运作模式加深了居委会与居民之间的联系，有利于推动社区治理的精细化；另一方面，通过服务，将居民吸纳到社区治理中来，壮大社区自治力量，实现以服务促治理的模式。

（三）创新群众参与平台，重塑社区治理结构

建设人人有责、人人尽责、人人享有的社会治理共同体既是党的十九届

四中全会提出的社会治理的重要目标，也为超大城市的社会治理指明了方向。城市社区公共空间既是服务空间，也是自治空间，主体是居民。通过创新自治协商机制、增设专委会和“互联网＋社区自治”等方式，打造覆盖全年龄段群众的参与平台和载体，激发群众的参与积极性，尤其通过“互联网＋”的方式让青年群体参与到社区治理中来，重塑社区治理结构，促进社区治理结构的合理化。

案例点评

熊万胜（华东理工大学社会学系教授）

以上内容述及社区公共空间的营造模式，一个是康城邻里中心，另一个是江南新村邻里汇。前者涉及的是大型居住区的治理模式，后者涉及的是资源充沛的中心城区的社区服务模式，两个案例都具有一定的启发性和推广价值。

首先是康城邻里中心带给我们的启示。上海康城以其规模巨大而闻名，今天，在上海的郊区，我们又建立了大批以安置房为主的大型居住区，空间形态更加机械单一，且居民结构更加复杂多样，实际上它们已经成为上海社区治理的大难题。上海康城邻里中心的服务半径比较大，它的运行机制和基本功能与其他相对小型的社区睦邻中心很相似。这是不是意味着睦邻中心就可以成为大型社区治理的一个普适性的平台呢？对于大型社区来说，睦邻中心可以成为一种优化治理或者服务规模的调节器。相比较而言，为了更优化的治理或服务规模，调整街道或居委会是十分困难的，而设立一家非行政性的睦邻中心要相对容易不少。不过，我们依然感到，上海康城这个规模可能还是太大了，以至于不能完全接纳居民成立的自治团队，因此需要进行筛选。鉴于这种情况，是不是可以发挥这个规模调节器的功能，在康城内再设立一个睦邻中心呢？不过，这个想法可能会遇到另外一个现实问题——场地可能不够。所以，我们在这里可以思考另外一个普遍的问题，也就是社区的空间结构和社区治理的关系问题。我们今天遇到的很多场地问题都是当初居住空间建设的时候对公共空间的考虑不足导致的。实际上，居住空间和治理与服务空间的比例，也是一个有待深入研究的大问题。

其次是江南新村邻里汇带给我们的启示。江南新村则经历了一个单位内社区的转型，从单位内的集体生活服务中心转变成社区性的公共生活服务中心。从单位与社区的关系来看，原来是“单位办社区”的模式，单位为员工提供终身服务。江南新村邻里汇的模式是街道把这个单位的公共用房租下来，引入专业化的社会组织，推进了这个单位社区的功能转型。同时，江南造船厂的“单位办社区”的历史也在很大程度上走向了终结，转变成了“社区办社区”的模式。

江南新村是一个有着60多年历史的单位社区，老式的单位住房空间窄小，使得人们对社区的公共生活产生了内在的需求，比如对“社区会客厅”的需要；实际上，住房空间窄小也导致了老职工的年轻子女离开本社区，从而使得养老服务中“老有所养”的需求变得特别突出，这一点也类似于郊区农村社区。同时，既然是一个单位社区，居民之间的关联度就很高，而且居民的文化素质也比较高，有各领域的专业人士。这就为将江南新村打造成一个高品质的富有活力的城市社区准备了条件。单位社区还有一个特点，就是它非常重视为老服务，在这方面积累了丰富的经验，为老年人健康服务的能力比较强。这也是今天的江南新村能够发展出“医养结合”模式的基础。新的江南新村邻里汇恰好是把“单位办社区”和“社区办社区”两者的长处结合起来了。可以相信，江南新村的这种模式应该也能为其他的国企单位社区所模仿。它难以被模仿也最应该被模仿的地方是它的“医养结合”模式。这是一种高水平的社区养老模式，它让老人在家门口就能享受到专业化的、全面的养老服务。这确实需要以高水平的财政投入为保障。同时，江南新村还把“一老”和“一小”的服务高水平地统一起来，这和有些地方限于场地而不能把各种功能结合起来的情况有所不同。所以，这也是一种全功能的社区服务中心，这个模式是值得在城市社区中推广的。

嘉定区鼎秀社区“鼎治空间”：社区公共空间改造

顾楚丹（华东理工大学社会学系讲师、博士后）

金星（华东理工大学社会工作系硕士研究生）

一、背景与缘起

社区是城市基层社会治理的基本单元，社区公共空间是居民生活和社会交往的重要平台和载体，其治理情况关系到居民的生活品质。社区公共空间改造实际上由以居民需求为核心的生活逻辑主导，通过社区公共空间再造，使得居民的公共交往、参与方式、社区治理模式等实现“内涵式治理”发展转向。“空间”是城市社区治理的一个重要视角。列斐伏尔（Lefebvre）认为：“空间不仅仅是一个容纳各种社会互动的容器，还是物理空间、历史遗产、象征意义和生活经验的结合体，是由各种政治和社会力量生产而成的。”[①]空间视角的引入为我们理解中国的城市社区以及重新思考城市社区

① Lefebvre H：*The Production of Space*，Oxford：Wiley-Blackwell，1992：416－417.

治理提供了重要的借鉴。城市社区治理中的大部分问题其实都和空间有关，诸如停车问题、社区居民交往问题、居民随意占用楼道内公共空间等问题的背后都指向城市社区空间，唯有真正解决了上述问题背后的空间症结，才能够实现对这些问题的有效治理。

鼎秀社区落成的“鼎治空间”，着力打造去办公化的社区事务阵地，在聚焦基层治理难题、探索社区共营机制、提升居委会阵地功能实践中，形成了特有的“空间融合”工作法。从空间视角切入，以社区居民的居住生活条件改善为突破口，通过社区居民的广泛参与和多元主体的共同协商，促进了社区公共交往，推动了社区共同体意识的形成，成为满足社区居民对美好生活向往的新途径。通过重构社区公共空间，破解以空间为基底而衍生的众多社区治理问题，激活了社区治理活力，提高了社区自治能力。

二、“鼎治空间”：社区公共空间改造

市场云集的嘉定区曹安路北面，坐落着由 4 个小区近百个楼组组成的鼎秀社区，这里曾是一处“背光”区域，也是各种邻里矛盾聚焦频发之地。特殊的先天条件一度为社区居民带来了许多纷扰和不便。第一，周边市场多，造成社会治理难。地处三大市场的马蹄形包围之中，鼎秀社区的住房一度被改建成仓库、作坊和集体宿舍，进出人员混杂。第二，成型时间长，造成组织力量弱。鼎秀社区属于边建边入住的社区，在较长的一段时间里，社区缺少强有力的组织纽带，一些纠纷和矛盾因得不到及时沟通化解而日积月累成为重疴。第三，构成主体杂，造成共建意愿散。从小区内部看，动迁安置房、商品购买房、出租承租房“三分天下”；从区域主体看，市场管理方、经营小业主、社区居民“各打算盘”，邻里关系松散、陌生，甚至紧张、抵触。正是在这样问题丛生的背景下，鼎秀社区居委会成立了。鼎秀社区通过社区公共空间改造，打造“鼎治空间”，以整合社区资源为基础，以开放居委会空间为抓手，以动员社区居民多元参与为手段，培育社区内部的协商解决能力，激发社区发展的内生动力，实现真正意义上的社区再造。“鼎治空间”的建构大

致经历了以下三个阶段。

第一个阶段：鼓励居民参与，重聘物业引入市场力量。2014 年，鼎秀社区在居委会的组织和号召下组建业委会。业委会决定自行考察并聘请新的物业公司，负责“选聘小组”的发起、报名工作等，在此过程中说明规则、公开操作，最终选聘小组赴苏州考察并选聘新的物业公司。居民之后反馈，社区的物业管理果然有了很大的改善。由业委会选聘物业公司一事，居民开始参与社区事务。

第二个阶段：党员引领，楼宇自治改造。2014 年，针对小区居民楼大堂内乱停车辆的情况，一位党员自己拿出 5 000 元带头改造楼道。通过设置障碍，使得电瓶车不能进入居民楼大堂，之后，其他楼宇也开始效仿，通过自筹进行楼道改造。在此过程中，居委会主要起支持作用。之后，在居委会的推动下，为进一步推进楼宇改造，各楼宇通过推荐形成了楼宇自管小组（7～9 人），依托“阳光楼宇”自治金，通过自发讨论，居民决定将地下空间（该小区房子特有的空间）进行改造。为解决停车难的问题，居民讨论后形成了对车位的分配方案；为解决电动车的充电问题，设立业主停车充电区和租户停车充电区；为进行安全监控，各居民楼都设立了自己的监控室；空余的地下空间还可供居民开展一些文娱活动。改造后的楼宇完全由楼宇自管小组自主管理。由此，原本只是用来存放垃圾的地下空间实现华丽转变。

通过业委会选聘物业公司、楼道改造、地下空间改造，居民之间的关系、居民与社区之间的关系、居民与居委会的关系得以缓和，在此过程中，居民的自治意识与能力也得以焕发。一位党员提出了他思考已久的“楼宇自治”设想，认为整治社区居住乱象，应实行“居委会指导、楼宇自管”模式。居民的智慧启发了社区管理者的思路，“阳光楼宇”工程随即推出三项工作步骤。以自我管理为抓手，明确议事主体。在先行实践的 21 号楼组建了由 20 名住户、10 名周边单位党员及党组织联系人参与的议家班底，完成楼道口安装护栏曲栅、电梯口设置电子门、公用过道安装监控探头等楼道议题的议事决事；以常态运行为重点，推出“居民公约”。发出共建“阳光楼宇”倡议书，在先锋议家中建立党员监督组。以文化培育为导向，探索融合自觉。周边单位普遍将员工在社区内的表现纳入考核体系，对群租、居改非等实施一票否决；楼道居民传唱“邻里和睦三字经”，布置“楼道文化小天地”，形成自治文化自觉。

第三个阶段：建立多元参与机制，协商公共空间再造。自2017年开始，居委会就将居民骨干、物业工作人员、业委会成员纳入社建办的工作坊进行培训。正是在这次培训中，社区会客厅的项目得以产生。这个项目基于双方的需求而产生：社区工作者们希望可以有更时尚、更舒适的办公环境，居民们希望有一个可以聊天的公共会客厅，双方一拍即合。2017年10月，在区社建办和街道两级职能部门的指导下，在“益家邻”专家团队的技术支持下，在居委会与居民两周一次的协商会议的基础上，最终决定通过打通物理空间，通过空间折叠实现居委会用房的多功能用途。这150平方米的折叠空间使居委会办公场所与居民公共生活场所实现了无缝式融合。

“鼎治空间之居委会用房的空间折叠”由此而来，形成了办公受理、服务咨询、议事决策、休闲活动等多功能融合的社区共享空间。双方通过讨论形成公约、管理制度，共同管理。在社区工作者工作时间外，会客厅由居民来共同管理。居民如果想开展活动，可以进行预约。目前基本每周开展一次活动，多以咖啡沙龙、读书会等活动为主。

通过社区公共空间改造，不仅社区的物理空间面貌焕然一新，社区居民参与社区事务的积极性与主动性也被充分调动起来。更重要的是，通过这个过程，鼎秀社区形成了一整套社区公共事务参与、协商解决问题的模式。

三、“鼎治空间”背后的治理逻辑

社区公共空间不仅是物理意义上的空间，还是一个内含着居民的生活、交往功能，也承载着政治、经济、文化等多方面属性的空间。故政府主导下的社区空间的重构，推动了居民参与方式、社区公共交往乃至整个社区治理模式的再造，并最终建构了一个具有共同体精神的社区。

（一）减少空间行政色彩，再造情感共同体

社区公共空间是居民情感交流和文化凝聚的重要载体，承载着一个社

区的历史、现在与未来，其对促进居民交往，建立互信，重构有温度、有亲情的社区共同体至关重要。打造“鼎治空间”，在物理场域上丰富了社区居民的文化活动和拓展了服务居民的空间的同时，也重构了情感共同体，将居委会从1.0版本升级到3.0版本，展现出符合居民需求、拉进居民距离、激发居民热爱的鲜明特点。

在居委会1.0版本中，居民需要去各个封闭的办公室找社区工作者。居委会2.0版本与1.0版本相比，在一定程度上便利了居民办事，提高了社区服务的效率，但仍然带有较为明显的行政化色彩，柜台内外的物理边界同样容易形成社区工作者与居民的心理阻隔。居委会1.0版本和2.0版本浓厚的行政色彩、清晰的身份界限都不利于社区工作者与居民服务关系的形成，反而会形成“无事不登三宝殿”的松散关系。居委会1.0版本主要采用机关管理模式，特点是社区工作者在各个办公室办公。而居委会2.0版本采用居委会一站式服务，核心内容之一是打造居委会一站式服务点，即将原来分散于各个办公室的办事功能集中到一个标准化的大柜台。

走过鼎秀园居委会二楼的走廊，可以看到150平方米的空间利用置物架进行了巧妙的功能分区。进门后右手边放置了八套桌椅，并配备了多媒体设备，是方便居民议事的空间。往中间去，有咖啡机、小水池等，供居委会干部和居民日常使用。中间部分两侧放置办公桌，与再靠内的空间共同组成居委会办公区。整个空间既完成了简单的分割，又可通过可移动的桌椅进行变动。

鼎秀社区打破居委会办公场所“机关化”的模式(居委会1.0版本)，曾推行办公与服务咨询一体的“窗口式”设置(居委会2.0版本)，后来形成了办公受理、服务咨询、议事决策、休闲活动等多功能融合的社区共享空间(居委会3.0版本)，以空间的复合“倒逼”工作的融合，以群众的无缝参与注入社区建设的无穷动力。

（二）契合居民需求，构筑多元参与

“鼎治空间”承担了“两点两站”(“居委会议事点”“党代表日常接待点”

和“先锋议站”“鼎秀议站”）的功能。“两点两站”是鼎秀社区依托“鼎治空间”，契合居民需求，激发社区居民参与协商及社区治理的热情，构筑居民多元参与方式的典范。

“居委会议事点”是制定具有共识的邻里公约，提升各方人士的社群文化认同感和区域行动自觉性的重要载体。通过“老总见父老”“党员会职员”等区域性沙龙活动，建设区域治理的顶层设计和意见集合枢纽，不断推动意见融合、智慧融合、情感融合。“党代表日常接待点”是党员代表融入社区的情感交流区。设置“党建服务站”和“主题党日活动点”，设定“党员三岗位”，即“社区党员先锋岗”“在职党员示范岗”“区域单位党员服务岗”，全面体现政治功能和服务功能，确保党建引领贯穿空间设计、改造、使用的全过程。社区党总支将社区的三类党员（在册党员、在职党员、区域化单位党员）名单上墙，对应设置“鼎治先锋”指数体系，开通党员“点赞台”和好人“点赞区”，要求党员做好空间的服务员、接待员、讲解员。“鼎秀议站”由居民区党员、块区骨干和区域单位负责人组成，是社区事务的区域协调平台；“先锋议站”将区域单位和组织关系不在社区的在职党员有效纳入。在楼道层面，挂牌“鼎秀议家”和“先锋议家”（楼道党员议事载体），凝聚居住在本楼道的党员、租住户及周边单位对应党组织联系人，纳入楼道议事体系，相应开展楼道居民议事和党员服务、监督工作。为了给社区提供一个共同解决社区日常问题的平台，“鼎治空间”将每周四下午设定为社区的“市民互动日”。周四前，向居民发出心愿帖，事先做好问题的收集整理工作，根据意见的集中度和紧迫度，就有关议题邀请街道职能部门“坐诊”、周边单位负责人“接诊”、社会组织“会诊”。

通过激发居民参与公共空间事务的热情，明确居民主体地位，增强居民社区意识，培养居民自治能力，在社区自治增能的基础上，为社区公共空间再造提供内生动力。

（三）优化主体关系，推进社区互动

社会互动由一定的时空结构中的社会实践构成，空间形塑了社会互动，

同时社会互动重构了空间。社区公共空间再造的主体包括居民和社区工作者。“鼎治空间”的打造过程不仅重塑了社区工作者与居民的关系，而且也让社区公共空间再造不再是社区工作者的独角戏，作为自治主体的居民逐渐成为空间再造舞台上的担当者。

一方面是身份界限没那么明显了，从社区工作者的角度来讲，在居委会2.0版本时，社区工作者和居民的身份是相互独立的，而在“鼎治空间”，居民是社区的主体，更突出居委会对居民的服务定位。同时，空间的改变也对居民的行为产生了潜移默化的影响。空间上物理距离的缩短拉近了居民与社区工作者心理上的距离，区别于以往行政色彩浓厚的居委会，来到这处共同参与协商的公共会客厅，居民更加放松。即使没什么事情，居民也经常来这里坐坐，而非“无事不登三宝殿”。“以前和居民说话隔着桌子，居民来了也很拘谨，现在一些阿姨会直接站到我旁边和我说话，有时也聊聊家常，感觉身份界限没以前那么明显了。”另一方面，空间对居民行为的改变还体现在对公共道德的塑造上。“到了‘鼎治空间’，就好像进了‘五星级宾馆’，大家都会更加自觉地注意自己的行为举止。”在良性的社会互动中，在共同参与协商和管理的过程中，在对空间的认同中，“鼎治空间”的文化价值也得以体现。“鼎治空间”契合年轻居民的审美，加强了这部分居民对其的文化认同。他们领养绿植、将自己拿手的作品拿出来装点社区会客厅，将社区会客厅装点成大家认可的样子。分割空间的置物架上摆满了居民从家里拿来的作品。随着社区互动的日趋深入，居民、社区工作者、社会组织等主体之间逐渐形成互信、包容、合作、积极的情感联结，社区人际关系也变得更加和谐，交往共同体不断成长，重塑后的主体关系在面对社区治理难题时也将彰显出更强的韧性。

（四）“空间融合”工作法，创新治理模式

升级后的鼎秀社区居委会，寓意“顶级治理”。以百姓需求为导向，根据社区实际开展的“鼎治空间”建设打造了一个符合居民需求的“定制空间”（私人定制），一个处理社区事务的“顶治空间”（顶级治理），一个发展区域事业的“顶智空间”（顶层智慧）；为实现政府治理、社会调节、居民自治良性互

动提供了可行的、有具体路径并可见到成效的社区治理新模式。

首先，居民在社区治理中实现了从“形式参与”到“实质参与”的转变。社区居民在社区营造过程中，将自己的意见真真切切地转化为方案和建设项目，并习得了一整套科学的社区参与协商的程序和方法，这是社区后续开展协商治理的重要基础。其次，基层政府在社区营造过程中，改变了以往社区更新改造过程中“唱独角戏”的局面，通过居民意见收集、形成方案后再分配至各个部门实施，部门之间的协同问题得到了一定程度的解决。最后，在这个过程中，社区内部生成了有着共同体精神的、积极参与社区公共交往与社区协商的社区治理组织体系和骨干人员，激发了治理的内生动力，实现了社区的再造和发展。

案例点评

陈泳（同济大学建筑规划学院教授）

按照法国哲学家亨利·列斐伏尔的“空间生产”理论，空间是社会的产物，是一个社会生产的过程，它不仅是一个静态的产品，也是一个社会关系的重组过程与社会秩序实践性的建构过程。“鼎治空间”的改造案例正好诠释了我国的社区管理方式逐步从单一的行政管理向社区工作者与居民的“共治自治”演变的过程。长期以来，政府在社区多主体治理体系中的主导地位明显，本应作为社区自治组织的居委会，其实际角色更接近于政府的基层部门。案例中，居委会1.0版本与2.0版本的空间布局即体现了这种自上而下的垂直结构体系，而居委会3.0版本的共享客厅改造则呈现出平等与共享的空间特征，促进了居民与社区工作者之间的融合与互动。居委会因此成为社区活动的容器，密切联系居民日常生活；而社区居民积极参与共同治理与社会协商，又反过来重新定义了居委会，成为空间的生产者。

杨浦区社区睦邻中心：公共服务空间规划和运营

赵方杜（华东理工大学社会学系副教授）
傅芳艺（华东理工大学社会工作系硕士研究生）

一、背景与缘起

2006年，党的十六届六中全会通过的《中共中央关于构建社会主义和谐社会若干重大问题的决定》在论述社会管理时强调，要“完善居（村）民自治，……实现政府行政管理和社区自我管理有效衔接、政府依法行政和居民依法自治良性互动”。在这一政策背景下，2010年1月，上海市杨浦区地区工作办公室（原社会建设办公室）牵头，率先在杨浦区延吉新村街道开展睦邻中心建设，通过公共空间的改造来促进基层社会治理的转变，推进居民自治。

2014年，上海市委一号课题成果《关于进一步创新社会治理加强基层建设的意见》及其6个配套文件（“1+6文件”）发布，内容涉及街道体制改革、居民区治理体系完善、村级治理体系完善、网格化管理、社会力量参与和社区工作者等方面。街道党工委、办事处深入贯彻市委、区委关于“创新社会治理，加强基层建设”的要求，通过建成涵盖多种社区服务功能、覆盖社区全人群的“一站式”社区服务综合体——睦邻中心，来不断优化睦邻中心的服务功能，拓展自治共治平台的阵地作用，打造居民家门口的“百姓会所”。2010年1月，杨浦区首家睦邻中心——延吉社区第一睦邻中心——正式开放，拉开了延吉“睦邻之治”的序幕。此后十年来，杨浦区总结延吉新村街道睦邻中心的经验，在全区范围内推广睦邻中心。目前，杨浦区已经建成60个睦邻中心，辖区内平均每平方公里内就有一个睦邻中心。

从延吉新村街道的初步试点到全区推广，社区睦邻中心的想法是基于哪些现实的治理需求产生的？其在实践中又是如何落地、推进和发展的？这对新时期基层社会治理有何启示？这些都是我们需要通过这个案例进一步思索的。

二、睦邻中心的规划与建设

（一）缘起：“三高”难题

杨浦区常住人口约为135万人，辖区内有306个居委会、889个小区，其中67%的小区是老小区。因此，杨浦区的人口特征呈现出人口密集程度高、老龄化程度高的特点。

“延吉新村街道只有2.05平方公里，八九万人，平均每平方公里有四五万人；控江新村街道2.15平方公里，有十来万人，基本平均每平方公里都有五万多人，而且都是老城区。在这样的城区里，公共资源相对匮乏，老龄化程度比较高，这两个街道的老龄化程度基本在40%以上。按照国际通用标准，65岁以上老人占比7%就是老龄社会，我们40%，是超级老龄社区。”杨浦区人民政府政策研究室副主任何志东列出了这样一串数字，足见杨浦区内一些社区的老龄化程度之高。而与老龄化同时存在的，还有“陌生化程度高”的现象，“目前杨浦区内居民的陌生化程度非常高，严重影响居民的幸福感，而且基层管理服务的确因为陌生程度高而存在很多问题，有些法律法规明确规定居民同意率需要达到三分之二或100%才能通过，极度陌生的社区里要实现这个法定的比例，难度相当大。陌生人群给管理、服务、居民幸福感都带来了很大的问题和障碍”。

人口密集程度高、老龄化程度高、陌生化程度高，是杨浦区面对的社区“三高”难题。其具体表现则是居民之间的联络少，社区内各项社区服务可及性不高，居民幸福感较低等。“杨浦区总共有60.61平方公里，我们计划每平方公里内至少有一个睦邻中心，杨浦区社区睦邻中心的功能定位是‘百姓家门口的会所’，为百姓提供便捷的生活服务和促进居民之间加强交流互动始终是我们坚持的价值导向。”何志东副主任这样介绍睦邻中心的建设初衷。

（二）建设：多方资源共协调、三社联动谋发展

一个好的想法，从初具雏形，到真正落地实施，在场地、经费预算、服务内容等方面的问题解决中都需要一个强有力的工作机制的保障，大到整体统筹，小到工作细节，每一项都离不开多方资源的协调配合。

1. 政府主导建设

睦邻中心在资源载体、预算和场地功能设计等方面均由杨浦区地区办牵头协调，整体统筹。第一，多渠道推进睦邻中心建设。在为民服务上要舍得投入。通过“收回一批、调整一批、租赁一批”的办法，推进睦邻中心建设。何志东副主任介绍道：“大桥街道周家牌路社区睦邻中心，该选址原为1 400平方米的国有房产，其前身是周家牌路小学，学校搬走后被用于出租，由于管理不到位，一度造成群租乱象，转型改造不仅补齐了公共管理的‘短板’，还为周边居民提供了一个崭新的‘会所’。殷行街道将原来招商中心的近700平方米的办公用房调整为开鲁路睦邻中心。江浦路街道辽源西路睦邻中心租用了一处约1 500平方米的门面房，该房屋原用于商业展销，但生意冷清，用作公共服务则正好合适。”第二，牵头协调预算。睦邻中心涉及的所有建设经费，皆由街道做预算主体，但财政局不知道这个地方到底在哪、合适不合适，于是地区办依照一套严格的程序和流程实地察看、牵头，然后财

政局再批预算，以推进睦邻中心建设。第三，严格把关睦邻中心的功能设计。“在服务过程中，我们严格把关睦邻中心的功能设计。当时我们列了名单，大概有60多项服务项目，最后我们要求不多于10个，因为每个服务项目不能凭我们主观决定，都必须由社会组织进行需求调查、梳理，然后再确定。人气比较旺的，一般有亲子教育、亲子乐园、运动小站、书画茶室，还有多功能厅，每天的排片表基本上是满的。当时我们有些规定，当然是因地制宜，根据小区情况来确定。”何志东副主任如此介绍。在睦邻中心的建设过程中，地区办负责牵头协调，而街道则是建设主体和服务购买主体。睦邻中心建好后，由社会组织进行日常运营，但街道作为重要的责任主体要承担监管责任。

2. 社会组织运营

传统的社区文化中心等公共空间一般由政府实施运营，采用的是自上而下的管理模式，但长此以往，政府与群众容易产生距离感。杨浦区的社区睦邻中心都是由第三方社会组织来运营的。政府负责设施提供、经费保障和服务监督；社会组织负责需求调研、场馆管理、社区自治组织培育及公益项目实施；社区居民作为服务的使用者，也作为中心的管理者，通过参与自我管理委员会的形式，对运营及项目实施进行监督，充分体现社区“自我管理，自我服务，自我发展”的特点。调研中也发现，社会组织依靠其专业性，在整合资源、设计项目、服务居民等方面具有更大的优势。一位社区工作者就表示，“我们睦邻中心不是行政服务主导的平台，而是由社会组织来运营的平台”。

3. 社区居民参与

运营过程中，每一个睦邻中心都组建了一个自治理事会。负责睦邻中心运营的社会组织与睦邻中心所辐射的五六个居委会每两周开一次例会，而自治理事会也作为参会主体，将居民意见反馈给居委会和社会组织，促进睦邻中心更好地为居民提供有针对性的服务。自治理事会通过睦邻中心的辐射效应，更广泛地听取了居民的建议，在吸引居民参与的过程中还涌现了很多社区治理能人。自治理事会引导这些能人到社区中去发挥作用，因此实现了睦邻中心和社区的有机联动。

（三）发展：通过评估促进建设

睦邻中心的运作成效需要通过专业的评估来评定。杨浦区睦邻中心自产生之初就建立了第三方评估制度。这套评估制度由同济大学国信社会组织评估院制定，并负责评估工作的开展。评估标准涵盖四大类指标：设施、运营管理、服务、总体满意度。其中，总体满意度是一个主观指标，占 30 分；其他均为客观指标，设施占 15 分，运营管理占 20 分，服务占 35 分。这四大类指标后面有 42 个细分具体指标。第三方评估机构每半年评估一次，评估以后进行排名，90 分及以上的为五星级，80～89 分的为四星级，每次都由社区居民授星。这样的制度设置不仅科学合理，还能促进睦邻中心的良性发展。通过对睦邻中心的评估，不仅建立了不同睦邻中心的竞争和比较机制，而且可以根据评估结果对服务内容和第三方运营机构进行动态调整，从而更好地促进睦邻中心服务社区居民。

三、经验与启示

（一）社区服务供给机制的转变：政府主体＋社会协同

杨浦区社区睦邻中心的建设，突出了社区服务的供给机制的转变，即从原来的政府主导模式转向政府主体＋社会协同模式。可以说，杨浦区的故事代表了当前上海最有普遍性的社区转型过程。同时，它也有自己的特点，就是更加注重社会协同。

杨浦区睦邻中心是地区办牵头推动的，希望以睦邻中心为切入点打造睦邻社区。它特别强调要为百姓提供便捷的生活服务和促进居民之间的交流互动，同时也推崇社区“自我管理、自我服务和自我发展”的社会化理念，体现了一种以社会化的方式建设社会的努力方向。杨浦区睦邻中心平均每平方公里设置一个，一般在街道办事处层级之下、居委会层级之上，为五六个居委会的居民提供服务。每个睦邻中心都设有一个自治理事会，自治理事会的成员包括社会组织、居委会干部，还有睦邻中心的骨干分子、团队的领头人等。引入第三方评估机构对睦邻中心的运行效果进行评估，实现了运行社会化和考评社会化。

（二）社区内部治理结构和机制的变革

为什么政府能做的事情要交给社会来办？这个问题的背后其实也包含了当代中国社会发育的基本逻辑。社区睦邻中心是社区内部的治理结构和机制的变革。一个开放竞争的环境为这种变革提供了条件。杨浦区的做法抓住了这个机会。进一步看，社区睦邻中心是在政府主导的社区治理和服务体系中建立了一个“平台”或者“转换器”，在这个“平台”上或“转换器”中，可以把政府/社会的主体或组织/个人的主体都纳入进来，把各种体制和机制对接起来，这种“平台”或“转换器”是一个高效的治理和服务体系所必需的。

（三）社区差异性与治理精细化

结合杨浦区社区睦邻中心的案例还可以思考另外的问题，即如何面对社区的差异性，究竟是哪些因素决定了社区治理或服务的功能差异。杨浦区的有关负责人强调了这里的“三高”难题，讲到这里老龄化比例高达40％，是超级老龄社区。不过，仅仅有老龄化的数据其实不太能解释问题，需要进一步了解其中子女不在本社区的老人占比有多少，因为这样才能了解睦邻中心的为老服务到底要以哪些内容为重心。基于每一个社区的具体情况，尤其是其区位、群体、需求的差异性，进而探索推进社区治理的精细化和社区服务的精准化，才是未来社区治理和服务必须不断探索的课题。

总体而言，杨浦区社区睦邻中心的建设不但积极调动了各方社会力量，优化了社会资源配置，同时还发挥了民主协商的特色内涵作用，促进了居民群众主动参与各类公益活动、理性管理社区公共事务，形成了良性的社区自治循环体系与政社合作的多元格局。后续我们需要注重各社区的差异性，在推进社区治理的精细化与社区服务的精准化方面进一步探索。

案例点评

唐有财（华东理工大学社会学系教授）

2019年11月，习近平总书记来到上海杨浦区滨江公共空间考察，提出了“人民城市人民建，人民城市为人民”的重要理念。这一理念也成为特大城市社会治理的重要指导思想，即在城市建设中，要始终贯彻以人民为中心的发展思想，把人本价值作为推动城乡社区发展的核心取向，以更优的供给满足人民需求，用最好的资源服务人民。

城市的人民性不是一个抽象的概念，而是体现在城市具体的治理实践中，体现在城市居民是否得到了更好的公共服务、更佳的生活空间、更多的参与机会、更多的展示平台等方面。杨浦区的社区睦邻中心是践行人民城市理念的最好体现。针对城市老龄化、居民公共活动空间狭小的问题，杨浦区率先探索建设涵盖多种社区服务功能、覆盖社区全人群的“一站式”社区服务综合体，打造家门口的“会所”。杨浦区社区睦邻中心的运作及其在提供有价值的社会公益服务方面积累和形成了独具特色的经验模式。特别是社区睦邻中心通过充分整合社会资源形成的多元合作的公共服务供给体系，在很大程度上满足了居民多样化的社会服务需求，成为杨浦区创新社会治理的名片。

贵州西社区微更新：老旧小区改造的实践探索

许月丽（香港大学建筑学院城市规划与设计系博士研究生）
茹烨坤（华东理工大学社会工作系硕士研究生）

一、背景与缘起

当前上海这一超大城市进入了深度城市化阶段，这里有人民广场、南京路、外滩等地标性建筑，它们代表着曾经风光无限的海派文化，印证着繁华兴旺的城市发展，吸引了海内外无数游客纷至沓来，这里是上海对外的窗口和城市名片。但在风光无限的外表下却掩藏着无处安放的内里。成片的旧式里弄住宅作为具有时代特色的中西合璧建筑——石库门建筑，曾经熙来攘往、热闹非凡的弄堂口，现在却问题重重：一是因为沿街商铺后厨排放大量的油烟，时常熏得附近的居民难以驻足；二是各种线缆杂乱缠绕，不仅在视觉上带来混乱的感觉，也给检修工作和日常生活带来不便；三是消防通道时常堆满杂物，成为“生命通道”的潜在危险；四是主弄和支弄支起成排的竹竿用来晾晒衣服，将原本就光线不足的弄堂空间遮蔽得更加昏暗……

这样的场景在上海市黄浦区这样的中心城区并不少见。南京东路街道贵州居民区是众多旧式石库门里弄中的典型社区，它以贵州路为界分成东西两块，区域面积为0.4平方公里，辖区范围东起浙江中路，西至西藏中路，北靠厦门路，南到北京东路。内城核心区的地理位置虽让人羡慕，但也存在着让居民最为头疼的困扰，那就是房屋太旧且空间太小。

与大多数上海旧式石库门里弄相似，贵州西社区也经历了近百年的发展和演变，居住环境的物质性老化现象颇为严重。根据最近的人口数据，全社区248幢房子中容纳着常住人口4 200人。无论是社区外部的公共空间还是室内的私人空间，都非常局促。在同一栋房屋里需要容纳几户人家的情况下，一间完整的房间需要被隔开用作多种用途。旧式石库门里弄的布局方式是将石库门建筑包围在非常有限的公共空间内，共有七个弄堂口可以让居民出入。随着城市社会的变迁和发展，社区内部的社会结构关系也日趋复杂，局促又破旧的公共空间难以满足居民的不同需求，而被城市街道环绕的空间限制，又使得小区难以向外拓展。旧式石库门里弄小区的未来该何去何从？

二、社区微更新：老旧小区改造的新理念和新路径

在上海当前的政策引导和城市发展背景下，大拆大建的增量规划在老城区已不再适用，而且黄浦区三分之二的房子均被纳入历史风貌保护建筑的范围，所以存量改造才是切实可行的解决之法，即从“拆、改、留”的建设思路变为“留、改、拆”。由此，上海市政府开始打破以往被动的管理模式，转而主动地提供服务，并在2016年由上海市规划与国土资源管理局通过下设的上海城市公共空间设计促进中心启动了“行动上海——社区空间微更新计划”(以下简称“微更新计划”)。微更新计划，是指上海城市公共空间设计促进中心面向全市确定十个微更新项目，利用市一级的平台向有公益情怀的设计团队进行招投标，同时邀请基层工作者、社区居民、设计师以及艺术家充分沟通交流并进行项目评审，最终由基层居民参与并选择最优团队。

2017年，南京东路街道也启动了微更新的试点计划。贵州居委会通过“居改非”的整治，让北京东路一整条街的沿街商铺的生产经营状况有了很大改善。因为感受到了微更新的益处，居民区党总支书记方书记有了申请微更新项目，来为北京东路街区寻找转型的突破口的想法。由此，居委会向街道提出微更新改造试点的申请，希望通过这次机会实现南京东路街道由表及里的改善。

在大规模的原拆、原建不再适用的情况下，小而精的“绣花针”式的小修小补就成为更为切实可行的手段。在城市环境的影响下，“微更新”像星星之火一样，自出现之时就以燎原之势成功打开了旧式石库门里弄小区的重整之路。

三、贵州西社区微更新的实践过程

（一）以共享为核心主题，打造共享空间

所谓“微更新”，对贵州居委会来说，就是要在保留建筑历史风貌的前提下改善居民的生活环境，留住弄堂里的味道。

与贵州居委会对接的社区规划师是同济大学童明教授团队。这支既专业又有情怀的队伍有着丰富的旧建筑改造经验，且在旧式石库门设计改造上有着独特的创新手法和见解。

但是贵州西社区的微更新之路似乎并非一帆风顺。虽然通过了微更新改造试点的申请，但具体做法和措施一开始并不清晰。“我们事先也没有那么多计划，”方书记说道，“也是经过了很长的时间，我们一步步慢慢摸索的，最后才成了现在这样。”

童教授一开始的设想是改善沿街路面的状况，但在实地走访后改变了想法。

贵州西社区自20世纪20年代开始建造以来，总体格局基本保持原样，包括三条主弄堂以及十数条支弄。长期以来，这些主弄和支弄一直是居民进行社区生活的重要场所，然而公共设施（如公厕、垃圾房）的不当布局和近

年来人口结构的变化与外来人口租房的增加，使得户外公共环境因为疏于维护而逐渐恶化，成为用途不明的消极空间。

由此，童教授将这次微更新项目的主题定为“共享生活空间”，旨在通过对有限空间环境的微创性改造，来尽量利用社区内现有资源，以最小干预的方法来进行环境优化、功能强化，并通过植入社区公共生活中的触媒型因素的方式，加强居民的归属感，并提升公共生活的空间品质。

（二）哪里更新、怎样更新由居民说了算

贵州西社区是当前上海大量存在的旧式石库门里弄社区的典型缩影。相较于物质环境存在的问题，更大的挑战来自社会机制的困境。对社会机制困境的解决不仅依赖于制度领域的创新，同时也需要激发居民个体的积极参与，形成合力，促进可持续性的有机更新。所以在微更新的过程中，除了优化空间的物质环境之外，如何创造居民之间更多的交流与互动机会并引导居民积极参与，也成为重要目标。

那么贵州西社区又是如何实现这个目标的呢？

微更新并不是一蹴而就，并非一次性就能解决所有问题，“微更新是一种温和微创的方式，未必立竿见影，但只要持续渐进，就会产生效果”。所以童明教授在整个微更新项目中采取了由外到内和由易到难的工作策略。通过从 1.0 到 2.0 的进阶式方法，一步步实现贵州西社区从物质环境改变到居民交流与参与的改善。在第一阶段，针对主弄中的公共环境进行微创式提升改造，改善社区现有的公共空间，力图营造更适合开展集体性、共享性活动的生活空间。第二阶段开始深入居民楼组和改善居民生活空间的改造。

这个看似简单的方案在实现的过程中并不简单，设计团队、居委会和居民耗费了小半年的时间和心血。

在设计团队来进行项目前期调研之前，贵州居委会就开始在居民中进行宣传。这其实也是贵州居委会的传统，“我们这边每年开两次居代会，任何事都是透明的，居民都是知道的，像这次微更新，我们也在会上向居民进行了宣传”。通过前期宣传了解清楚后，居民对这次微更新充满了期待。

在居民、居委会和设计团队的一次次商讨中,方案慢慢得以确定。在后续走访调研之后,设计团队有了初步方案,居委会将方案展示出来,在居民大会上供居民商讨,童明教授的团队也在会上与居民进行面对面的沟通,为居民答疑解惑,并根据居民的意见进行下一轮意见征询和修改。从 4 月份开始的前期调研到 8 月份项目正式动工之前,正是经过了一轮轮的征询,才最终实现各方对项目的看法达成一致。

（三）能会客、可聚餐,既有里子也有面子

宏兴里是贵州西社区的主弄,弄堂中间坐落着两层楼高的居委会活动室,这栋二十世纪五六十年代就已存在的木板房,多年来曾被用作多种用途。如今,这栋居委会活动室不仅破旧,而且利用率不高,所以成为这次微更新的重要对象。经过意见征询,设计团队最终决定将其改造成"共享客厅"。

"共享客厅",即通过改善硬件设施的方式,将原本封闭的建筑打造成一个更为开放的空间,从而提高空间的利用率。

原有的居委会活动室虽是两层建筑,但面积不大,除了开会,平时不作他用,在寸土寸金的老里弄社区里未免显得浪费。改造后的居委会活动室焕然一新:一楼复合了厨房与餐厅的功能,安装了全透明的落地玻璃窗,引入大面积自然光,美观实用的整体橱柜和干净的餐桌椅吸引着居民来大展身手;走上二楼,原本密闭的空间被改造成了相对开放的会客厅,整齐的桌椅让人既感舒心又感肃静。

之所以会有这样的改动,南京东路街道自治办的副主任张译心说道:"在听取改造意见时,许多居民说了同样的话,'上海的老房子大家都知道的,就一间,居民的日常生活起居都在里面。很多人都认为,再多一间就好了。再多一间我们就能放下桌子请亲朋好友吃饭了,再多一间我就有会客的地方了',这几句话蛮触动我们的。"这间活动室正是缘于这样的居民意见被改造成人人都可以使用的共享客厅,让居民们有了可招待客人的地方。

不少上海人比较讲究"面子":几十平方米的空间,平时住人都嫌拥挤,遑论招待来客。有了共享客厅，小区居民随时可以自带食材、餐具，来这里下厨，邀请亲朋好友聚会、聊天、吃饭。

（四）藤架上晾衣，藤架下休息

宏兴里也是居民日常聚集的重要场所，弄堂两侧设有花池，局部搭设爬满了藤蔓的铁质简易花架。为了营造主弄的温馨氛围，在藤蔓茂盛的位置，设计团队采用镂空编织的网架，勾勒出一处有遮蔽感的“家型”空间，增强居民停留聊天的意愿。

除了通道口的藤架之外，里弄中心的小广场也根据居民需求搭起了藤架。在走访调研的过程中，设计团队发现宏兴里的一处支弄光线特别充足，但因为地面存在坡道而导致多年来一直被闲置。地面不行空中行。这里就被设计团队选中用来设置架在空中的晾衣架。拔地而起的藤架远比一般的晾衣架要高，这样不仅能让晾晒的衣服晒到更充足的阳光，而且镂空的编织设计也得以让居民在藤架两边的支撑构筑物上通过摆放盆栽来美化环境，一举两得。

因为对新藤架的喜爱，居民们爱屋及乌，对藤架上的植物也格外用心，主动要求轮番养护，甚至还有许多居民自行在花池里种植花草。由此，藤架所在的小广场不仅成为居民谈天说地的场所，也成为改善居民之间关系的不可多得的场所。

改造项目的过程并不长，但其间遇到了很多问题。

通道口的藤架经过改造之后延伸到了一户居民家的窗口，这户居民担心植物会沿着窗口下的藤架爬进屋子里，也觉得存在安全隐患。从施工队那里了解到这户人家的担忧后，居委会的方书记主动带人上门解释。在这户居民提出能不能加装一个监控摄像头的要求后，方书记立刻通过向周边居民协商调整小区内其中一个摄像头的方向解决了这个问题。

在小广场上搭建藤架时，有居民对在这么高的位置晾衣服的可操作性心存疑惑。不过在施工队安装完专门设计好的晾衣架和藤架后，居民们就打消了疑虑，因为居民可以轻轻松松完成晾晒。原本还忧心忡忡的居民，在藤架还未完全搭建成功时就迫不及待地把衣服晾上去了。

（五）社区微更新后的长效治理

上述问题的解决让居民更加了解了微更新，也更加了解了居委会。正是前期对问题的充分沟通，让居民增加了对居委会和项目团队的信任和理解，也让居民懂得微更新的成果来之不易，更加珍惜和爱护改造好的公共空间。因此，为了做好对建成空间的维护，居民们开始商讨并制定共享客厅的使用公约。

共享客厅的使用公约是由居民代表协商讨论产生的，居民代表会议通过后于 2017 年 12 月 19 日开始实行。在共享客厅的使用上，居民自觉自愿地执行公约规定。公约明文规定，凡是从事志愿工作一年以上的志愿者在租借共享客厅时可以享受优惠。这一规定一方面降低了居民对共享空间的使用费用，另一方面也在自治的基础上提高了居民参与志愿活动的积极性。

藤架搭建起来不难，难的是绿化盆栽的后期维护：总有那么几个居民存在"搭便车"的心理，总想不劳而获，隔三岔五地偷偷拿盆花回家。为了杜绝这类现象的发生，很多居民自发组建看护队，对藤架进行轮流监护，并由此根治了这股不良之风。

此外，微更新中添置的藤架和盆栽还激发了居民对社区植物景观的喜爱。贵州西社区原本只有很少的居民养护盆栽，但是在微更新之后，越来越多的居民开始照料藤架上面放置的盆栽，许多居民甚至会自掏腰包购买耐寒、耐旱的植物来替换死掉的植物，看着郁郁葱葱的藤架，居民们的心情也舒畅起来。

截至我们调研时，微更新的工程还在继续，方案中涉及的需要更新的空间正在一个一个地改头换面。瑞康里门洞一侧的理发店在设计师"框景"概念的引导下，通过将顶罩和背景墙设计成展现居民活动的舞台而充分呈现出社区的活力。永康里废弃多年的空中阁楼经过设计师的改造后被装饰一新，为已蒙上岁月痕迹的老石库门建筑群平添了些许生机。沏一壶新茶，翻阅着杂志，时间静静流淌，不知不觉间，居民们可以在这个老石库门的"空中书屋”中待上一整天。攀缘的葡萄藤架与绿色书屋交相辉映，成了社区居民归家途中的“绿色灯塔”，若是遇上葡萄丰收的时节，空气里还能嗅到一丝甜香；还有瑞康里弄口的公厕……环顾左右，少了往日的纷扰和逼仄，多了一份安逸与舒适，来贵州西社区参观的人越来越多，很多居民指指家门得意地介绍道：“想当年……”

案例点评

陈泳（同济大学建筑规划学院教授）

老旧里弄的保护与发展一直是上海城市发展过程中的难题，这里产权关系复杂、公共环境衰败、生活空间拥挤，社区呈现碎片化发展特征，特别是公共精神的衰退，使社区内生更新丧失动力。贵州西社区的微更新通过公共空间的营造来重建居民与社区之间的情感纽带，培养起社区自我循环的“造血”能力，从而实现真正意义上的城市有机更新。一方面，梳理与整治里弄环境的负面因素，对垃圾箱房、厕所、门卫以及晾衣架等公共环境设施进行精细化设计，为改善居民基础性的生活质量“雪中送炭”；另一方面，发掘与利用街区空间资源，增设共享厨房、客厅以及空中书屋，为促进居民公共交流与互动“锦上添花”。这些项目看似零碎，但对里弄社区的日常生活极其重要，项目的具体实施调动了居民的积极参与，提升了人与人、人与空间的互动强度；不同的利益诉求方在共同建设的过程中反复磨合，彼此建立了共识与情感联系，社区精神得到培育，因此贵州西社区成为近期上海微更新实践中的一个经典案例。

第四编

社区治理智能化

互联网、物联网、大数据、云计算等现代信息技术(ICT)正在深度改变我们的生活。它们重塑了人们的关联方式、人际沟通方式、公共参与方式,因此也深刻地影响了社会治理的方式。在这一背景下,社会治理智能化也成为创新社会治理的趋势。技术是如何作用于社会治理的,技术逻辑、制度逻辑和治理逻辑是如何互动的,这些都是智能化治理的重要课题。

宝山区"社区通"是以社会互动为导向的互联网技术应用,是一个基于互联网、大数据技术,以居民区党组织为核心、居委会为主导、社区居民为主体,相关各方广泛参与,服务社区居民,致力于创新社区治理的自治共治平台。将网络社区嵌入现实的社会治理结构,是宝山"社区通"的主要特点和内在逻辑。

静安区社区分析工具从严格意义上来说并不是大数据技术的应用,而是基于数据采集和科学分析来认识社区、理解社区的有效工具。随着信息化技术的成熟,社区分析工具也从小数据推断转变为大数据分析,有助于社区及时收集居民的社会需求,并做出有效的回应。

控江路街道的"社区大脑"是基于平安管控导向的社会治理智能化应用。基于物联网的智慧治理,控江路街道通过实施"神经元""社区大脑"和"流程再造"等三项工程,打造出了以智能化手段支撑精细化管理的经验样本。

宝山区“社区通”：互联网产品的社区应用

张燕（华东理工大学社会学系讲师、博士研究生）
冯春华（华东理工大学社会工作系硕士研究生）

一、背景与缘起

互联网、大数据技术深刻改变了人与人之间的互动方式，也形塑了社会治理的方式。当前上海积极推进社会数字化转型，通过数字技术来提升治理效能，更好地回应市民的需求。就社区治理而言，社区治理中长期存在居民参与不足、参与人员单一、治理机制不畅等问题，亟待通过治理创新的方式来化解。宝山区“社区通”是通过科技赋能方式推动治理创新的典型案例，是将互联网思维应用于社区治理的典范。

“社区通”是宝山区社会建设办公室（现归入区民政局）于 2017 年开发的应用于社区治理的治理平台。它是通过运用移动互联网、大数据分析等现代技术，探索建立以党建为引领、以移动互联网为载体、以居村党组织为核心、以城乡居民为主体、以有效凝聚精准服务为特点的智能化治理系统，该系统打造了全地理范围覆盖、全人群互动参与、全天候即时响应、全系统智慧治理的新空间。经过五年多的平台运行，“社区通”改变了党和政府与群众之间的互动方式，优化了以居村党组织为核心的基层社会治理生态，实现了让群众需求和服务资源在居村一线有效对接，创新了党建引领基层社会治理新模式，夯实了新时代党治国理政的微观基础。据了解，“社区通”系统开发仅一年时间，已在宝山区453个居委会、104个村全部上线，51.4万余名居民/村民实名加入，覆盖近40万户家庭，目前已经有了77万个用户，成为国内由党和政府主导、区域内覆盖面最广、活跃度最高的网络共同体之一。

二、“社区通”的系统设计：“自组织＋组织化”的云平台

（一）“社区通”的功能模块设计

作为一款社区治理的互联网应用产品，“社区通”是一个基于微信平台开发的线上宝山社区，包括宝山公告、社区公告、党建园地、左邻右舍、议事厅、办事指南、社区服务、宝山大调研、家庭医生、警民直通车等功能模块。此外，农村社区的“宝山通”系统还开设了村务公开、乡愁乡音等模块。除了上述功能模块外，“社区通”还会基于社区治理的现实需求而动态调整相关模块，比如针对社区服务情况开通“物业之窗”模块，针对疫情防控场景需要开通疫情防控模块等。总之，功能模块的设计既考虑社区的共性需求，又兼顾不同类型社区的具体特点和需求，充分体现了系统开发的问题导向和需求导向。

（二）“社区通”的组织架构

“社区通”的设计契合了中国城市社区治理的组织架构。“社区通”按照“居民/村民—居/村—街/镇—区”的层级进行权限设计，在某种意义上相当于社区的行政架构在网络空间的投射。一是在信息发布和权限查看上，遵循科层逻辑原则，区级层面可以看到街镇的平台，街镇层面可以看到居村的平台；二是同级部门相互独立，比如A街道无法看到B街道的系统运行情况；三是对功能模块划分不同层级，各模块划归不同层级负责，比如宝山大

调研和宝山公告由区政府来运营，其他模块则由社区自己来运营，区和街镇仅是观察系统。这种组织架构的设计逻辑既充分尊重了社区的主体性，同时也体现了中国社区作为国家治理体系基础的定位。对于社区而言，“社区通”是相对封闭的平台，只有居住在社区内的居民才能注册和使用该系统。社区居民通过实名认证进入本社区的平台，不能参与其他居村的治理活动。与其他互联网应用平台不同，“社区通”上的用户并不是完全匿名的，而是会显示具体的楼号信息。这一设计主要是基于两个方面的考虑：一是显示居民的楼号信息避免了因完全匿名化而导致的无序参与，减少了各种不负责任的负面评论；二是实现了居民的人格化交往，虽然是在线上社区进行互动，但居民之间相互了解对方的楼层，因此开放了部分隐私权，这种做法有助于居民之间相互熟悉和互动，有利于营造熟人社区。总之，“社区通”建立了真实的“线上宝山”，确保上线的是“真正的邻居们”，讨论的是“真实的社区事”，传播的是“社会的正能量”，实现了社区居民在党组织引领下的再组织化。

三、“社区通”的运作机制

“社区通”是契合中国社区治理结构和基层治理运行逻辑的互联网治理产品，该平台为促进社区参与、优化社区治理提供了良好的平台支撑。然而，这一系统的存在并不意味着能够自动产生治理成效。作为一个互联网平台，“社区通”必须有一定的“流量”，即系统黏性，才能促进居社互动良性运行。由此，系统开发后的运维就显得特别重要。宝山区社会建设办公室在开发了这一平台后，在激活用户、激发需求、有效支持、有效解决问题等方面进行了一系列探索和实践。

（一）“吸粉”与“铁粉”：激活有效用户

“社区通”系统建立后，首要的任务就是“吸粉”，即吸引居民来使用该平台。社区参与最大的难题在于：一是社区参与的人员结构非常单一，主要是部分老年人群，年轻居民由于没有时间或者缺少兴趣而不愿参与社区事务；

二是长期以来社区习惯了“动员式参与”，居民缺乏持续性的内生动力。“社区通”这一平台使得青年人利用碎片时间在线上参与社区公共事务，解决了没有时间线下参与的问题。为了让居民们主动登录系统，“社区通”采取了多种“吸粉”之举：党员干部主动上线示范引领；通过设计有趣的自治金项目吸引居民关注和参与；借助一些商业平台提供一些低价商品吸引居民参与；设置热门议题吸引居民参与讨论等。总之，“社区通”通过“吸粉”策略，社区参与从少到多、从老到青、从被动到主动、从浅尝辄止到深度介入。

如同线下的社区参与一样，随着“社区通”粉丝量的增加，平台上会出现各种声音，甚至会围绕一些议题产生激烈的争论。一些社区居民由于对社区缺乏了解，很容易以偏概全，因此如何通过“社区通”进行线上引领就显得特别重要。培育“铁粉”群体就成为“社区通”运维的重要目标。“铁粉”是指关心社区公共事务、传播社区正能量的社区积极分子，他们有效发挥了居委会与居民之间的桥梁作用。

（二）用户至上的运营：激发有效需求

用户本位是互联网思维的核心。“社区通”也始终坚持用户至上的理念，满足居民在表达、服务和协商等方面的需求，并借此提升社区的活跃度。

首先，“社区通”激发了社区居民交流互动的需求。通过该平台的左邻右舍模块，居民可以在这一模块发表言论和评论社区事务，还可以发布诸如旧物置换、家庭照护等需求信息。居民发布的需求可以在平台上被居委会工作人员以及其他居民关注到，一些居民互助服务信息可以第一时间在社区层面得到响应。

其次，“社区通”满足了社区协商议事的需求。社区自治的核心是居民围绕社区特定的议题开展协商讨论。“社区通”的议事厅模块为居民提供了协商议事的平台和空间。在这里，居民可以共同探讨社区的公共事务，通过“提出议题—把关筛选—开展协商—形成项目—推动实施—效果评估—建立公约”的操作链，将社区议题上升为居民公约。以罗店镇美安苑社区为例，该社区居民杨女士在“社区通”的议事厅模块提出了建议设立自助洗车点的议题并得到了众多居民的支持，之后，居民区党支部在线上线下征集整合居民意见，并联合物业公司、居委会、相关厂商等就引入洗车点的问题进行了深入调研并顺利实施了这个项目。

最后，“社区通”有助于促进社区精准治理。“社区通”基于大数据建立“社区通治慧中心”，对居民/村民发帖、点赞、评论等社区参与数据进行深度分析，描绘基层“社区画像”，便于政府和社区干部及时了解群众最关心的事务和最普遍的问题，实时发现群众“痛点”和民生“堵点”，从而实现精准治理。

（三）党政层级联动：有效的后台支持系统与问题处置闭环

有效进行社区治理的根本是有效回应社区需求和解决社区问题。社区中的问题是多种多样、动态变化的。不同问题的重要性、复杂性、紧迫性不同，回应和处置的流程也不同。社区问题处置的核心，是要完成信息的获取、流程的衔接以及应对方法的匹配。

首先，“社区通”建立了群众问题快速处置系统。通过建立“自动收集、分层处置、全程记录、群众测评”的问题跟踪系统，“社区通”对群众@居委会或村委会的问题在15个小时内予以回应处置，并将处置情况纳入考核，实现基层工作透明化、可量化、可监督、可追溯，确保问题处置无遗漏。通过线上平台，社区书记也成为“24小时书记”，随时随地关心居民需求，及时回复和解决问题，既提升了居委会和村委会的办公效率，也收获了居民群众的一致好评。

其次，“社区通”依托强大的后台支持系统形成了分层分类处置闭环机制。在这一问题处置框架中，自治共治能解决的问题，由居委会或村委会解决；超出居村范畴的，由街镇解决；历史遗留问题，约请职能部门解决；难以解决的，纳入网格化平台跟踪解决。由于社区事务主要与居民利益直接相关，因此“社区通”平台引导大部分事务通过居民协商和参与自治的方式来解决。调研发现，截至2021年2月，整个“社区通”平台累计回应群众需求15万件以上，其中90%左右在居村层面得到有效解决。这表明“社区通”充分激活了社区的自组织潜能，提升了社区的自治能力。以淞南镇淞南十村的毁绿种菜问题为例，该社区居民依托"社区通"平台，围绕这一问题进行了充分的讨论后达成共识，将原先的种菜空间改造成种植中草药的百草园，这一行动也成为一个颇具自治特色的社区花园自治项目。"社区通"平台还吸引了社会组织、社区自组织在线开设公益服务"店铺"，征集需求、设计项目、发布信息，促进了社区与社会组织的有效互动。

最后，"社区通"实现了治理平台的无缝衔接。虽然社区中的大部分问题都可以通过自治的方式来解决，但仍然有一部分难点、痛点问题是社区无法解决的，这就有赖于行政部门的支持。"社区通"要求各条线部门也入驻系统，为社区治理赋能，通过条块协调和上下联动等方式，将各种社区无法解决的问题第一时间派发到相关的职能部门，从而实现需求在一线提出、资源在一线集聚、服务在一线配送、问题在一线处置。以罗店镇居民反映的上下班高峰期公交拥挤问题为例，居委会书记看到后第一时间回应并提交给罗店镇政府，镇政府将这一问题反馈给区政府。经过宝山区建管委等部门多次实地调研并与公交公司协商后，通过增加配车、缩短间隔、延长首末班车时间等方式解决了该问题。

四、"社区通"的经验和启示

如何激活社区？如何通过数治达成善治？"社区通"的案例给了我们很多启示。社区是一个复杂的系统，一个有活力的社区意味着有更多的在地资源被动员起来回应本地的需求和问题，在更多的社会互动和社会参与中形成更高水平的社会团结。作为社区治理领域的互联网产品，"社区通"完美地实现了社会逻辑和行政逻辑的结合。

一方面，"社区通"平台体现了技术的社会逻辑，追求的是社会参与的最大化。通过应用互联网的粉丝思维、流量思维和社群运营等方式，"社区通"促进了居民的社区参与，提升了居社互动。"社区通"通过各种"吸粉"策略，粉丝量逐年上涨，目前粉丝总量已经达到 77 万。流量意味着体量和分量，也意味着更多的社会参与和社会服务的变现。更为重要的是,“社区通”通过党建引领下的社群运营实现了高质量的有序参与。这一参与体系由居委会和村委会主导,由书记担任群主,并赋予了党组织关键环节的把关权,培育了一群党员志愿者“铁粉”充当居民/村民和居委会/村委会之间沟通的桥梁,实现了党组织主导下的良性参与。

另一方面,“社区通”平台体现了技术的行政逻辑,追求社区治理的效率最大化。从论坛到微信群,其实社会治理领域一直不乏互联网产品的应用,但它们往往由于缺乏问题回应能力而沦为吐槽群。当社区无法解决居民的痛点、难点问题时,就会影响居民的满意度,因而行政部门对居委会的支撑就显得尤为重要。而“社区通”通过社区平台与街镇平台等的有机衔接,通过问题发现、任务派单和问题处置等环节的线上流程优化,使得社区问题可以直接接入“一网统管”的城运平台,进而得到高效处理。

总之,技术可以复制,但是技术的应用更为重要,只有理解技术运作的机制和逻辑,才能真正发挥技术的优势。作为互联网产品的社区应用,宝山区“社区通”是技术的社会逻辑和行政逻辑一体两面的结合,是实现社会数字化转型的重要探索,这一成功实践也表明了技术手段可以有效促进社区的精细化治理。

案例点评

熊易寒(复旦大学国际关系与公共事务学院教授)

宝山区“社区通”本质上是一种“互联网＋”的政务服务。

“社区通”是基于移动互联网,以居村党组织为核心、居委会为主导、居民广泛参与的“一站式”掌上服务平台。作为居民自治共治的家园,平台提供了社区事务受理预约、市政服务大厅、社区服务大厅、社区党建、社区新闻等功能模块,让居民不仅是社区的居民,还是社区共同体的成员。依托“社区通”,居民区党组织打破了城市公寓社区里的“社交障碍”，以往社区公共生活的主要参与者是老人，而现在，年轻人也有了低成本的参与渠道，可以利用碎片时间参与社区公共事务的讨论，将面对面的陌生人转变为“点赞之交”的“准熟人”。

“社区通”不仅使社区公共服务更加便利化、可及化，也在一定程度上促进了社区共同体的生成、发育。在我看来，社区共同体的核心要义在于熟人化、社区认同、邻里信任与互助。城市社区之所以难以成为一个共同体，一个重要的原因就在于社区的空间安排无法为居民创造人格化社会交往的机会，导致邻里关系的消失。

城市并不缺乏社会交往，而是缺乏人格化社会交往。所谓非人格化社会交往，是基于社会角色的社会交往，譬如售货员与顾客、医生与患者、保安与业主……这种情况下，个人信息是不重要的，职业伦理要求无差别化对待。所谓人格化社会交往，是基于私人身份的社会交往，譬如亲密关系、朋友关系、同学关系、同事关系，这种情况下，个人信息是交往的重要媒介，只有开放部分隐私，这种社会关系才能得以建立和维系。“社区通”让居民有机会迈过“熟人门槛”，从线上的“准熟人”转变为线下的熟人，形成人格化社会交往，进而为社会共同体的发育创造条件。

静安区社区分析工具：深耕社区的法宝

张燕（华东理工大学社会学系讲师、博士研究生）
徐莹莹（上海市黄浦原点社会治理促进中心副总干事）

一、背景与缘起

2014 年上海市委“1+6”文件出台以后，社会治理的总体格局形成了，从街道到居委会，定位明确了，关系理顺了，制度规范了，居委会规范化建设也渐次完成，居委会逐渐回归到自治组织的本位。社会治理的改革逐渐进入深水区，居民区表面看上去很活跃，但治理的效能如何？虽然有不同的创新做法冒出来，但是创新的基础是否牢固？

静安区民政局副局长黄蓓华在走访调研的过程中发现了一些新的问题：

为什么居委会干部常常说自己的社区没有资源？他真的了解自己的社区吗？

为什么政府做了大量的为民服务工程，居民却不满意？我们真的了解居民的需求吗？

为什么社区活动中总是老年人、老面孔多，年轻人却不愿意参与？我们要怎样有效链接居民、发动居民呢？

为什么有经验的老书记不能换、不敢退？我们培养一个合格的“小巷总理”要多久？怎么有效加强基层队伍建设呢？

带着这些疑惑和问题，静安区民政局一直在探索新的解决方法，于2017年与居委会工作研究会一起开发出了一套新的社区工作方法——社区分析工具。

二、社区分析工具的发展与构成

2015年，原闸北区率先开始推进居委会标准化建设。“撤二建一”后，根据“两区融合、一体发展”的新形势，新静安把全区275个居委会整成一盘棋，通过建章立制、强化培训、分类指导、综合施策等举措，积极推动居委会标准化建设，如静安区居委会管理服务规范、硬件建设规范、每日工作流程、依法协助行政事务和印章使用事项的两份参考清单等，这些标准化建设极大地提高了社区工作的水平和效率。但是，标准化建设进行到2017年的时候，社区工作者们发现它解决不了所有的问题，亟须找到一些新的工作方法来解决难以解决的问题。

2016年12月，静安区民政局邀请区居委会工作研究会进行整体设计，整个开发设计阶段历时三个月，直到2017年2月，社区分析工具最初的版本才形成。既然是居民区一线工作人员在用，静安区民政局就邀请居委会干部参与，用一个多月的时间让居委会干部参与修改、完善整套工具。2017年3月到6月，社区分析工具在9个居委会进行全方位试点，试点小区包含各种类型，一边试点一边完善。2017年7月，9个试点居委会的书记各自分享了使用感受，让其他居民区的居委会干部知道这套工具怎么用、好不好用，接下来怎么发挥更大的作用。之后，社区分析工具在全区范围内推开。

2018年5月，静安区发布社区分析工具2.0版。社区分析工具2.0版可以从移动端直接进入采集端口，并为每个居委会设置独立的二维码，以方便居委会收集信息，同时，纸质问卷的调查也同步进行。居委会可以入户访谈，也可以由居民自主扫码直接填写，做到一户一档、精确到室。即使是入户，居委会也能同步进行移动端的填写，避免二次录入。数据进入系统后，会自动以需求类型归类、按需求度排序呈现，直接生成问卷统计报告、各类型首位需求分布图、前十位需求分布图、需求度超过50%列表、意见建议梳理表和热词图，以及任意筛选指标需求分布图等。需求度超过50%列表会自动导入“社区回应”界面，勾选“居民自治解决”或“社区共治解决”的会自动跳转至“社区回应方案”界面。“社区分析工具”由几十页调查问卷与使用说明组成。在1.0版本中（见图4－1），这套工具包括对社

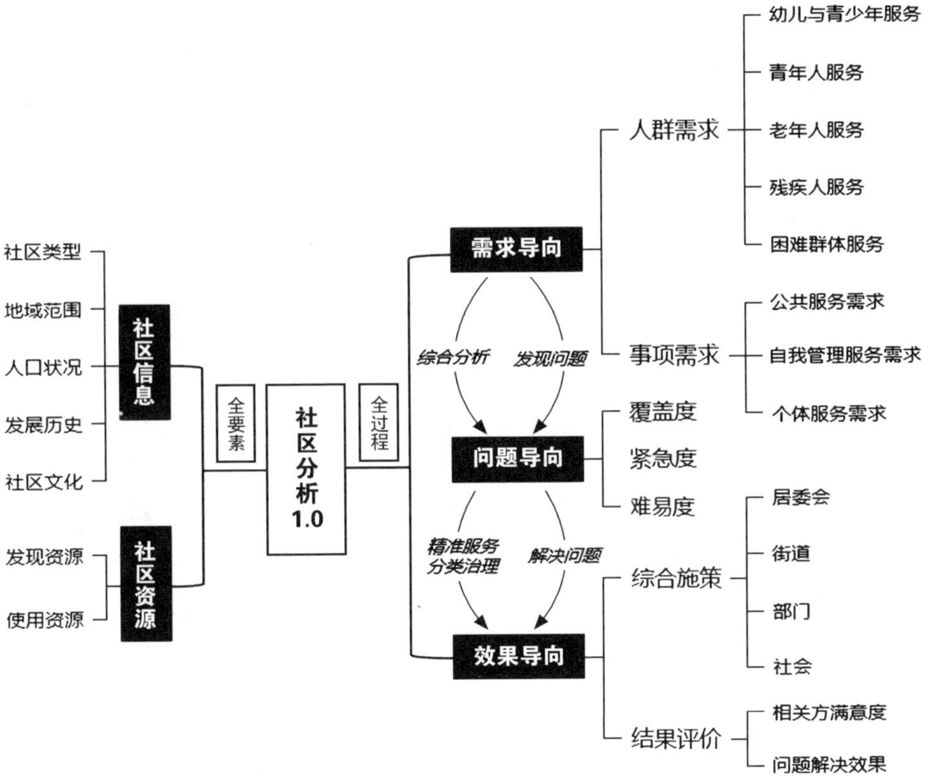

图4－1　社区分析工具（1.0版本）

区信息和社区资源的全要素分析，同时，在整个流程设计中，围绕需求导向、问题导向、效果导向三个导向进行全过程服务。这三个导向之间也是有关联的，先进行深入细致的调查，广泛排摸走访，精准捕捉到居民个性化、多样化、小批量的需求，体现需求导向；然后通过综合分析和发现问题，体现问题导向；最后通过精准服务、分类治理、解决问题，实现效果导向。

2.0版本（见图4-2）增加了社区动员模块，并对社区回应做了进一步细分，在综合分析、发现问题的基础上增加了策划方案。

社区分析工具的整套操作流程见图4-3。第一步是制定整体计划、确定分析范围。社区治理在一定地理范围内的一个公共生活区域的范畴中才有可能形成一些公共议题和有待解决的公共性事项。第二步是拟定问卷和访谈提纲。社区分析工具只是初步样本，居委会需要结合本社区的实际，把问卷制定得更切合本社区的发展特点。第三步是入户调查、个别访谈、座谈，强调使用群众工作方法，保持日常面对面沟通的方式。之后是数据录入、统计与分析，这可让社区工作人员获得专业技术的支撑。再然后是分层分类深挖需求，从而进一步制订细化方案，并结合社区既有资源综合施策。最后，通过满意度评价与动态跟踪才能检验这套流程的实施效果。

三、社区分析工具深耕社区的四个维度

社会治理的最终落脚点是要解决居民群众的困难，并满足他们的需求。传统情况下，居委会干部不了解居民的需求，也不知道有什么可资利用的资源。做得好的“小巷总理”相对来说对社区有更深入的了解，但是也不全面。而社区分析工具恰恰是以专业方法赋能社区工作者，以帮助他们深耕社区。社区分析工具融入了专业的社会工作方法，分析社区的问题，发现真实的需求，然后提供精准的服务，探求一条为社区服务立依据、为资源配置设导向、使居民参与有媒介、为专业提升找方法的路径。

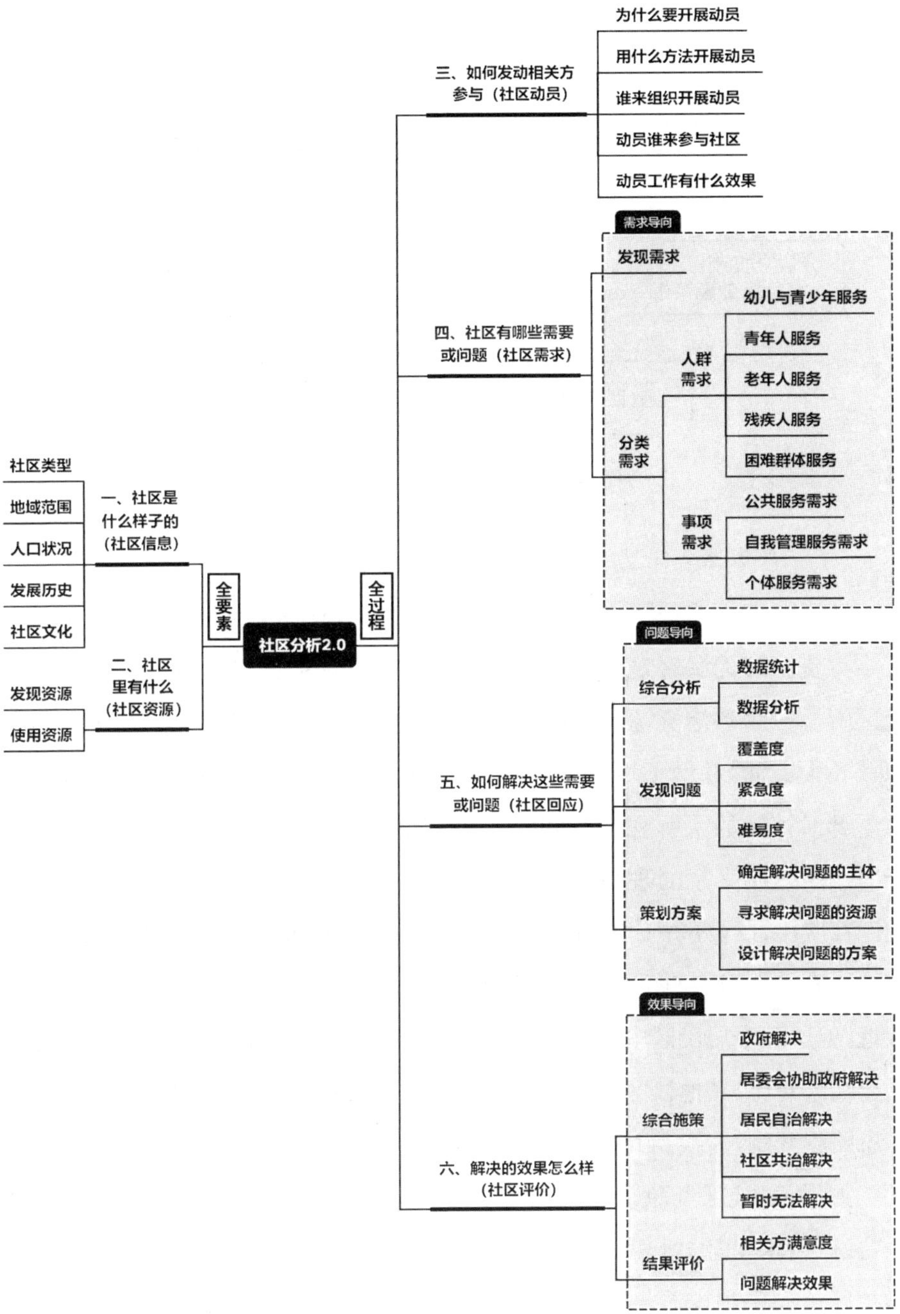

图 4－2　社区分析工具(2.0 版本)

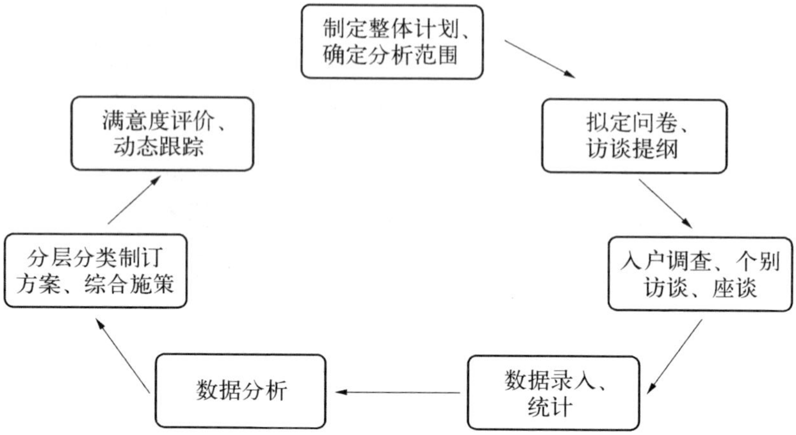

图 4－3　社区分析工具操作流程

（一）盘家底：活力社区的正确打开方式

社区治理更多地要立足本地资源去解决社区的问题，但是社区里到底有多少资源却无法客观描述，需要一双善于发现的眼睛。社区分析工具将社区资源分为政治资源、组织资源、社会资源、人力资源、物力资源、财力资源等几大方面，并做了更细致的分类引导，能否找到这些资源，既是考察社区干部对社区的了解程度，同时也是对他们的工作思路的考察。每个人对于“资源”这两个字的理解是不一样的，寻找资源的能力和意识也是不一样的。在应用社区分析工具的过程中，居委会能找到的资源数量的差异却非常大。静安寺街道的两个居民区，小区形态、人口户数和密度、周边环境都非常接近，但这两个居民区中一个找到了 77 个资源，另一个却只找到了 15 个资源。通过结果对比，其他社区的干部脑洞大开：“原来这个也能算。”所以，社区工作的思路越开阔，能找到的资源就越多，社区的活力和潜力也就越强。

如果说“社区资源”是通过社区干部的慧眼“雷达”进行全域扫描的，那么“社区需求”里的“自我管理服务需求”则是通过调查发现人力资源。平时的社区活动中很少看到年轻人的身影，但是年轻人真的不关心社区吗？调查结果显示，静安区全区的年轻人自我管理服务需求参与率平均达到 56%，最高的静安寺街道达到 90%。由此可见，年轻人对社区参与自我管理服务、参与社区治理的需求还是很高的，关键是如何以他们喜欢的方式激活他们的参与意愿，让意愿转化为行动。

（二）问需求：打开居民心声的万能钥匙

整个社会发展变化很快，人民需求变化也很快，在当今社会，居民的需求不仅是物质层面的，还更多涉及精神层面和情感层面。今天，居民群众的需求不再只凭经验就能得出，而是要深入调查、广泛排摸走访，才能精准捕捉到个性化、多样化、小批量的需求。社区分析工具就是通过有效调研，找到居民群众的痛点、难点，最终找到工作的发力点。在这个过程中，居民的参与感与获得感都有了大幅提升，居委会和居民的距离不断拉近。

静安区通过社区分析工具，在社区开展问卷调研、入户访谈等，充分了解居民需求。

社区分析工具的一个重要价值在于它不预设结果和答案，只了解居民最真实的需求，观察居民最真实的反应，把基层群众的需求、诉求作为基层工作的逻辑起点。基于社区分析工具的应用，数据分析是解开居民需求的密码。有了社区大数据，对于社区工作者来说就像有了一把万能钥匙，可以打开社区居民真实需求的门。

（三）分层分类：多种方式回应居民需求

社区分析工具通过社区调查和数据分析解决了信息不对称问题，一旦居民需求信息被抓取出来以后，就必须有一个有针对性的响应机制，这背后是一整套完善的制度安排。通过社区分析工具找到最普遍的需求，对于需求度超过 50%的社区需求必须给出回应。回应方式主要有以下五种。

政府解决：政府直接解决或政府通过购买专业服务等方式解决。

居委会协助政府解决：可从约请制度、协助行政事务清单等方面进行解决。

居民自治解决：可从自治金项目、互助项目等方面进行解决。

社区共治解决：可从多方参与、共同治理等角度，使辖区内的企事业单位、社会组织、社区居民等围绕共同目标利益，协商回应公共需求。

暂时无法解决：对暂时无法解决的社区需求，必须说明原因及努力过程。

以彭浦新村街道为例，该街道人口密集度高，老龄化程度高。社区分析工具的数据分析结果显示，排在前三位的社区需求分别是邻里关系维护、老年人紧急求助和居家养老服务。根据分析结果，彭浦新村开展了一系列旨在提升邻里关系和促进老年志愿者与高龄老人互助结对的自治项目，又从街道层面为 1 200 名老人安装了老年人服务电话，为老年人解决紧急问题找到了有效的途径。从这一案例可以看出，社区需求回应既需要社区自治的解决方案，也需要街道统一提供公共服务。

社区分析工具不仅是一项技术的创新，而且是一个治理体系的创新，是社会治理变革的重要载体。在这个体系中，居委会不再是传统意义上公共服务自上而下的传递者，而是一名一线的组织者，必须在一线对接需求和服务，这一变化体现了治理下沉。治理下沉意味着资源和决策都同步下沉的治理结构。静安区早在 2014 年就开始实施了约请制度，因为居委会在处理居民的诉求和需求时是需要多部门协调的。居委会有权力直接开约请单，要求有关部门、街道、科室甚至企业在指定的时间和地点直接跟居民面对面沟通，通过召开听证会协调有关问题，且有关部门不能拒绝，并由区委负责督查。有了这样一个制度保障，才能真正将治理下沉落实，也使得社区分析工具能真正促进共建共治共享治理格局的形成。

（四）传统群众工作方法焕发新活力

前述三个方面体现了社区分析工具作为一种专业技术对社会治理的规范化建设的促进作用。同时，在实施过程中，社区分析工具也对社区干部工作能力的提升起到了一种能力建设的作用。这一套标准化的流程让事无巨细的居委会工作从复杂变得简单和具有可操作性。群众工作方法焕发了新的活力，社区分析工具运用标准化流程、信息化技术，帮助居委会干部学习运用专业方法，进一步做好新时期的社区工作。

社区分析工具在一开始并未被居委会干部们所接受，原因在于这套工具“逼着”居委会干部们走近居民。看到这一份份复杂、晦涩的样表和问卷，居委会干部们简直犯了愁。

工具有了，如何使用成了新的难题。当区民政局第一次向试点的 9 名居委会干部介绍这套分析工具，要求必须进入每家每户进行调查时，大家吵成了一锅粥：“要让每户人家都去做几页纸的调查，怎么可能？”

对于这一点，黄蓓华解释说，“我们社会主义国家最核心的一个法宝，就是我们的群众工作方法，一定要再把它捡起来”，“不管时代怎么变，人跟人之间的交往，人跟人之间面对面的接触，人跟人之间的眼神交流、对话交流还是非常重要的，希望在第一轮的走访过程中，我们能够重新回到我们的居民区，跟居民有面对面的接触和交流”。

虽然居委会干部们一开始是迫于行政压力入户调查，但是随着工具的使用，他们逐渐发觉了这套工具的好处，慢慢地乐在其中。尤其是“社工小白”初到居民区时遇见居民道一声‘你好’之后就不知道如何继续聊，时常陷入“尬聊”的局面。有了这套分析工具后，就有了一个可以聊的话题，找到了一个突破口，于是成就了“社工小白进化史”：通过实战实操，那位“社工小白”的群众工作方法提升了，并在三个月以后成为一位成熟的社区工作者。

传统群众工作方法在社区走访中得到了继承和发扬，社区分析工具的数据分析也为传统群众工作方法注入了新活力。在充分把握社区资源和社区需求的基础上，社区分析工具可以实现对社区动员的精准定位，从而超越传统的群众工作的思路，变得越来越符合现代社会的精准动员和治理方式。

四、社区分析工具的思考和展望

社区分析工具体现了超大城市精细化治理的深耕功力，以专业工具赋能社区，在治理下沉的过程中实现了三大转变。首先是资源的配置由粗放型向精细化转变。社区分析工具将社区的基础信息、先天的资源禀赋以及问题需求等以数据的形式呈现，使居民区的分类有依据、资源配置有导向。

其次是居民的参与由浅层次向深层次可持续转变。社区分析工具激发了居民参与互动的动力，真正做到了社区的资源来源于居民，社区的动员扎根于居民，社区的需求产生于居民，社区的回应服务于居民，社区的评价反馈于居民，探索形成了自下而上排摸分析、回应居民需求的流程。在这一过程中，如果居民群众提出的问题得到及时的反馈和解决的话，他们对社区的关注也就有了内在的动力，从旁观者成为利益相关者，成为社区治理中的可靠主体。最后是群众工作由经验型向专业化转变。标准化的流程和信息化的技术帮助居委会干部运用专业方法，做好新时期的社区工作。

社区分析工具具有普遍性的价值，具有可复制、可推广的价值，它让社区治理逐渐摆脱能人治理的困境，使得各个社区都可以借助这一工具立足本社区的资源和需求走上均衡发展的道路。但是需要注意的是，社区分析工具的成功得益于一套配套的治理下沉的制度，公共资源的配置结构和授权结构都向下倾斜，资源和服务都在一线汇聚。制度和技术之间是相辅相成的关系，没有制度的加持，技术的优势也无从发挥。

在城市发展全面向数字化转型的今天，我们可以看到社区分析工具的巨大潜力。在数字赋能社会治理的过程中，越来越多的信息开始汇聚，但更多的是硬信息，而社区分析工具因其深耕独具价值的软信息而成为支撑数字治理的神经元，是深化数字治理的重要基础。

案例点评

熊易寒（复旦大学国际关系与公共事务学院教授）

群众路线是我们党的生命线和根本工作路线，也是党的三大法宝之一。但是，群众路线说起来容易，做起来并不简单，特别是在陌生化程度很高的封闭式小区，居委会干部不了解居民的需求，居民也不知道居委会有什么可资利用的资源。

静安区的社区分析工具将供给侧与需求侧完美对接起来。这一工具可有效挖掘社区信息，开发社区资源，围绕需求、问题和效果做文章，综合分析、发现问题；精准服务、分类治理、解决问题。这个工具妙就妙在实事求是，从社区居民的真实需求出发，帮助居民认识自己的真实利益，形成可行的利益诉求；帮助居委会干部开发和利用社区自身的资源，为居民提供个性化、定制化的服务，而不是没有针对性地“撒胡椒面”。对于社区分析中发现的问题，不是一味地采取“政府兜底”的方式，而是多元化地进行回应：政府解决、居委会协助政府解决、居民自治解决、社区共治解决。对于暂时无法解决的，有关责任方必须向居民说明原因以及努力过程，寻求居民的理解和谅解。这样既回归了“有限政府”，又实现了“有为政府”。

控江路街道“社区大脑”：当社区遇上“物联网”

连彬（华东理工大学社会学系讲师、博士研究生）
刘远康（华东理工大学社会学系硕士研究生）

一、背景与缘起

随着信息技术的发展和社会转型速度的加快，社区治理形势日趋复杂，难度日趋提高，人们对公共服务和产品的需求也日趋个性化和多元化。“智慧社区”就是在此背景下提出并兴起的一个全新概念。2018年，习近平总书记在上海视察时指出：“城市治理是国家治理体系和治理能力现代化的重要内容。一流城市要有一流治理，要注重在科学化、精细化、智能化上下功夫。既要善于运用现代科技手段实现智能化，又要通过绣花针般的细心、耐心、巧心提高精细化水平，绣出城市的品质品牌。”通过智能技术赋能城市治理，是实现城市治理能力现代化的重要手段。虽然不同区域、不同经济发展水平的社区对应的智慧社区建设目标、内容及建设运营模式各有差异，对智慧社区的定义也各有侧重和不同，但提升社区的社会管理水平与公共服务能力，提高社区居民的生活品质，促进社区的和谐发展，是智慧社区建设的核心和最终目标。

自2017年以来，杨浦区控江路街道会同区科委、东方明珠公司在全国率先开展的基于广电NGB-W物联专网的应用落地，积极开展了智慧安防社区试点和智慧社区建设工作，实施了“神经元”“社区大脑”和“流程再造”等三项工程，打造出了社会治理智能化的“控江样本”，用智能、科学、精细的管理满足社区居民对公共服务的个性化、多样化需求，这也是贯彻和落实习近平总书记重要讲话精神的具体体现。

二、迈向智慧：社区治理的新形态

2009年，IBM公司正式提出“智慧地球”概念。同年，时任国务院总理的温家宝在首都科技界大会上发表了题为《让科技引领中国可持续发展》的讲话，将物联网列入五大战略性新兴产业之一，并从国家层面诠释了对智慧地球发展的展望。之后，国内便掀起了一股物联网和智慧城市建设的热潮。《2011年上海市人民政府工作报告》第一次明确提出，要推进智慧城市建设。智慧社区建设的背景不仅影响着现代基层社会治理结构的转变，也为创新社会治理理念、手段乃至内容，以及最终为提升社会公共服务能力提供了契机。目前，我国智慧社区建设及其治理模式还处于探索时期，只是在少数经济较为发达的城市（如北京、上海、广州等）试点。自2017年4月开始，杨浦区控江路街道根据区委、区政府的工作要求，在市公安局、市经信委、区委、区政府等相关部门的指导下，抓住建设新型无线城市示范区的发展机遇，在全国率先探索基于广电网络的新型物联网应用，积极开展智慧安防社区试点和智慧社区建设工作，最终通过“神经元”“社区大脑”和“流程再造”三项工程，将电子巡更、门磁监控、指纹进车棚、人脸识别高清摄像头等科技手段融入街道的智能化、精细化建设，打造出了社会治理智能化的“控江样本”。

三、智慧社区建设“三步走”的主要做法

智慧社区建设之前的控江路街道在网格化管理中主要依靠人眼和摄像头察看街面的情况，但是人眼的能力毕竟有限，很多社区问题被忽视了。市经信委、市公安局和控江路街道一致认为，在控江建设智慧社区才是解决之道。在实践中，控江路街道的智慧社区建设可以总结为“三步走”。第一步，在街道广布传感器。如同人体分别用不同器官来闻、看、尝，不同的传感器也可以用来采集温度、声音、图像等各种各样的感知数据，因此被称为“神经元”。第二步，将各个网格中心采集到的数据集成在一个统一的大数据库（称为“社区大脑”）中，通过分析数据，发挥其指挥作用。第三步，通过对工作流程的再造推动制度化与信息化建设同步，使智能化真正成为精细化管理的推动力量。

（一）以问题为导向，按街道主导、条线融入建设“神经元”

结合街道网格化管理，融合公共安全、公共管理和公共服务的需求，控江路街道根据社区环境的不同特点推进如微卡口“四件套”、进出楼宇“三件套”等标准化模式的“神经元”设施建设。微卡口“四件套”指的是居民进出封闭小区的四种传感器，分别是人脸识别高清摄像头、人体红外感应计数提示器、机动车进出控制器和共享单车围栏。进出楼宇“三件套”指的是居民进入楼道使用的二维码开门、门磁监控、电子巡更三类传感设备。此外还有应用在非机动车车棚的“七件套”：由指纹、二维码、刷卡器组成的进门三件套，由烟雾感应、电弧消除、智能充电组成的厢房安全三件套，以及高清摄像头。进入居民家庭的传感器组成了家庭“4＋套”，包括远程抄表、煤气泄漏报警、饮用水检测、独居老人生命探测等公共服务探测器。除此之外，在公共电梯、餐饮场所、公共厕所也布设了一批探测感应器。

每次布设传感器前，控江路街道都要“开大会”，号召居民针对社区管理的痛点、百姓关心的热点提建议。目前，控江路街道已经在所辖范围内部署了 20 000 余个传感器、40 余项应用。这些无处不在、标准化模式的传感器仿

佛人体的“神经元”，深入社区运行系统的“全身”，把接收到的信息分门别类地传送到居委会与城管、市场监管、派出所、绿化市容等部门。

依靠“千里眼”和“顺风耳”，控江路街道实现了城市管理和社区治理的能级跃升，一批治安问题或社区顽疾得到了有效整治。通过在重点隐患场所安装无线探头和对门监控，控江路街道和公安等部门共整治涉黄发廊、小足浴店 34 家；4 家商铺的占道经营行为被根治。除此之外，通过多部门联合执法，在短短几天内就查出了 30 余起交通违章行为、2 起垃圾偷倒案件；通过“明厨亮灶”监管，5 家饭店进行了整改。

“神经元”设施建设还对社区居民的不良行为起到了警示作用。沧州路 107 弄小区经常接到居民对高空抛物行为的投诉，高空抛物造成不少停放在楼下的轿车被砸坏，居委会干部在楼下日夜蹲点却仍一无所获。通过引入 24 小时“待命”的无线探头，对小区进行可视化管理，这个问题最后得到了解决。居民反馈说，有了这些“眼睛”日夜盯着，高空抛物的行为再也没有发生过。

（二）以大数据和人工智能技术为依托，建设“社区大脑”

“神经元”采集到的数据汇总起来，就形成了“社区大脑”。控江路街道的网格中心有一面由 36 块屏幕组成的巨幅显示墙，这面显示墙综合了 20 000 多个传感终端的数据，组合成一张三维社区地图，在第一时间清晰反映社区的最新动态。街道网格中心作为“社区大脑”，能够实时一览社区管理情况，查询、分析、调用管理数据和信息。通过将数据与市公安局、市发改委有关系统对接，政府部门能够实现对信息数据的研判和分析。同时，该数据系统还可以与阿里的智慧城市系统对接，因此具备不断升级、不断提升智能化水平的潜能。

“社区大脑”首先能对传感器的信号做出简单研判。一次，双阳一村 2 号楼的一户居民家正在装修，工人们把施工材料运进大楼以后，忘记把挡住大门的砖头拿掉，居民楼大门就这样敞开了半小时。这个状态无一人留意到，却被大门上的一个无线门磁传感器监测到了，大门马上发出“我没关门”的信号，并传送到街道的“社区大脑”——控江路街道网格中心，帮助社区工作人员在第一时间收到有关社区安全隐患的信号，对形势进行判断。

“社区大脑”通过与市公安局、市发改委的系统对接，还可以变得“聪明”起来。一次，双阳二村金源佳苑的高清摄像头在夜晚发现了一个有前科的人员进入小区，“社区大脑”迅速把数据传输到市公安局的大数据库，与“神经元”感知到的数据进行对比，确定该人员为一名逃犯，市公安局立即进行了抓捕，有效避免了新的案件的发生。除了与公安110数据库、市综治办的禁毒数据库对接，控江路街道今后还会尝试与其他执法机构的数据对接，使“社区大脑”不断学习、不断升级。

（三）以效果导向和责任制落实为重点，不断推动“流程再造”

智能化为城市精细化管理提供的是一种可能性，而非必然性。为了能够真正通过智能化实现社区管理的精细化、专业化，控江路街道以效果导向和责任制落实为重点，将网格中心与综治中心的力量进行整合，形成可以与公安派出所实时联动的新“综管中心”，实化的网格中心和虚化的综治中心叠加建设，共同作用于实际的社区日常工作，加强了居委会四级综治指挥平台建设，完善了对物业公司的考核机制，有力地推动了制度化与信息化建设同步，实现了“流程再造”。

“流程再造”的一大特点是落实了就近处置、精准考核的工作责任。以往的综治工作往往面临工作下派部门与落实部门之间缺乏及时沟通的问题，社区工作者和派出所之间的信息交流很难做到完全同步。“流程再造”之后，通过在25个居委会安装“小屏”，控江路街道可以直接获知社区问题的一手信息，从而在第一时间进行响应。

“流程再造”还帮助控江路街道形成了市场化运作、政府推动的畅销建管机制。刷脸开门等科技手段虽然方便快捷，但对个人隐私的风险很大。为了规避风险、降低成本，控江路街道采取了与其他智慧社区建设不尽相同的方式。控江路街道的运作方式主要体现为以下三个方面。第一，采取PPP模式，整个项目由东方明珠公司代建，街道购买服务。遍布街道的传感器采用的是广电频谱的传输信号，这些低频信号成本低、传输效果好、灵活方便，可承担街道内 70 多个重点场所的监控。杨浦区原本计划一年投资 10 亿元进行智慧社区建设，现在摊薄成本以后，一个阶段仅付了五百万元，大大减轻了成本压力。第二，整个运作由互联网代建，为数据的再开发以及应对城市管理中产生的数据应用的新问题提供了技术支持和保障。东方明珠公司运用的是低功耗广域物联网（低速物联网），这种物联网约占国内物联产业行业总量的 60%，其应用场景主要集中在公共服务领域，包括公共安全、公共管理、民生服务等。这些场景既是地方各级政府服务的难点所在，也是未来打造"智慧城市、智慧社区"的关键所在。第三，对管理后方用钱的方式进行调配。以老旧物业小区为例，控江路街道老旧物业小区占了三分之二，管得好不好，街道拿钱调配，以市场化运作的方式解决更有效。

四、社区智能化治理的"控江样本"

过去的互联网技术多应用在科技相关行业内，而社区的管理手段以传统的"走家串户"等人与人之间的沟通协调为主。基于物联网的智慧社区建设，是一次将技术延伸到城市治理末端，实现精细化社区治理的革新。大数据采集对物联网社区的运行具有长远意义。通过对大数据进行收集、分析，政府部门可以总结出很多原本不知道的规律，为社区管理方式的制定提供实证依据，提高对社会资源的利用效率。

智慧社区建设有利于优化社区治理模式。第一，智慧社区实现了由条块分治向整体联动的转变，能够真正发挥网格中心的统筹协调作用，最大限度地整合辖区内的行政执法力量，集约高效地处理城市管理问题。第二，智慧社区实现了由被动应对向主动发现的转变。社区依据对各类数据的集成、分析、研判进行风险预测，能够实现问题在第一时间发现、隐患在第一时间排除。第三，智慧社区实现了由依靠人力向应用先进技术的转变。依托物联网技术的感知发现，社区治理更加精准有效，高效释放了人、财、物等公共资源的运用，配置更加优化，运维和服务实现了"专业事由专业人做"，推动了社区治理实现精准性、时效性和专业性创新。

《上海市推进智慧城市“十三五”规划》明确提出，要在“数字化、网络化、智能化”的基础上，实现“泛在化、融合化、智敏化”新特征，将建设“智慧敏捷、集约高效、泛在互联”的新型智慧城市作为全市战略。习近平总书记指示，上海的社会基层治理要实现像绣花针一样的精细化管理，这意味着在智慧社区的建设中，要特别重视问题导向、需求导向、效果导向。各类基于物联专网的社区应用要精准挖掘社区管理的难点和痛点，根据社区的具体应用场景和实际情况摸清需求，有针对性地采取措施，通过物联应用带动智慧社区建设的技术创新、服务创新，这样才能不断推进各试点工作的扎实有效开展。

控江路街道的智慧社区建设对于杨浦区和上海建设新型无线城市都是一次前瞻性的探索。只有通过对现有的实践经验不断做深、做实、做透，加强模式和经验总结，拓展“社区大脑”的应用试点等，杨浦区才能以更高的水平、更高的要求、更高的标准完善控江样本，深化控江“社区大脑”的示范应用作用，为上海市其他区域乃至全国其他地区的智慧城市建设提供样本。

“社区大脑”的进化有赖于智慧城市建设的总体规划，特别是城市层面统筹设计的不断加强。上海市经信委应当不断加强对全市智慧城市建设的统筹指导工作，着力于标准、规范的研究和制定，按照“物联、数联、智联”三位一体的模式打造上海的“城市大脑”，不断推进城市管理的精细化和智能化。

“神经元”收集社区公共服务相关信息，“社区大脑”研判、处理社区的实时需求，现代科技手段为绣花一般的精细化管理创造了技术条件。虽然目前“社区大脑”收集到的数据样本还不够大，但是可以预计，随着智慧城市建设的不断推进，随着“神经元”在整个城市乃至多个城市社区的不断铺开，海量的社区公共服务相关信息将会向不同地域、不同层级的“社区大脑”加速汇集，其中包括人脸、指纹、健康状况等生物敏感信息，也包括活动轨迹、生活社交等个人隐私信息，还包括车流、客流等具有商业价值的信息等。未来的智慧城市建设应当充分考虑海量数据对信息存储和利用的重大考验，提高城市数据统筹和数据利用的能力，安全、有效、合规地储存和使用这些海量信息，在保证社区居民数据信息安全的基础上实现城市智能化水平的不断升级，牢牢把握住以物联网、大数据、人工智能为代表的新兴技术创新为城市发展提供的巨大机遇，实现城市治理能力现代化和人民生活的不断提高。

案例点评

熊易寒（复旦大学国际关系与公共事务学院教授）

何谓智慧社区？如何实现精细化管理？

控江路街道运用物联网技术建构起城市社区的神经元系统。从前的网格化管理主要依赖人力和摄像头；而现在的物联网则与街道的网格化管理相结合，融合公共安全、公共管理和公共服务的需求，在居民封闭小区形成进出小区“四件套”、进出楼宇“三件套”等标准化模式。以大数据和人工智能为依托，建设自动研判、自动处置的“社区大脑”；以效果导向和责任制落实为重点，推动政府管理的流程再造。

如果说以往的网格化管理是一种机械的治理，现在的物联网就是一种有机的治理。大数据、信息化技术和物联网技术赋予了高清摄像头、人体红外感应计数提示器等设备以生物“神经元”的功能，这些神经元为“社区大脑”提供了海量的数据和信息，从而为绣花针一般的精细化管理创造了技术条件。

第五编

社区治理专业化

国家治理体系和治理能力现代化对社会治理能力提出了更高的要求，基层社会治理从业者的能力也直接关乎社会治理的成效。当前基层社会治理正在从经验主义走向专业主义，这需要形成相应的职业制度和能力培训体系，这也是社会治理专业化的发展方向。

黄浦计划是社区工作者能力专业化建设的重要探索。与一般的社区工作者能力培训方式不同，它尝试建立一套既融合专业社会工作理念又契合中国本土社区工作者特点的能力建设模式，并被实践证明是较为有效的经验模式。

全岗通着力打造“小巷总理”式的居委会干部队伍，其核心特点是“一专多能，全岗都通；一人在岗，事项通办”，其实质是对社区治理流程的重塑，其最终的目标是更好地回应居民，让社区干部有更多的时间去做群众工作，从而打通社区治理的“最后一公里”。

徐汇区社区工作者“全面成长计划”是市委“1＋6”改革后关于社区工作者职业化队伍建设的重要实践，它贯通了社区干部的选用、培育、管理、考评各个环节，初步形成了职业化的建设体系。

凉城街道“新家园”建设是业委会建设专业化的重要探索。业委会是基层社会治理的重要主体，但同时也是相对薄弱的环节，这一薄弱主要体现在业委会成员的专业能力不足等方面。“新家园”模式则尝试以第三方身份开展业主大会和业主委员会组建、换届改选、售后公房物业服务达标补贴、物业矛盾化解协调及物业法规政策培训指导等工作。

社区规划师是一个新兴的职业，并逐步成为基层社会治理专业化建设的重要补充。这一新兴职业主要是将社区规划专业力量导入社区，通过多方社会成员共同设计等方式为城市居民提供更好的社区居住和生活空间，通过创新规划的方式来满足人民群众对于高品质生活的需求。

黄浦计划：社区工作者队伍专业化建设探索

唐有财（华东理工大学社会学系教授）
徐莹莹（上海市黄浦原点社会治理促进中心副总干事）

一、背景与缘起

党的十八届三中全会提出"推进国家治理体系和治理能力现代化"，社会治理能力提升是治理能力现代化的题中应有之义。在快速社会转型和深度老龄化的背景下，各种社会问题日益复杂，并且都落在基层，因此，有效提升基层社会治理能力对于巩固党的执政基础、破解社会难题和回应居民诉求都具有重要的意义。

中国的基层社会治理结构是以居委会为主导的，因此，居委会的社区工作者的能力直接关乎基层的社会治理水平。2014 年年底，上海市委一号课题率先推进社区工作者专业化和职业化建设，在收入待遇、社工编制、职业晋升等方面出台了一系列政策，社区工作者队伍的专业程度、稳定性和社会认同度等都发生了很大的改变。然而，社区工作者队伍的职业化并不意味着专业化程度的提升，当前，基层治理的复杂性和挑战性日益提升，中央提出的基层社会治理现代化对社区工作者的专业能力提出了更高的要求。因此，如何探索一条社区工作者能力建设的有效路径是当前基层社会治理的重要命题。黄浦计划正是社区工作者专业化能力建设的重要探索。

社会治理能力建设需要专业的理论指导和支撑，而社会治理的理论只有在实践中才能实现价值。基于这种双向需求，黄浦区地区工作办公室和华东理工大学社会科学高等研究院共同合作实施了旨在打造黄浦区社会治理高地的“黄浦计划”。黄浦计划以打造社区治理人才高地、自组织团队高地、治理项目高地、治理品牌高地、社会组织培育发展高地和宣传研究高地等六大高地为目标，循序渐进推进，营造黄浦区社会治理的良好社会氛围和舆论氛围，形成具有黄浦特色的社会治理模式。

黄浦计划对于黄浦区正在推进的“零距离家园”也具有重要意义。“零距离家园”是2018年黄浦区推进的基层社会治理能力建设的重要探索，通过完善居民区治理架构，提高居民区治理能力，实现党领导下的政府治理和社会调节、居民自治的良性互动，全面建成“服务群众零距离、议事协商零距离、条块协作零距离、多元互动零距离”的“零距离家园”。“零距离家园”建设的推进，对居民区的社区工作者提出了更高的要求。一方面，他们要有良好的专业能力，善于处理各类行政性事务，能为居民提供便捷、高效的服务，能协调处理各类矛盾，把小区治理得井井有条、和谐有序；另一方面，他们更要有超强的群众工作能力和资源整合、统筹协调能力，要善于组织发动居民，把社区居民的积极性、主动性调动起来，通过自治的力量和手段解决小区治理中的难题、顽症，如楼道堆物整治、停车问题等，真正实现居民“自我管理、自我教育、自我服务”；还要善于用好“零距离家园”理事会这一协商共治平台，把各类党建资源、行政资源、社会资源协调好、统筹好、利用好，多元主体联动治理、协商治理，形成“零距离家园”建设的强大合力。

二、社区工作者能力建设:“黄浦计划”的方向

2014年年底，上海市委出台了“1＋6”文件，其中一个配套文件就是

《社区工作者管理办法(试行)》。该文件提出,要建设一支结构合理、素质优良、能力突出、群众满意的职业化、专业化、规范化社区工作者队伍,并就社区工作者的含义、基本职责、待遇保障、队伍管理等进行了规定。“1+6”文件明确了社区工作者应具备的七项能力:基层统筹协调能力、改革创新能力、群众服务能力、依法治理能力、组织共治能力、引导自治能力和信息化运用能力。上述文件内容为社区工作者队伍的专业化建设指明了方向。

社区工作者的能力如何?他们的能力短板是什么?他们需要怎样的能力建设?与以往的社区工作者配送式的培训模式不同,黄浦计划启动伊始就对社区工作者进行了能力指数测评,发布了首份社区工作者能力测评指数,对黄浦区社区工作者的队伍现状、能力短板和培训需求进行了深入分析。

据统计,黄浦区所有的社区工作者中,男性占 31.4%,女性占 68.6%;在代际分布上,“70 后”和“80 后”的社区工作者已经成为骨干,总共占 63.6%;社区工作者的文化程度也逐步提高,38%以上拥有本科学历,其中 1.1%拥有研究生学历;此外,三成左右的社区工作者通过了国家社会工作师考试。由此可见,社区工作者队伍呈年轻化、专业化和知识化发展趋势。

调研发现,黄浦区社区工作者最主要的能力特点是服务能力强,但创新能力较弱。社区工作者需要提升的能力排序依次是统筹协调能力(60.8%)、改革创新能力(53.2%)、依法治理能力(46.5%)、服务群众能力(39.8%)、组织共治能力(37.1%)、引导自治能力(33.1%)、信息化运用能力(29.5%)。在社区治理问题日益复杂的条件下,社区工作者更需要综合性的能力,这也是未来社区工作者能力建设需要着力突破的。另外,社区工作者对传统的授课式培训方式日益厌倦,他们更倾向于实地参访(82.6%)先进经验、模拟创作与训练(34.9%)以及沙龙专题讨论(34.8%)等互动式培训(见图 5-1),这对培训的组织者也提出了挑战。

黄浦计划从 2018 年开始,为期三年,每年培育 30 名左右的优秀居民区

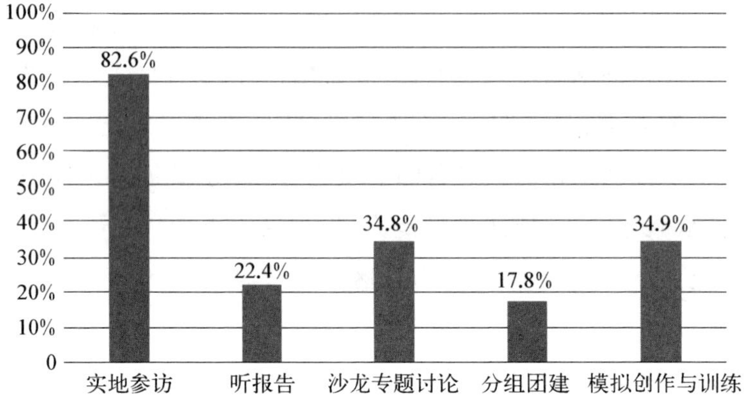

图 5－1　黄浦区社区工作者对培训形式的倾向性

社工(含书记、主任)，到 2020 年，已形成了 100 人左右的社区工作者骨干队伍，开发了一套适应社区工作者专业化、职业化要求的培训体系。

三、黄浦计划的运作方式

(一)"1＋6＋N"的团队合作与陪伴式培训模式

与惯常的社区工作者能力建设方式不同，黄浦计划采用社区工作者与高校社会工作融合以及"1＋6＋N"的团队合作培养模式(见图 5－2)。具体而言，首先将社区工作者按照主题分组建队："1"是指每队配备一名高校社会工作专业学生作为督导，"6"是指每组有 6 名社区工作者，"N"是指每名社区工作者需要去挖掘和动员若干个居民自组织团队。

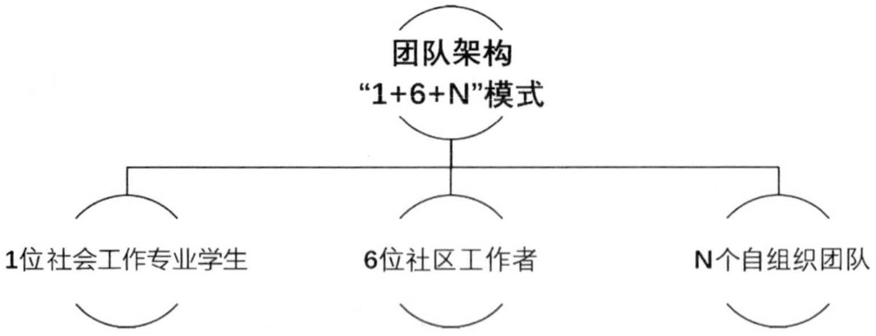

图 5－2　黄浦计划的团队架构

在这一团队培养模式中，高校的社会工作专业学生具有一定的理论基础和专业优势，善于运用社会工作的各类专业方法设计和实施项目，但是缺乏社区工作的实际经验，同时作为外部督导，他们也不具备各类信息和组织优势。社区工作者是黄浦计划的培训对象，是社区治理的主要依靠力量。社区工作者了解社区、深耕社区，具备组织动员优势，但是由于社区工作者来源广泛，很多并没有专业的社会工作教育背景，因此对于创新社会治理的很多方法和技巧并不熟悉。自组织团队是社区自治的主要依靠力量，对于社区工作者而言，成功组织、动员社区居民并形成自组织团队是开展自治工作的基础，也是实现社区治理居民主体性的重要保障。总之，这一团队合作培养模式实现了有机互补和双向赋能。在培训过程中，每个小组聚焦问题开展讨论，采用小组讨论、集体会诊和各类沙龙等多种方式，通过头脑风暴、分享案例、提炼一般性经验等方法，形成对社区疑难问题的解决思路。社区工作者与高校社会工作专业学生分工合作，在共同完成项目的过程中激发潜能、发挥专长、实现互补。

为了更好地为上述团队赋能，黄浦计划还建立了各类治理主体共同参与的线上支持团队，社区治理不同领域的专家、社会组织、社区工作者都在这个平台上，大家可以随时就一些社区问题进行分享和讨论，有效促进了各方的沟通与交流。总之，这一团队建设模式促进了社区治理的联结，包括横向的联结和纵向的联结。横向的联结是社会治理的不同主体如社区工作者、社会组织、专业社工、专家学者、政府工作人员等都在一个平台上分享、交流；纵向的联结是指从区、街道、居委会到社区自组织团队形成了共同的目标，实现了有机联动。因此，这一模式较好地体现了“共治”的理念。

（二）公益创投项目：黄浦计划的抓手

社区工作者的能力只有在实践中才能得到检验和提升，黄浦计划并不只是对社区工作者进行简单的培训，而是通过设计和执行公益创投项目的方式来提升社区工作者的实战能力。项目化运作是社会治理的一种重要方式，公益创投项目是对社区治理理念的具体化和操作化。黄浦计划要求每位学员在对社区问题进行诊断的基础上，结合社区实际需求设计自治项目，完成项目策划书，参加公益创投大赛，并做好项目在本居民区的落地实施。在项目执行过程中，若遇到问题，则由小组讨论解决，每位学员必须在本居民区至少培育和发展1个与开展项目相关的群众性自治组织，通过广泛发动居民参与，共同解决社区问题。

1. 社区分析诊断

社区治理必须基于问题导向和需求导向，因此，在设计社区治理项目时首先应正确分析和理解社区问题。为此，黄浦计划先对社区工作者开展社区诊断进行培训。社区分析诊断主要从“人、文、地、产、景”等方面挖掘社区资源，并形成社区治理的需求清单、问题清单和资源清单，并在此基础上确定社区治理的目标和实施路径。

2. 项目设计

项目是解决社区治理问题的重要方式，也是吸引社区居民参与的重要手段，因此，设计好治理项目是新时代社区工作者应该具备的重要能力。黄浦计划要求学员针对自己所在社区存在的问题，组织和动员居民区的自组织团队来设计项目。在撰写项目书的过程中，学员们进行了充分的团队讨论，各组的督导——社会工作专业的学生——帮助本组学员进行项目设计。如黄浦计划一期学员们设计的项目内容涵盖了公共空间改造、环境整治、楼组自治、社区文化和志愿者挖掘等各个方面。

3. 项目评审

之后，由专家指导组举行公益创投项目计划书评审会。邀请高校专家、政府领导、社会组织负责人和优秀的社区工作者作为评审专家，给各项目提出建设性意见及建议。随后，各组学员根据专家意见对项目计划书进行修改完善，之后作为本居民区的自治项目开始落地实施。

4. 项目落地实施

社区工作者能力建设中的一个重要方面是提升组织和动员居民的能力。专家指导组要求各学员在项目落地实施中，必须由居民骨干来主导，志愿者或居民参与，居委会为其搭建平台、提供支持。在项目的执行和推动过程中，社会工作专业学生督导定期走访居民区和项目团队，及时发现和反馈问题，填写督导记录表。专家指导组则根据项目进展情况，指导学员们带领项目骨干设计活动、开展民主协商，帮助他们链接外部资源、利用新媒体开展宣传等。

（三）多元化、有针对性的培训方式

1. 主题培训

黄浦计划采取集中培训与分散执行相结合的模式，每月安排1～2次集中培训，由各小组提出要求，以社区治理实践中遇到的主要问题为主题，采用点单式、小班化、讨论式等模式开展。平时，学员在负责人的带领下，采取线上线下互动模式，讨论研究相关问题，共同完成项目。培训启动以来，学员们也自发组织了大量小组讨论和沙龙活动，在交流互动中互相取长补短。不同于以往专家讲完就下课的方式，黄浦计划在主题培训的最后环节进行了拓展，增加学员的参与环节，通过案例分析、小组讨论、反思总结等方式使学员深度参与到主题培训当中，最终实现学以致用。

2. 沙龙活动

沙龙活动主要是促进跨界的互动交流，使大家在自由的氛围中碰撞出思想的火花，探讨破解社区治理中的共性问题的方法。

与学院派的沙龙活动不同，黄浦计划的系列沙龙活动都以破解社区治理难题为目标，如“生态环保沙龙”聚焦社区环境问题，“健康社区沙龙”聚焦社区养老问题，“如何挖掘社区自治骨干沙龙”聚焦动员居民以及自组织团队培育等。不同领域的专家和学员们进行充分、有效的对话，将更多资源和多元主体融入社区治理中，促进了上下联动、多元合作、共同发展。沙龙结束后，社区作为需求方，社会组织作为对接方，还可以进行更深入的对接，达成更长远的合作。

3. 互动讨论

黄浦计划的一大特色就是采取了“居民区社工＋高校专业社工”融合合

作的团队培养模式，除集体的主题培训和沙龙活动外，每个小组各自进行了多场线下讨论活动。这种以小组为单位的活动形式受到了黄浦计划的学员们的一致好评，成为小组内部必不可少的定期活动。在黄浦计划开展的每个阶段，都会有这样的小组讨论活动，前期针对社区问题进行讨论，中期针对如何设计项目进行讨论，后期针对项目开展过程中的问题进行讨论。这种小规模的讨论活动让每一位参加者都能畅所欲言，相互学习借鉴、取长补短。

4. 现场教学

学习他人经验能够为社区工作的开展注入新的血液，打开新的视野。针对当前社区工作自组织团队缺乏活力，有效吸引居民参与不足的困境，黄浦区地区工作办公室组织了黄浦计划一期的学员赴南京参访了几个颇具代表性的社区，深入学习了翠竹园社区和平治社区通过在地社区社会组织孵化居民自治团队以及小桃园社区居民区党组织领导下的居民协商议事等经验。

现场教学有效帮助黄浦计划的学员学习了社区工作的新方法，为社区工作者打开了新的工作思路，但是如何将新方法因地制宜地移植到自己的社区，使其落地生根，成为每一个社区工作者都需要深思的问题。

5. 场景模拟

场景模拟课也是黄浦计划的重要培训形式。为了让社区工作者更好地体会如何在复杂的场景关系中处理治理难题，黄浦计划设置了若干场景模拟活动，如学员们围绕小区老公房综合改造引发矛盾的议题召开模拟协调会，通过角色转换，锻炼了大家从当事人角度去分析、思考和解决问题的能力。这种场景模拟课最大限度地激发了学员们的参与感和主体性，特别是在角色扮演的过程中更是理解了社区治理中的互动和沟通方式问题，提升了学员们的现场应对能力。

四、黄浦计划的成效

“社区治理创新，关键在体制创新，核心是人。”黄浦计划实施的三年，圆满完成了培养100名优秀社区治理领军人物和骨干人才的目标，初步建立了一支理想信念坚定、治理能力较强、敢闯敢试敢争先的年轻的社区人才队伍，全区社区工作者的整体能力获得了显著提升。

（一）黄浦计划的示范性引领获得公认

一是培养模式示范作用明显。黄浦计划启动后，不少街道也借鉴或参考黄浦计划培养模式进行社工培训，如南京东路街道的“菁英计划”和“零距离社工学院”、外滩街道的“青年善治家成长营”、豫园街道的“社区创治营”、小东门街道的“门栋计划”等，黄浦计划的课程和资源均与各街道共享，放大了黄浦计划的培训效应。二是结业学员在社区工作中的引领带动作用凸显。从实践案例层面分析，黄浦计划的学员在疫情防控中的迅速反应、快速处置，展示了基层统筹协调能力、群众服务能力的有效提升。在全区各街道的各类测评中，黄浦计划学员主推的自治项目也获得了较高的评价，体现了改革创新能力、引导自治能力的提升。另外，在攻坚克难方面，各街道的社区治理难点任务的实践点与黄浦计划学员所在居民区高度重合，如动迁整治、街区治理、电梯加装等，体现出改革创新能力的有效提升。在各类评估调研中，街道职能科室对结业学员的认可度较高，认为这批学员在社区治理中能够起到引领示范、攻坚克难的先锋作用。

（二）形成分层分类梯度培养体系

近年来，黄浦区委、区政府高度重视社区工作者队伍建设，初步形成了分层分类的社区工作者能力建设体系。其中，区委组织部持续推进“班长工程”，建强居民区书记“领头羊”队伍；在着力强化全覆盖社工队伍的层面上，区民政局分别针对负责人级别的社区工作者（以居民区书记、主任为主）、负责人后备人选（优秀的居民区副书记、副主任和一些特别优秀的社区工作者）、骨干的后备人选（工作一段时间表现优秀的且有一定实践经验的年轻社工）开展培训。分别针对居民区负责人级别的后备人选和骨干的后备人选，开设社区工作者梯队培养计划中级班与初级班；区地区办在此基础上，结合街道推荐，着力培养社区治理领军人才，培养的内容变普适性为针对性，致力于根据社区治理难点问题的破解、社会治理创新实践等做更深度的培养和导向性的培养；旨在选拔和培育具有创新意识、专业社会工作理念以及具备较大发展潜力的骨干队伍。黄浦计划在整体社区工作者培养体系中已经成为必不可少的一环，成为全市社区工作者领军人才培养的经典范式。

（三）推动黄浦区成为社会治理实践创新、资源汇聚的核心圈

高校资源方面，黄浦计划在运作初期，通过引入华东理工大学社会科学高等研究院在社会治理、城市安全、公共经济等领域的研究力量，深度参与研究合作，以区校合作的方式为社会治理提供专业支持。项目的影响力不断扩大，吸引了沪上其他高校的关注，且经常性地开展高校、专家之间的研讨和交流更是为黄浦计划培养专业骨干注入了更多的师资力量和专业资源。市、区、街道联动方面，自 2020 年 6 月起，市建交团工委与黄浦计划开展“双向直通车”项目，与市建交系统青年建立了双向沟通机制；2021 年，着力建立了 3 个主题活动室，主题聚焦“停车治理”“加装电梯”“业委会建设”，引入市级部门资源、区级职能部门资源、法律顾问等，通过主题活动室的运作积累破解社区治理难题的方法和路径。

（四）黄浦计划学员实现了个人成长

三年内，在区地区办、街道的支持和推荐下，许多学员获得了与外区、外省市同行交流、切磋、展示的机会。如在交流方面，2019 年 9 月，由区地区办带队，黄浦计划二期学员 4 人受邀赴北京参加由中国社会学会社区研究专业委员会等单位承办的“京、沪、蓉”三城社区论坛；2020 年 11 月，区地区办带领学员代表赴南京参加“创新治理・幸福百姓”第二届社区治理论坛。在上述论坛上，学员代表的分享均获得与会专家同仁的一致好评。另外，黄浦计划三期学员分别开展了与南京、杭州相关社区治理品牌项目的交流互动，在外出参观交流的过程中展示了黄浦计划学员的良好风采。在竞赛评比方面，黄浦计划一期学员设计的自治项目参加了第二届上海社区基金会“新力杯”公益创投大赛，共有 5 个项目申报，最终有 3 个项目分别获得优秀奖、鼓励奖和参与奖。在荣誉评优方面，黄浦计划三期学员不仅在黄浦计划的培

训中表现优异，还在各自的岗位上发光发热，得到了市级、区级党政机关的表彰与认可。在市级层面，2 位学员荣获 2021 年“上海市抗击新冠肺炎疫情先进个人”的荣誉称号，1 位学员成为 2021 年“上海市优秀共产党员”拟表彰对象。在区级层面，3 位学员成为 2021 年“黄浦区优秀共产党员”拟表彰对象，3 位学员成为 2021 年“黄浦区优秀党务工作者”拟表彰对象。值得一提的是，黄浦计划三期学员之一的外滩街道宝兴居委会干部唐晓亮所在的黄浦区外滩街道宝兴居民区党总支被授予“全国抗击新冠肺炎疫情先进集体”和“全国先进基层党组织”荣誉称号。此外，黄浦计划学员的晋升渠道也不断拓宽。在区地区办等部门的积极推进下，区委组织部等部门着力拓宽优秀社区工作者的发展晋升渠道，2020 年起，连续两年面向社区工作者开展定向招录，过线 6 人中有 5 人为黄浦计划学员，最终录取其中 1 人；2021 年居民区“两委”换届后，黄浦计划学员中有 1 人进入事业编制，8 人晋升为居民区党组织书记。

五、总结与思考

社区工作者队伍的职业化和专业化建设是一个长期的过程。从职业社会学的视角来看，所谓某个职业的专业化是指从业者具有独占性的知识体系和相关技能，从这个角度来看，中国的社区工作者由于受到其职业发展路径等各种因素的影响，还不具备一定的独占性知识。社区工作仍然具有很强的经验主义特点，即社区工作者在长期的群众工作中积累了丰富的工作经验，但这些经验却很难传递。当前，社区治理的复杂性不断提高，基层社会治理体系和治理能力现代化对社区治理的从业者提出了更高的要求。虽然社区工作者也在从经验主义向专业主义转型，但缺乏与之相应的专业化的培训内容以及契合中国本土社区特点的课程体系。

黄浦计划是探索中国社区工作者队伍专业化建设的重要实践。与一般的专家授课等培训方式不同，黄浦计划通过社区工作者与高校社会工作专业学生有机融合的方式，实现了双向赋能。黄浦计划以公益创投项目为抓手，在项目设计和实施中提升了社区工作者协商议事、资源整合、组织动员、服务居民和合作协作等全方位的能力。此外，黄浦计划还通过丰富多彩的培训方式有效激发了社区工作者的潜能。

黄浦计划仍然在探索过程中，随着项目的深入推进，黄浦计划后期还将开发设计反映本地社区特点的工作法、案例库、项目库和数据库，努力建设若干个具有较强的示范和推广作用的社区治理品牌项目，从而实现打造黄浦区社会治理高地的目标。

案例点评

刘中起（中共上海市委党校社会学教研部教授）

社区治理是基层社会治理的重要内容，如何加强社区工作者的能力建设是新时代创新社会治理的重要实践要求。黄浦计划旨在创新性地采取“居民区社工＋高校专业社工”融合合作的团队培养模式，在解决社区治理问题和提升社区自治共治能力为主要内容的学习过程中，实现社区工作者理论知识和实践能力的互补。其创新点在于建立了一个不同类型的社工对接互补的平台，以项目为依托，通过主题培训、沙龙活动等方式开展社工能力培训，在横向上将社会组织、高校专业社工、居民区社工等社区治理主体进行整合，在纵向上实现区、街道、居委会和居民区的上下联结，横向与纵向的双向贯通形成了一个双向的有机联动。这一探索实践的巧妙之处在于它源于黄浦区现有的社区治理基础与地域优势，瞄准社区工作者能力的短板和需求，运用资源共享和能力互补的工作方法，以贴近实际的培训项目让社区工作者活力迸发，让社区工作者在能力培训中既学习专业社工知识，又因地制宜地感受理论在实践中的有效嵌入，从中准确定位自身的角色，优化自身的能力体系，进而真正实现“创新社会治理，重心在社区，核心在人”的政策要求。

虹口区全岗通："小巷总理"成长记

李筱（华东理工大学社会工作系副教授）
金星（华东理工大学社会工作系硕士研究生）

一、背景与缘起

社区工作者是社区服务工作的主要力量，社区工作者的工作质量直接关乎社区治理工作的整体水平与人民群众的幸福感和获得感。随着"创新社会治理、加强基层建设"的深入推进以及2014年上海市委"1+6"文件的落地，培育一支年轻化、职业化和专业化的社区工作者队伍已成为提升社区治理水平的重要内容。社区干部的薪资标准调整为不低于全市平均工资。政府对基层工作的重视吸引了很多年轻力量的加入，以虹口区为例，2015年居委会换届选举前，70%的社区干部是我们习惯称为"阿姨"的老一辈社区干部；从2016年到2018年，年轻社工的比例从占比70%提升到占比90%。社区工作者人才队伍的年龄结构也发生了巨大的变化。然而，这样一支年轻化的队伍是否能够传承老一辈社区工作者的经验，同时又走出一条规范与专业的道路？事实上，基于新一代社区工作者的教育背景和成长经历，面对社区工作，他们的工作表现呈现出了优势和劣势明显共存的情况。

不能密切地和居民建立联系是新生代社区工作者的第一个明显劣势。由于年轻的社区工作者大多缺乏丰富的生活阅历，在从学校到社区的转变过程中，对居委会复杂的条线工作和居民多样化的需求应对能力不足。在老一辈的社区工作者的工作中，与居民建立密切的关系是促进社区事务发展、回应居民需求的基础。正如虹口区民政局副局长金品所说，"阿姨们会关心你的生活，在聊天的过程中引领你参加社区活动"。然而，年轻的社区工作者往往缺乏耐心和经验来适应社区工作，这方面的短板使得事件解决率下滑、满意度降低，进而导致居民对社区工作者的信任感减弱。同时，年轻的社区工作者无法树立对社区工作的信心，需要依靠老一辈社区工作者来搭建工作平台，否则无法独立完成社区事务的组织和推进。对于社区居民而言，在办事和接受服务的过程中也可能面临重复提交材料、无法获取有效信息、无法解决实际问题等情况，形成对社区服务的负面体验。

新一代社区工作者的第二个劣势表现为对社区工作全天候、全过程和全方位的工作模式存在不适应的情况。市委、市政府提出居委会要搞"三全"，即"全天候接待、全过程受理、全方位负责"。虹口区还提倡居委会工作要"走百家、串千户"，即要求作为块长的社区干部定期或不定期地走访居民，每人每季度走访社区家庭不少于 100 户。这就要求居委会干部从周一到周日要全天候在岗。然而，社区中的人力资源和成本都是有限的，加大走访力度会进一步增加基层社区工作者的工作时间和强度，也对他们解决问题的能力提出了更高的要求，甚至会加剧"在岗不懂，懂者走访"的现象。

然而，新一代的社区工作者也存在明显的优势。由于新一代社区工作者大多具有较好的高等教育背景，他们较为适应规范化的工作过程，能够通过对流程和模式的总结将纷繁的社区事务处理过程形成较为固定的处理方案。同时，他们更加熟悉现代化的技术手段，能够适应社区工作中的技术升级，并将技术手段与社区工作的内容相结合，使得社区工作的效率和成效得以提升。

面对我国社区治理精细化的要求，如何将不同代际的社区工作者的工作优势结合起来，解决社区工作者精力和能力不足的问题，使其能够主动适应全天候、全过程、全方位提供服务的要求，对我国的社区治理工作提出了新的考验。虹口区在工作中总结出了一套"全岗通"的工作模式，并且提炼出了使该工作模式得以维系的技术支撑机制，为上述问题的解决提供了一个可行的方案。

二、"全岗通"的基本工作模式

（一）"全岗通"1.0：前台＋走访

"小巷总理"的称呼体现了社区工作要求的复杂性和多样性。为了打破"单兵"和"班长"培养模式的局限、提高居委会团队的工作能力，社区工作者需要每个人都具备"小巷总理"的办事能力。因此，"全岗通"的基本模式即"一人在岗，事项通办"。在居委会内部打破条线壁垒，在每个居委会中安排一到两人坐班，坐班的社区干部具备"一人在岗，事项通办"的能力，其他社区干部可出去走访居民或者错时休息。

对于坐班的窗口岗位，虹口区设立了"首问接待、一口负责"的制度，也就是仿照公司设置前台。居民不再一进门就找书记、主任，而是先问前台。在前台轮值的社区工作者当场为居民提供问询、办理服务。

窗口岗位的设立为社区减少人力投入和提升人员利用效率创造了巨大的空间，更多的社区工作者能够抽出时间和精力走进居民家中。这一改变有效地拉近了社区干部与居民的心，让更多的社区干部接地气、走近居民、深入了解社区，让社区治理的效能上了一个新台阶。数据显示，在"全岗通"模式运行后，社区工作真正做到了"走百家门、知百家情、解百家忧"。2017年的走访记录显示，虹口区的社区工作者共走访居民近52万户次，是2016年15万户次的近3.5倍。

（二）"全岗通"2.0：数字化的服务平台

"全岗通"2.0的创新具体体现为办事流程和效率的优化。基于大数据对社区事务的汇总与分析，虹口区总结出61项协同政府类事务和41项生活类线上服务。通过对上述事务办事流程的总结和优化，虹口区推出全区统一的居民网上办事服务平台，推进建设“不见面办事、零距离服务”的服务模式。

自2018年4月起，对于61项协同政府类事务，居委会将其再分类为在线办理类事务、在线预约类事务和咨询类事务。对于在线办理类事务，居民仅需要在线了解办理条件，自行填报信息材料，待居委会后台审核后即可完成；对于在线预约类事务，一般由居民在线上发起对具体事务办理条件的申请，居委会在半小时内处理居民的申请，并对居民提交的材料进行核对，为其预约办理时间；咨询类事务也可直接在线上完成。服务平台的优化，达成了居民争取“只跑一次”的目标，提高了居民的办事效率和满意度。

对于41项生活类线上服务，居委会遵守政府规定，设定准入机制，引入更为专业和多元化的服务机构，发挥资源链接者的作用。虹口区在“服务零距离”信息平台上准入了330家服务机构，以协助居民获得所需的服务。

最后，为了进一步贴近实际，回应居民多样化和个性化的需求，虹口区在相关平台上设置了“助力微心愿”板块。居民可在线上发布“微心愿”，发布服务需求的同时也可提供自己的服务资源，供其他有需求者获取，由此串起了邻里互助的纽带。

三、“全岗通”的运行支持机制

“全岗通”是行之有效的社区工作模式创新。这种模式的有效运行依赖于我国社区治理的多元主体参与机制，为此，虹口区针对“全岗通”要求的培训机制进行线上服务技术升级。

（一）多元主体合力的治理参与机制

共治是我国社区治理发展的基本原则和策略。政府部门、基层社区居委会和社区居民是社区治理中的多个主体。多元主体的共同参与和合理分工是“全岗通”模式得以运行的制度基础。

具体而言，党组织对“全岗通”模式的推进起到了引领作用。岗位知识的学习任务繁重，居委会书记和党员干部在学习中起到了带头和榜样作用。同时，学习成效卓越的社区工作者也被安排到书记和主任的岗位，促进了岗位学习气氛的形成。政府在线上服务平台的建设中起到了链接资源、提供技术支持和资质把关的作用。例如，在生活类线上服务引入相关机构的过程中，政府通过严格把控准入资格来对居民的权益进行预防性保护。居民是服务的接收方，同时也引导着服务的发展方向和重点。建立线上服务平台的契机是民政部门观察到虹口区的居民动迁到闵行、佘山、普陀、宝山后，来居委会办事非常不方便，如果材料没带齐，又得再跑一趟，非常耗时耗力。如果能在网上先了解流程、审核材料，就会大大提高居民的满意度和办事效率。社区工作者则是在政府工作与居民需求的“最后一公里”中起到深入了解需求、落实和执行政策、回应具体问题的作用。

（二）培训＋督导的培训机制

窗口岗位要求社区工作者具备过硬的工作知识储备，对党务、民政、计生、综治、卫生、调解等常见事务及其处理方案有基本的了解，因此，社区工作者应掌握上述各个条线的政策，并结合具体情况充分为居民落实政策，解决实际的困境和问题。对于新一代的社区工作者而言，在短期内掌握大量复杂的政策文本并做到熟练运用是具有相当难度的。

虹口区的具体做法是，请老居委会干部将居委会为居民服务和办理的事项进行分类，并将其中200个常见问题编撰成册，突破条线壁垒，之后专门针对年轻的社区工作者开展全员培训，进行全区“全岗通”水平测试考试，举办“全岗通”擂台赛。采用带教、轮岗、培训、例会、结对等多种教学方法和教学渠道，促使社区工作者在熟悉政策、分析情况和建立关系等方面的能力得以提升。这些培训措施短期内大幅提升了年轻的社区工作者的能力，确保窗口岗位的社区工作者能够在第一时间回应居民的诉求和问题。

在短期密集培训的基础上，虹口区“全岗通”模式还建立了完整的督导和评价体系。通过挖掘“老法师们”等内在资源，提升年轻社区工作者的能力，关注居民这一服务终端，切实达到了进一步为新一代社区工作者增能的目标。资深社工对年轻社工的走访进行督导，并随机抽取5%的走访居民户进行回访，考察年轻社工是否在走访中真实了解了居民的诉求，是否提供了行之有效的解决方案和政策解释。虹口区也成立了一支由32名经验丰富的社区工作者组成的督导团，定期对居委会工作进行综合督导、打分，落实评议考核机制，对考评优秀者授予"全岗通示范居委会"称号。

（三）技术支持机制

技术支持在"全岗通"模式的人才培训阶段和线上服务平台建设阶段都起到了至关重要的作用。

利用年轻人更加适应电子化和智能化发展的优势，"全岗通"模式的培训加强了对网络资源和信息技术的使用程度。例如，在对社区工作者培训的过程中使用了APP线上教学辅助资源，培训的内容能够上传至实训题库、服务运行清单、工作手册等电子数据库中，提高了社区工作者培训的便利性。

在线上服务平台的建设过程中，信息技术使得传统工作方式和数字化工作方式紧密结合，实现了社区工作整体性、全盘性、连贯性和灵活性的升级。数据分析突破了社区工作碎片化和经验化的困境。大数据对社区事务的分类和办事流程的优化大大提升了社区事务的推进效率，提升了居民的满意度。数据分析还进一步为社区工作的特色化服务提供了方向，例如，通过对社区"新""老"上海人组成结构的分析，线上服务平台能够进一步提升社区服务的精细化程度。

信息技术更是社区工作者加强与居民联系的重要工具。例如，社区工作者充分利用微信等通信工具，介绍推广社区的线上服务平台，吸引居民代表、楼组长参与线上社区治理，改变了因为繁忙而难以参与社区治理的困境。

四、"全岗通"的建设成效和启示

（一）建设成效

"全岗通"是社区工作模式的重要创新，对解决社区问题具有积极的意义,并被很快复制推广。2015 年,“全岗通”在曲阳路街道正式推行;2016 年,虹口区 213 个居委会全面推行“全岗通”;2017 年,全市全面推行“全岗通”。该模式的有效性体现在能够更为高效地办理社区事务上。例如,虹口区 2017 年共受理各类社区事务 37.62 万件,约为 2016 年 11.43 万件的 3.3 倍,办结率达到 98.96%。

“全岗通”的成功还体现在居民的认可程度上。居民是居委会服务的对象,也是社区治理的重要主体,还是“全岗通”的实施过程中必不可少的参与者。居委会服务能力是否有提升,居民最有发言权。虹口区在窗口岗位设立了“全岗通”星级服务群众满意度评价器,用以采集群众对居委会工作的满意度数据。接受服务后,居民可以进行评分。据第三方机构对数据的汇总和分析,社区居民对“全岗通”普遍认同,85.56%的居民在遇到困难时会向居委会寻求帮助;95.80%知晓“全岗通”的居民认为,“全岗通”能较好地解决他们所遇到的问题。

(二) 人才队伍建设启示

同时,我们还应该认识到“全岗通”本质上是社区工作者的人才培养机制和服务模式创新的结合。这一做法的创新之处在于为社工增能与工作模式优化相结合,通过强调需求、知识赋能、技术支持和制度优化来全方位地提升社区干部的职业素养和职业技能,实现了社区服务质量与效率的优化升级,切实做到了为居民提供更好的服务。“全岗通”模式表面上是工作形式的改变,更深层次的工作机制是社区治理工作从“上级任务”导向转为“居民需求”导向,这也是社区治理创新的趋势和必然要求。

“全岗通”模式还解决了新老代际社区工作者的互补和合作难题,通过传承老一辈社区工作者的经验和成果,将老一辈的工作经验固定在流程中,新一代的社区工作者在短时间内具备了服务群众、解决问题的素质。在此过程中,既增强了年轻社区干部的信心和能力,又让老一辈社区干部有了用武之地,形成社区干部“传帮带”的培养机制,更为居委会建立良好的人才储备、居委会队伍专业化的持续性发展打下基础。

案例点评

刘中起（中共上海市委党校社会学教研部教授）

社区是社会治理的基本单元，加强和创新社区治理体系建设事关社会治理新格局的完善，事关党和国家大政方针的落实，事关居民群众的切身利益。习近平总书记在上海考察时强调，社区是党委和政府联系群众、服务群众的神经末梢，要及时感知社区居民的操心事、烦心事、揪心事，一件一件加以解决。虹口区通过实施“全岗通”来打造“小巷总理”这一做法的创新之处在于将社工增能与居民服务相结合，通过平台搭建、制度保障、亲民服务来全方位地提升社区干部的职业素养和职业技能，建立起社区服务的制度化体系，将以前的“专科”社工升级为“全科”社工，以更好地为社区居民服务。虹口区的“全岗通”盘活了社区这盘棋，在实践效果上有力地优化了社区干部培训体系，提升了社区干部服务居民的能力。社会治理的核心在人，重点在城乡社区，关键是体制机制的创新。社区工作者是社区服务工作的主要力量，社区工作开展的好坏直接关乎社区治理工作的整体水平与人民群众的幸福感和获得感。为此，必须着力做好社区工作者队伍的管理建设工作，这对于提升新时代社区服务整体水平和创新现代社区治理体系而言意义重大。

徐汇区“全面成长计划”：社区工作者职业化建设

李筱（华东理工大学社会工作系副教授）
冯春华（华东理工大学社会工作系硕士研究生）

一、背景与缘起

城市社区治理是国家治理体系的重要组成部分。习近平总书记强调：“社区是基层基础，只有基层牢固，国家大厦才能稳固。”在以街道和社区为单位的城市居民委员会中，社区工作者是城市基层治理的直接执行者。社区工作者的能力不足会导致我国社会治理创新在城市基层社会的探索受阻，造成国家治理体系发展理念和现实之间的脱节。如何加强数百万城市社区工作者的能力建设，使得国家治理能力现代化的升级在基层治理的末端得以贯彻，是提升基层治理水平的现实课题。2014 年，上海市在进行“创新社会治理、加强基层建设”改革的过程中，将社区工作者队伍建设作为改革的重要组成部分，出台了《上海市社区工作者管理办法（试行）》，在全国创新设置了社区工作者职业序列。

社区工作者人才队伍建设存在种种问题。例如，在人才选拔方面，如何把不擅长答卷却善于做事的人选进社区工作者队伍？在队伍稳定性方面，如何奖励并留住优秀的社区工作者，如何制定社区工作岗位的淘汰标准？在提高工作质量方面，如何让社区工作者更愿意深入基层，如何加强居委会的团队建设？

徐汇区在贯彻习近平总书记指示精神的同时也深入落实上海市委“1＋6”文件精神，实施了社区工作者“全面成长计划”，开展全面轮训、实践锻炼，设置交流平台，形成成长手册，实施成长舞台、优秀人才培育等重点项目，在基层队伍的招录选用、培育培养、管理考评、关爱激励等环节系统地梳理出各环节的瓶颈问题，并寻找专业有效的破题方法，努力打造出一支职业化、专业化的骨干队伍。

二、“全面成长计划”的建设方式

随着上海市委“1＋6”文件的落实，上海市社区工作者的薪资待遇明显提升，岗位编制也得到保障，但是在创新社区治理层面，社区工作者的能力建设还有待进一步提升。徐汇区的社区工作者“全面成长计划”则为社区工作者队伍建设提供了良好的平台。针对社区工作者队伍庞大、类型较多、归属各异、活动频繁等特点，徐汇区不断优化选用、培养、管理、考评等重点环节，形成了择优选育、阶梯培养、进出有序的长效常态工作机制。

（一）创新招录方式

徐汇区在社区工作者招聘中取消笔试，以“面试＋职业能力＋性格测评”的方式更精准地选拔人才。

“面试＋职业能力＋性格测评”的招录方式主要是通过模拟社区工作环境开展“实务化面试”，由各街道组织经验丰富的社区工作者在工作情境中考查考生的性格气质、语言表达、工作方法；然后再依托专业人力资源服务机构，将企业职业能力评估、成熟经验评估和社区工作实务能力评估相结合，从智商、个人性格、职业发展取向等方面，对他们的现状与潜力进行立体化、定量化评估。在此基础上，由街镇根据录取的社区工作者的特点，统筹安排他们在服务中心、居委会的不同岗位任职,确保做到人岗适配。

社区工作者的招录还积极结合上海市的产业转型契机,从高竞争性的人才市场中主动吸纳社区工作的储备干部。2016 年和 2017 年,徐汇区从宝武集团定向招录 56 名转型职工到居民区任职,对接、吸纳合适人员充实社区岗位。探索实行居民区定期选任、专业资质转任等方式,形成动态人才蓄水池,为社区工作者职业化发展开拓了多样化的人才来源。

(二) 立体化培养

在社区工作者的培养环节,注重社区工作者的岗位成才和专业成长,形成标准化、层次化的培训体系。比如建立规范的教材体系,编印《社区工作者成长手册》《居委会工作实务操作手册》《居民区党建实务手册》等系列实务教材,为社区工作者提供指南性资料。实行成长导师制度,在 13 个街镇建设一批"优秀书记工作室",并引入高校和区社工协会等专业力量,以"带教书记+专业督导"共同"嵌入"社区工作者工作,随时随地为其解疑释惑、破解难题,帮助他们不断增长经验、增强信心。同时,徐汇区积极探索"短期挂职""轮岗交流"等形式,提高社区工作者的实战能力。

建立分层分类的立体化培训体系。徐汇区每年开办两期社区工作者骨干培训示范班、居民区书记后备人才培训班和居委会主任培训班,选派优秀社工到杭州、井冈山等地参加学习培训;街镇层面充分利用社区党校、社区学校等载体,以集中培训、分批轮训等方式实现社区工作者的全面轮训。在居民区层面强化岗位实训。做强"线上+线下"联动体系,举办"同心班""社工驿站""学习沙龙"等线下交流活动,打造"3+1+13"(团青在线、党建汇、汇治理公众号+区级骨干群+13 个街镇群)线上交流体系,让社区工作者可迅速联系、实时联通。

此外,为助推专业成长,徐汇区积极发挥区社工协会等枢纽型社会组织的作用,打通继续教育的渠道,选派专业督导,加强对持证社区工作者的专业培养。深化"校区合作"工作机制,加强与华东理工大学、上海交通大学等院校的合作,共育社区治理品牌和治理人才。为社区工作者引入"专业伙伴”，面向社区培育专业类社会组织 350 余家，选派社会组织中的优秀人才到居民区挂职，进一步畅通“三社联动”渠道，实现共同成长。

(三) 规范日常管理

在日常管理方面，徐汇区相继出台了《推进全面成长计划实施意见》《队伍管理实施细则》《队伍关爱福利实施办法》等政策文件，在规范额度使用、招聘录用、教育培训、退出交流等操作规则以及加强党风廉政建设、规矩意识教育、纪律意识教育等方面进行了统一。各街镇社区工作者事务所加强日常管理，建立一人一档。同时，徐汇区制定出台基层队伍关爱福利实施办法，落实体检、疗休养、工会经费使用等基础保障。制度性的管理文件的出台体现了精细治理理念的实施，使得管理制度更加合理，更具可操作性，巩固了社区工作者人才队伍建设的可控性。

(四) 创新奖惩机制

以多维度考核强化结果运用，更好地发挥考核“指挥棒”的作用，提升队伍的动力与活力。徐汇区完善社区工作者队伍考评办法，建立自上而下和自下而上相结合的考评机制，各街道因地制宜出台考评实施办法，突出群众考评权重，加强考评结果运用，考评结果与社区工作者的岗位晋升、绩效奖惩、轮岗交流等相挂钩。在培育优秀人才、弘扬先进事迹的同时，徐汇区探索队伍退出机制，促进队伍的“换血和流动”。2016 年以来，全区有 12 名社工被解聘或劝退，78 名社工被警告或诫勉谈话。

对优秀的社区工作者，则从荣誉、晋升和职业发展方面给予其更多的奖励和支持。实施“百名优秀社区工作者”培育计划，形成徐汇“百名优秀社区工作者”人才库。加大从优秀社区工作者中发展党员、选拔人才、表彰先进的力度，将优秀社区工作者纳入居民区党组织、居委会负责人后备队伍。畅通优秀社区工作者进入党政机关、事业单位等的通道，鼓励其参加党政机关、事业单位的招考以及群团组织的遴选，并在同等条件下优先录用。目前已有 45 名居民区党组织书记被纳入事业单位编制管理，149 名居民区党组织书记享受事业单位编制同等待遇，36 名社区工作者走上机关事业单位管理岗位。积极推荐优秀社区工作者担任各级党代表、人大代表和政协委员，近三年有 26 人担任市区党代表，18 人担任市区人大代表。结合群团改革，选拔和吸纳社区工作者骨干担任群团代表和兼任相关职务，目前有 98 人兼任区、街镇两级群团组织的相关职务。

徐汇区的“全面成长计划”中的选用、培养、管理、考评四个环节是相互连接、互相促进的。这个人才培养模式是一个有效运转的循环圈，将“选、培、管、评”有机结合起来，实现了人才队伍的有效成长。其中的创新之处有利于解决当前社区治理的瓶颈难题，有利于打造一支专业化、职业化的社区工作者队伍，做大、做强、做优基层队伍建设。

三、“全面成长计划”的支撑体系

徐汇区强化各部门统筹，整合多方资源，推动基层队伍各项政策的研究机制形成和有效落地，促进社区工作者成长发展。全面链接资源、促进多方联动的主要目标则是希望实现“入口优化、在岗有成长、发展有方向”，打造社区治理人才队伍，构建社区治理人才培育体系。

一是促进多部门统筹合作。区层面由区委副书记牵头，区委办综合协调，组织部、民政局、团区委、社建学院共同实施，12 个部门及群团组织参与。街道层面由党工委副书记牵头，党建办综合协调，自治办、团工委、社区工作者事务所等共同落实，加强队伍管理培养。

二是增强制度保障支撑。优化居委会工作例会、首问接待、分片包块、错时工作、小区巡查等基础性制度，帮助基层干部高效、有序地开展相关工作，将节约下来的时间、精力用于联系居民。做实职能部门主动支持基层工作的机制，完善“基层会商”“社区约请”“下沉事务准入”制度，发挥 306 个“满意在徐汇”走访团队的功能，深化“点对点”服务机制。建设“社区治理综合信息系统”，将人口、房屋、法人、地理信息、市场主体、信用等六大基础数据库整合下沉到居民区层面，发挥信息化平台的作用，实现精准、快捷助力。

三是搭建共建共享成长平台。举办社工文化节系列活动和社区工作者风采展示，各街镇联合群团、文体等部门开展社区工作者系列文化体育活动和才艺展示交流活动。比如团区委开展“为民长征路·小区万里行”活动，通过“微信运动”的小区步数排名，设置周“战斗英雄”、月“军团会师”、年度“万里长征”等奖项，引导社区工作者增强运动健身意识，深入小区为民服务。各街镇开展社区工作者“文体嘉年华”系列活动，通过团队竞技、趣味比赛、讲好故事等，进一步激发团队凝聚力，丰富精神生活，提高队伍活力。

四、成效与启示

徐汇区社区工作者“全面成长计划”自推进实施以来，区层面示范培训年均 800 次，3 300 余名社区工作者全面参与轮训；近三年，有 82 名社区工作者赴台湾参加培训、34 人赴井冈山参加培训、166 人赴杭州参加培训。徐汇区对社区工作者的培训支持促使社区工作者的专业资质、人才队伍的结构稳定性得以提升。在“全面成长计划”实施过程中，481 人考取助理社工师和社工师证书；36 名社区工作者走上机关事业单位管理岗位，57 人晋升居民区负责人；26 人担任市区党代表；18 人担任市区人大代表；98 人兼职于区、街镇两级群团组织岗位。与 2015 年相比，45 岁以下社区工作者的占比从 53.2%上升至 79.3%，大专以上学历的社区工作者的占比从 61.8%上升到 88.2%，481 人考取助理社工师和社工师证书，专业资质持证率从 10.7%上升到 17.3%，新任社工到岗流失率从 8.4%下降到 2.8%，社区工作者人才队伍的稳定性也明显提升。在 2018 年居民区两委换届中，有 130 名“80 后”社区工作者新当选为居民区书记或主任。

可见，“全面成长计划”的落实使得徐汇区已经逐步形成了具有自身特色的基层队伍培育体系，使基层社会治理的目标得以落实。这也带给了我们以下几点启示和反思。

一是以问题和需求为导向，理念与实际相结合。随着新时代的发展，人民群众的新需求日益增长，社区工作者的工作也面临着巨大的挑战。这就需要根据实际情况，准确把握各种问题，积极转变工作理念，创新思维，妥善应对。比如，“选、培、管、评”的全面优化升级就是最直接的体现。再比如，取消笔试实行“面试＋职业能力＋性格测评”的招录方式就是突破传统方法的一个勇敢尝试，而这个尝试确实有助于人岗匹配、各尽其才。

二是对“选、培、管、评”环节进行重点创新、细节创新和过程创新。在招录环节以“面试＋职业能力＋性格测评”的方式来综合地、实地化地、有针对性地选拔社工，做到了社工选拔机制的专业化、动态化和模块化。在培养环节则采取“区—街道—居民区”分层培养机制，注重社区工作者的岗位成才和专业成长，建立标准化、层次化的立体培训体系。这一培养方式有效打破了以往社工培养中理论与实践、社区与社工、街道与社工相脱节的尴尬局面，有效整合了街道和社区内外的资源，将社工的岗位管理要求和专业技能提升有机地融入社区治理实践之中，实现了定点、定位、定制、定才的人才培养目标。在管理环节坚持严管厚爱的原则，将规范化管理和情感管理相结合，有效增强了社工对职业的认同感和对社区的归属感。在考核环节采取“多维度考核，强化结果运用”机制，强调上级考核、群众测评和同伴评价相结合，对社工进行全方位的考核，这一考核方式有助于从不同的角度来把握社工的工作实效，对于考核者和被考核者来说，均能体现相对公平性。

可以说，徐汇区社区工作者“全面成长计划”是社区工作者队伍职业化和专业化建设的重要探索。这一探索不仅有助于解决当前社区治理的瓶颈问题，还有助于做大、做优、做强基层队伍建设，打造徐汇特色的社区工作者队伍，从而为提升徐汇区的社会治理能力奠定了基础，也为其他地区的社区工作者人才队伍建设提供了一定的经验借鉴。

案例点评

刘中起（中共上海市委党校社会学教研部教授）

社区工作者是基层治理的重要参与者、支持者和创新者，如何就地实施社区工作者“全面成长计划”是当前社区做好“最后一公里”服务的重要环节。徐汇区针对辖区内社区工作者队伍庞大、个性多样和活动丰富等特点，在选用、培养、管理、考评环节进行重点创新、细节创新和过程创新。其中，招录环节在传统面试的基础上增加了性格测评，在培养环节建立分层分类的培训体系，在管理环节将规范化管理和情感管理有机结合，在考核环节则采用多元模式进行全方位考核。此外，徐汇区在推进社区工作者"全面成长计划"中全面链接资源，以制度为支撑，强化多部门统筹合作，建立共建共享的成长平台，这一工作理念和工作实践体现了基层党建引领下社区自治共治的理念，将社工介入真正作为社区治理的重要环节，让社区工作者既成为社区的重要建设者又成为社区治理成果的文明共享者，真正体现了新时代党建引领下共建共治共享社会治理新格局的理念要求。

凉城街道“新家园”建设：业委会指导专业化

叶敏（华东理工大学公共管理系副教授）
茹烨坤（华东理工大学社会工作系硕士研究生）

一、背景与缘起

习近平总书记在浦东开发开放 30 周年庆祝大会上的重要讲话中指出：“推进城市治理，根本目的是提升人民群众获得感、幸福感、安全感。要着力解决人民群众最关心最直接最现实的利益问题，不断提高公共服务均衡化、优质化水平。”住宅小区业委会建设和物业服务管理水平，直接影响群众的生产生活，关乎群众的切身利益。截至 2020 年年底，上海市符合成立条件的业委会组建率达到 97%，居全国首位。业委会选举中的争议、居民与物业公司的矛盾，是近年来上海市住宅小区中十分常见的问题。以往，尽管房管部门在每个街道都设有房管办，但因矛盾纠纷错综复杂，几名工作人员难以应对。2011 年 4 月 1 日起施行的新修订的《上海市住宅物业管理规定》明确要求，街道办事处将负责落实辖区内住宅小区综合管理工作制度，指导监督业主大会、业主委员会的组建、换届改选和日常运作。随着一些实际问题的不断显现，如街道缺乏专业管理人员，社会管理和物业管理的部分原生矛盾由房管部门转移到了街道相关行政部门。而在社区层面，居民对“加强物业管理、维护自身利益、参与社区自治活动”的呼声不断高涨。为从根本上改变这种状况、更好地服务社会民众，一种新的社会管理模式在酝酿中产生，政府拟通过购买服务的形式，逐渐把住宅小区日常治理中一些非行政性的服务项目交给专业性的社会组织来做。作为创新社会管理的一种尝试，2011年10月，“新家园”建设与合作事务所（以下简称“新家园”）在虹口区凉城街道应运而生。其在全市率先以第三方身份开展业主大会和业主委员会的组建、换届改选，以及售后公房物业服务达标补贴、物业矛盾化解协调和物业法规政策培训指导等工作。

二、凉城街道“新家园”建设的主要做法

（一）聚焦业委会换届，协助社区破解难题

“新家园”的主要服务项目是业委会组建与换届改选，着眼于把主营项目做扎实、打造机构品牌，重点抓好业委会组建、换届工作的规范有序开展。每次换届前，“新家园”注重通过培训、走访等形式，做好前期宣传动员，在业主群体中提高知名度，并积极引导广大业主参与和支持换届工作。在换届过程中，“新家园”严格把好程序关，踏实走好每一步，尽可能让更多的业主知晓每一道程序，确保换届工作的公开性、公正性。同时，从政策法规角度，指导居民区党组织把好人选的资格关，确保在人选上充分体现广泛性、代表性和物权性。“新家园”踏实、诚恳的态度，让越来越多的业主了解、认可了他们第三方的专业身份。在推进一个个小区业委会换届的过程中，“新家园”也积累了一些破解难题的经验，许多在过去看来业委会组建、换届有极大难度的小区，在与街道职能部门的联手下，也相继成立了业委会。

（二）发挥第三方身份优势，巧解社会矛盾

物业管理服务领域中最容易出现物业公司与业委会、物业公司与业主

之间的矛盾，这些矛盾不及时解决，积累到一定程度容易演化成居民对业委会、物业公司的不满，甚至会出现极端情况。对此，“新家园”从第三方的角度发挥专业优势，提出充分的法规、政策依据，帮助矛盾双方分析情况，拿出具有可操作性的矛盾解决方案，使一些原本情绪化的争议回归理性、规范的解决渠道。

比如，梦湖苑小区部分业主认为物业公司管理服务水平差、业委会日常运作不透明，一些矛盾问题在业委会任期届满即将换届的阶段逐渐激化。“新家园”介入矛盾纠纷后，在深入小区充分了解情况的基础上，找出矛盾聚焦点，并从中立的第三方角度，依据法规、政策，对业委会的审计问题进行详细说明，并对部分业主的疑问进行了专业、详尽的解答，引导业主重新对自己的诉求进行权衡，认识到依规有序换届才能最有效地保障小区全体业主的利益和个人利益。在此基础上，“新家园”充分吸纳各方意见，指导居委会制定新方案，并规范有关步骤，在化解矛盾的同时，有序推进了换届工作。

几年来，“新家园”协助处理了 280 多起小区综合管理方面的矛盾和冲突。之所以能够化解这些矛盾，不仅因为其第三方的身份，而且因为其对 270 余项物业领域法律、法规进行了系统梳理，从数百个项目中积累了丰富的经验和数据，使得“新家园”对大部分物业服务纠纷问题能做到心中有数，如此才能更迅速、专业、稳妥地开展工作。“小区中的很多矛盾，是因为居民不熟悉相关法律法规而造成的。如小区公共区域收益的归属问题，业委会组建过程中代表如何产生、需要经过哪些程序等。”事务所所长周励力如是说。“新家园”“老娘舅”的优势在于其独立性、客观性，在一定程度上能够获得业主的信赖。

（三）搭建多方沟通桥梁，助推“三委”大联动

“新家园”在工作实践中，主动聚焦“三驾马车”合力问题，围绕“居委会作用的发挥”“业委会自治能力的提高”和“物业公司服务水平的提升”等主题，不断探索新载体、拓展新项目。比如，针对一些业委会成立后不知从何处着手开展工作，还有一些业委会虽然履职积极但运作不够规范等情况，

2015年，“新家园”协助凉城街道职能部门探索成立业委会主任促进会，开展政策业务培训、组织交流学习、个案问题研讨等，逐步引导业委会规范有序开展工作。在总结此项探索经验的基础上，“新家园”意识到业委会规范化建设的重要性，将其作为机构的又一个重点项目进行推进。在项目推进的实践中，从业委会的角度，“新家园”总结了“管好家、用好钱、维好权”九个字，同时，从实践操作层面，帮助业委会制定了六项基本制度和应建立的基础台账。业委会的规范运作为“三驾马车”的良性运转奠定了基础。

为破解小区管理难题，凉城街道在文苑一居民区试点成立了小区物业委员会，并与居委会、业委会实现“三委联动”合署办公。“新家园”作为物业委员会成员，除参与日常值班外，还依托自身专业优势，为“三委”工作人员普及业务知识，参与“三委”联席会议，指导协商解决矛盾。“三委”各方坐在一起，更紧密地加强联系沟通，彼此间的关系得到了改善，推诿扯皮的现象越来越少了，居民对包括“新家园”在内的“三委”工作人员的服务十分认可。在这个过程中，“新家园”日益感觉到，只有联动各方资源，才能有效满足居民的物业诉求。

（四）确立“五性工作法”，提升破解难题的软实力

“新家园”在工作和实践中也得到了锻炼，并取得了不少经验，确立了“五性工作法”。一是突出服务性，切实避免以行政指令或行为来做工作，不是简单地应服务对象的要求去做就事论事的工作，而是主动服务、热情服务、优质服务；在加强自身学习、认真吃透领会法律法规的精神的同时，着力做好对服务对象的培训辅导。二是显示公正性，作为社会组织，根据第三方参与服务的原则，在依法办事的前提下努力体现这种公正的形象。三是讲究针对性，在处理各小区问题时，如对商品房小区和售后公房小区业主的不同诉求，因情制宜、因人制宜，有针对性地开展服务，善于引导、善于疏导，把问题解决在原地。四是力求成效性，按照时间节点把好程序关，在稳妥的基础上积极推进，该快的时候快，该慢的时候就慢一点。五是注意灵活性，在法律法规政策的框架下，对不同的情况采取不同的方法。

三、凉城街道“新家园”建设的成效与隐忧

“新家园”成立的宗旨，就是致力于为住宅小区综合治理提供专业化的服务指导。为此，事务所自成立之初，就注重在提升专业服务水平上下功夫，除引进专业人员加入事务所外，还坚持加强与高校、专业部门等的专家学者合作。经过专家团队、工作团队、志愿者团队的携手推进，“新家园”已由最初的几个人的规模，壮大为拥有30多名员工，项目服务区域由凉城街道延伸到全区。“新家园”成立至今，完成了372个小区的业主大会和业委会的组建、换届工作，受益人数近30万人次；完成了近306个住宅小区物业达标补贴的检查验收和考核评估工作，受益人数近40万人次；化解处理200多起小区综合管理方面的矛盾和冲突；开展各类物业管理法规政策及相关业务知识的培训90多次，有近5 000人次参与；为多个托管的小区重新引入物业服务企业；同比各类物业矛盾减少80%以上；不少小区日常治理方面的难点和矛盾得到化解和疏导。“新家园”还先后接待了外省市、外区200多个单位前来交流学习，受到各方的一致肯定，2012年还入选了上海市加强和创新社会管理“十佳示范案例”。凉城街道引入“新家园”参与住宅小区综合管理的做法，受到了住房和城乡建设部的肯定。

经过不断的探索和实践，“新家园”的服务领域逐步拓宽，专业能力日益适应了物业事务复杂化需求，机构自身也吸引了越来越多的力量，现在不仅有一支相对稳定的专家团队，志愿者团队也日益壮大。与此同时，机构目前面临着不少发展后劲不足的瓶颈性问题，比如人员结构老化较为突出。机构现有员工33人，平均年龄55岁，“新家园”的负责人已逾古稀，在维持机构的运转上欠缺精力与体力，无法胜任新的挑战，但目前机构负责人接班人员难以寻觅。再有，熟悉业务又通晓政策法规的专业人才匮乏，目前员工中虽有1名专业人员，但已退休多年。因项目费用问题，很难引进新的专业人才到机构。此外，还有机构自身组织架构的健全和规范建设问题，虽然设立了一个总部和七个服务点，但发展并不均衡，人员的能力水平参差不平。这些

发展方面的瓶颈性问题，制约着机构的进一步发展。

案例点评

（冯猛，上海师范大学社会学系教授）

小区业委会组建、物业管理、居民物业纠纷调解作为近些年上海社区管理的热点，因为涉及每家每户的实际利益，容易引发矛盾，遂成为社区治理中的“棘手”难题。虹口“新家园”建设与合作事务所参与业委会组建和社区物业纠纷调解等活动，取得了良好效果，究其原因，与社会组织在参与物业管理过程中的角色定位密切相关。其一是专业定位。“新家园”团队成员中有物业管理专家、律师和专职社会工作者，物业管理中遇到的大部分问题都可以通过专业手段予以解决，再有，“新家园”在处理此类事件时积累了大量经验，能够熟练应对复杂多样的物业管理状况。其二是社区定位。“新家园”是依托社区发育成长起来的社会组织，因其属性而自然地亲近社区居民。无论是谁，要调解社区中发生的物业纠纷，都需要收集和掌握大量信息，且要通过为居民所接受的方式展开调解，“新家园”恰恰具有这方面的优势。其三是身份定位。“新家园”是社区物业管理的参与者，不过它不是当事人，而是参与治理的第三方。在当事人争执不下的情况下，“新家园”往往能够站在事件之外做出更清晰的判断，同时起到“牵线搭桥”、沟通多方的润滑作用，使社区难题得到顺利解决。

社区规划与城市微更新：社区规划师的探索

许月丽（香港大学建筑学院城市规划与设计系博士研究生）
茹烨坤（华东理工大学社会工作系硕士研究生）

一、背景与缘起

社区已经成为展现当前我国城市化发展从重速度向重质量转型的关键载体，同时也是矛盾最突出、最集中的地方。加强和创新社区规划与社区治理是中国城市社会经济发展到现阶段必须面对的一个迫切问题。经历了几十年城镇化建设的快速发展，人们逐渐从充满田园生活的早期城市跳进了充斥着建筑物和构筑物的现代钢筋水泥城市森林，人们与自然渐渐变得疏离，诗意田园在城市中也难觅踪迹。如何为城市市民提供更好的社区居住和生活空间，如何通过创新规划的方式来满足人民群众对于高品质生活的需求，是当前城市规划面临的新课题，也是社区规划师这个新职业快速兴起和发展的重要因素。本文主要通过“创智农园”这一城市社区花园建设的案例来介绍上海市对社区规划师队伍的探索，从而理解社区规划的理念和实践模式。

二、“创智农园”：社区规划的典范

“爸爸，这朵花开得好漂亮！”

“嘘，快来看，这里有一只蝴蝶。”

“我要浇多少水呢？”

“小豆子长出来啦！”

夕阳西下，大人和孩子们的欢声笑语回荡在一片郁郁葱葱的“菜园子”中。

这个“菜园子”就是位于上海市杨浦区的“创智农园”。这不是一个普通的“菜园子”，而是上海市第一个开设在街区里的社区花园。这里不仅可以种植蔬菜，还有步道、植物和水池景观、儿童活动设施以及可以举办活动的多功能空间。孩子们在“农园”里可以参与作物种植，可以在沙坑里、攀爬架上嬉戏玩耍，结识原本不相往来的小伙伴，可以参加在集装箱改造的室内空间里举办的自然教育课堂和公益沙龙等活动。出乎意料的是，如此具有活力的空间，之前只是城市开发用地的“边角料”。由于地下有重要管线通过，这里曾一度被废弃。2016 年，在当地政府、企业、居民和公益组织“四叶草堂”的共同努力下，这块被废弃的“边角料”华丽变身，将居民从原本彼此隔离的不同居住小区中吸引出来，聚集在“社区农园”。

“社区农园的种植和维护需要居民的持续参与，居民在侍弄瓜果蔬菜的同时，也可以增进彼此之间的交流。孩子们每天都能看到蔬果在不断地生长变化，这种鲜活的生命感和体验是他们在城市的其他地方看不到的，”四叶草堂的创始人、同济大学建筑与城市规划学院的刘悦来老师指出，“社区农园就是这样一种实实在在的空间，它不仅为周边不同居住小区的居民提供了交往和融入社会的场所，而且对于社区规划和城市微更新来说也非常有意义。”

“创智农园”为城市中的居民提供了与自然接触的机会的同时，也唤回了人们心中的点点乡愁，为高楼林立的冰冷城市注入了一丝邻里互动的活力和田园生活的暖意。现如今，上海的社区花园建设正开展得如火如荼，这离不开那些像刘悦来老师一样默默耕耘的社区规划师们的努力和支持。

三、社区规划与社区规划师

（一）从居住区规划到社区规划

我们认为，“创智农园”这样的社区花园不仅是物理形态的小花园，我们还应该在社区规划创新的背景下来理解其意义和运作机制。

传统的居住区规划多是基于经验或者专业上的判断做出的空间设计，很多设计存在与居民真实生活脱节的问题。此外，随着社会发展和人们生活水平大幅度提高，城市社区居民的生活方式也在不断变化。原来的城市社区空间和当今不断变化的生活方式，必然会产生矛盾和冲突。例如，随着我国城市社区老龄化程度的不断加深，城市老旧小区对于改造加装电梯的需求日益强烈。此外，老旧小区原本规划设计了很多自行车停车棚，但是如今车棚里面堆满了“僵尸车”，导致大量机动车无处停放。除了这些社区功能的缺失和错位所导致的无法满足当代生活需要的问题之外，社区内部还存在以下问题：过度硬化和缺乏生态功能，物业管理缺位导致治安隐患频出以及私搭乱建导致公共空间狭小等。这些问题如果单纯依靠传统的居住区规划是无法解决的。

本文所说的“社区规划”既不是简单地将传统城市规划理念践行在社区层面，也不是专业人员进入社区开展几次座谈会即可实现的。它打破了传统居住区规划“见物不见人”的局限，提出“重视物，更重视人”的主张，强调社区作为人们生活共同体和精神共同体的家园，要从解决居民真实生活中的问题出发，通过社区多元主体的共商共建共享，达到社区的可持续发展。

社区是社会和空间的统一体，社区规划必须进行跨城市规划、建筑学、社会学和社会工作等多专业学科领域的思考。在社区规划中，规划人员要进入社区，不间断地对社区进行调研，与社区中的不同群体进行交流和沟通，从而实现对社区的全方位理解。在社区规划的过程中，要将规划与城市基层治理相结合，充分体现居民的参与，以解决社区的实际问题为基本任务，推动社区公共空间和房前屋后的空间实现“共谋、共建、共管、共评、共享”。这是一个专业人员和居民相互学习的过程，规划人员需要对之前所学的专业知识进行再认识和再学习，从新的视角加强对专业的理解；而居民也需要熟悉和掌握与规划建设相关的政策法规，以便更好地参与互动。

（二）悄然兴起的社区规划师

社区规划需要一支职业化和专业化的队伍。随着社区规划研究和相关实践的开展，上海、成都和深圳等地陆续推出了社区规划师制度。目前我国对于社区规划师并没有严格意义上的统一定义，但是专业的社区规划师需要满足以下要求：① 必须是获得社区认同，能持续参与社区美好生活愿景的构建，具有公平、公正、公益的价值观，具有引导公众参与、沟通、协调的能力，具备解决社区事务的能力的组织者；② 是可以运用专业能力，与居民一起努力，经由社区公共空间改造，培育居民自治自主意识，创建社区组织，最后实现社区美好生活的个人或团体。社区规划师的作用可以集中体现在以下三个方面：首先是提供专业意见，并能够把专业内容以通俗易懂的方式让社区居民了解、看懂并理解不同利益的分配；其次是组织沟通，能够将社区的诉求整合到规划中；最后是能够协调各方对规划方案的意见，促进各方达成共识。

2018年，上海浦东新区开展了缤纷社区空间更新试点行动计划，聘请了“社区规划导师”；同年，杨浦区聘请了12名来自同济大学规划、建筑、景观专业的专家一一对接辖域内的12个街镇，让以前纸上谈兵的规划师们走进弄堂深处发挥专业能力，扎根各自负责的社区，对公共空间微更新、“里子工程”、睦邻家园等社区更新项目给予全过程指导。

同济大学建筑与城市规划学院的徐磊青教授作为参与过上述两个区级项目的社区规划师，他讲道：“社区规划师是第一个吃螃蟹的。”原因在于，中国以前虽然有社区规划(叫“居住区规划”),但是没有社区规划师制度,杨浦区第一个探索并明确提出“社区规划师制度”这个概念。这个试行的“社区规划师制度”包含了指导思想及工作目标、社区规划师职责、社区规划师选取和聘任方式、培训和评价、责任分工、资金安排六大板块的内容。随后,静安和徐汇等区也纷纷开始着手设置社区规划师制度,这标志着我国的社区规划工作逐渐步入正轨。

谈到社区规划师,人们通常会联想到他们坐在办公室里画图纸、做模型的情景,但是真实的社区规划设计远不止于此。现实中,社区规划师的“甲方”不是单独的政府或者某个开发商,社区规划师需要同时面对社区内外的各种利益主体,包括政府机构、社区居委会、社区居民、物业公司、开发商、辖区单位、商铺和各类社会组织等(见图 5－3)。而整合、协调及帮助诉求各不相同的多元主体达成共识,正是保障美好生活落地实现的关键。

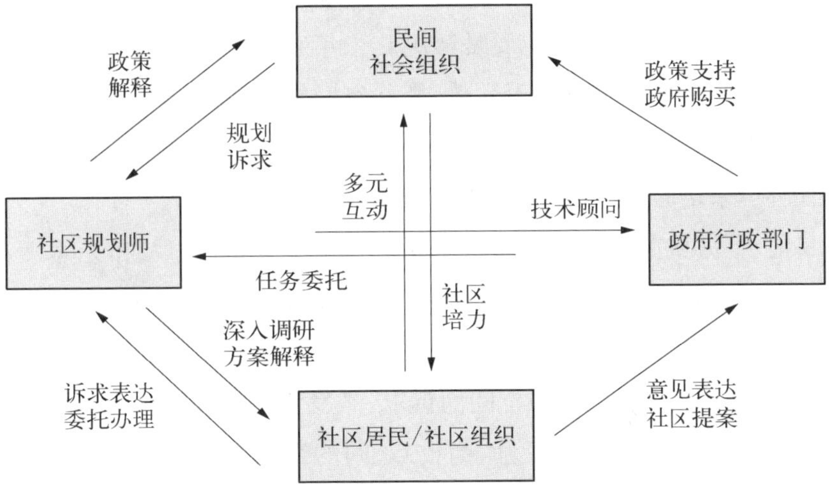

图 5－3　社区规划协作机制

所有的空间都是为人服务的,不管是社区规划还是基层治理,营造的都是人与人之间的关系。因此,社区规划师不仅是在为社区服务、为城市治理搭建平台,而且是为社区建立强有力的“社区感”。社区感取决于人们之间的身份认同、邻里关系，甚至彼此之间一定程度上的依赖。

如何让社区规划师不像一阵风一样来得快去得也快，如何让规划师与社区结合得更加紧密，是每个社区规划师都要思考的问题。徐磊青说："在经济和社会主体日益多元的今天，公众的自我意识和维权意识逐渐增强，公众参与城市决策与规划的热情愈发高涨。一个好的社区规划应该将自上而下与自下而上两种模式紧密结合，这样才能发挥各自的优势，共同推动社区规划的可持续发展。作为政府和居民之间沟通的中间人，社区规划师应以自身的工作带动和培育社区自治和共治能力。"

（三）社区微更新：社区规划的重要发展方向

上海作为社区规划实践探索的先锋城市，其城市建设已经全面进入"减量建设时期"，并迎来"城市更新时代"。上海的城市更新有很鲜明的上海地域特色和时代特征。西方国家的城市更新主要解决内城衰退和贫民窟问题，试图通过城市更新来复苏中心城区活力、提升功能品质及完善相关配套设施。而上海的城市更新，主要是解决几十年来大拆大建的城市发展过程中遗留下来的诸如市政设施不完善、公共空间缺乏、绿地缺乏、历史风貌缺乏、空间艺术人文关怀缺乏等问题。在上海，城市微更新还可以通过改造社区居住环境来培养社区公众的参与意识。

目前，上海城市微更新的路径主要有三个。一是通过城市艺术活动进行社区微更新改造。这些艺术活动主要由民间设计师联合发起，如获得政府立项的"上海城市空间艺术季"，以微观的视角及低成本的投入对空间环境进行改造，协调各方对城市空间的诉求，激发城市空间的活力。二是开展各种不同类型的团队（如设计师、高校）之间的合作。设计师团队在微更新中除提供设计服务外，还可以通过全周期的"策划、投资、设计、建造、运营"等来逐步介入城市更新当中。例如，上海同济大学的有关团队持续关注各类社区公共空间，通过举办各类教学活动和联合社区举办一系列开放论坛让更多的社会力量参与其中。三是政府力量的推动。不同于以往的规划管理主要靠项目审批来控制，2016 年，上海市规划与国土资源管理局（以下简称“规土局”)启动了“行动上海——社区空间微更新计划”。在该计划中,规土局通过下设的上海城市公共空间设计促进中心将之前“被动的”管理转变为“主动的”服务。此外,该计划在选取微更新试点后,不仅与区级部门对接落实相关问题,还同基层工作者、社区居民、设计师以及艺术家充分沟通交流。

此外,有较大影响力的城市空间更新还包括四平空间创生系列行动、浦东缤纷社区系列项目、社区花园微更新、南丹邻里汇参与式更新、衡复微空间、南京东路街道贵州里共享空间微更新等众多微更新实践成果。“过去是带学生做项目,未来是带居民做微更新,”徐磊青认为,“在上海市中心城区的老旧小区,很多公共空间往往因年久失修失去了承载社区公共活动的能力。”城市规划不能只着眼于大拆大建,公共空间在细节上的微更新更能提升老旧小区的空间品质,实现城市管理的精细化。

（四）当前社区规划的困境

在参与社区规划的过程中,人们越来越意识到社区空间的改造与居民的生活密切相关。由此可见,把社区空间的改造当作纯粹的物质空间实体来研究的方式已不再有意义,社区规划不仅仅是对空间的规划和建筑的改造,还涉及社区的治理和居民的参与。

如何提升公众参与性是社区规划的关键问题。当前的社区规划工作,由于缺乏鼓励和促进公共参与、社区自治的法律环境以及缺少扎根社区的社会组织,很多规划师提交的社区方案未能很好地结合各家各户的需求,也未能充分考虑居民的认识水平,往往陷入居民对此难以充分理解,只是被动接受决策的困境。

城市各个部门之间的联动不足也是限制社区规划发展的一个困境。第一,民政部门擅长社区建设,但是空间设计专业知识不足。第二,城管部门擅长环境整治,但在兼顾城市功能提升和群体利益方面又缺乏手段。第三,规划部门虽然擅长规划设计,但在契合居民需求、动员地方力量方面缺乏抓手。第四,文化部门虽然擅长文化建设,但在与城市公共空间密切相关的公共艺术方面缺乏鼓励机制和质量管理。由此，在复杂的社区现实中，需要具备高超的智慧和紧密的协作，才能推进社区规划的实践和发展。

社区是社会的基本单元，社区规划是“规划中的规划，设计中的设计”。社区规划不仅是城市规划的重要工作内容，还是推进社会主义和谐社会建设的重要环节。新形势下的社区规划建设在面临大好发展机遇的情况下，身负重要的社会职责和历史使命的社区规划工作者应集中精力研究探索社区规划的理论、方式和方法，以切实指导实践，为推进和谐社区、和谐城市、和谐社会建设做出贡献。

案例点评

陈泳（同济大学建筑规划学院教授）

上海市的发展重心由增量转向存量，城市更新议题日益凸显，更关注于空间品质的提升与内涵式发展，形成社区规划师制度成为城市发展到一定阶段的必然趋向。由于前期的更新建设更多是自上而下，并以经济价值最大化为目标的，普通居民往往处于弱势地位，由此带来很多社会问题。社区规划则更多面向普通居民，培养他们自主建造社区的能力，使之成为自我更新的主体。这是一种新时期的城市更新模式：首先，需要在城市建设制度的顶层设计方面进行探索，对原有的自上而下、条块分割的管理体制进行创新，才能发挥居民、社区规划师与基层组织的能动性；其次，从日常性的社区公共空间入手，激发居民的交流与交往，增强社区认同感与凝聚力；再次，以“渐进的过程”为导向，通过各方参与协调各利益相关者的核心诉求，培育社会意识，在达成共识的基础上推进社区工作的开展；最后，社区问题往往是纷繁复杂的，需要不同专业背景的社区规划师来共同参与，并充当多方协调的“组织者”，由此，社区规划工作将更具开放性、互动性与包容性。

第六编

社区治理法治化

长期以来，基层社会治理主要遵循关系治理的逻辑，但面对复杂的利益问题，基于关系治理逻辑的方式效果逐步式微，需要转型为基于规则逻辑的治理，这也是社会治理法治化的题中应有之义。

耀江社区《住户守则》是关于商品房社区如何建立规则和应用规则的案例。这一案例表明中国城市社区具备在不通过外力介入的情况下进行自主治理的能力。而有效的规则应该具备针对性、明确性、科学性和有效性等特点，应该能为社区治理提供基本遵循，并最终促进居民“正确理解自我利益”。

奉贤区“和美宅基·美丽约定”是关于乡村如何建立治理公约的案例。与城市社区不同，乡村社区是一个熟人社会，并且有集体经济作为支撑，这使得村规民约的制定有了抓手。“美丽约定”充分发挥村规民约“草根宪法”的作用，激发村民自治，实现了自治、德治、法治的“三治”融合。

塘桥街道“潮汐式停车”是规则在社区治理场景中的应用。停车难是现代城市社区治理的结构性难题，但同时也是一个治理问题。塘桥街道“潮汐式停车”这一案例一方面通过共治的方式与外部单位协调，从而实现了停车的时空互补；另一方面，则是在社区里通过自治的方式建立公约、规范流程来引导居民的停车行为，最大限度地缓解了停车难问题。

耀江社区《住户守则》：社区规则治理的典范

唐有财（华东理工大学社会学系教授）
刘远康（华东理工大学社会学系硕士研究生）

一、背景与缘起

经过四十多年的社区建设，中国的社区治理已经进入了一个利益化时代，利益问题成为社区治理的主要矛盾。如当前社区治理中的业委会和物业管理难题、停车问题、加装电梯等问题，都涉及社区居民之间利益的重新分配，是难以通过传统的思想工作和情感治理解决的。此外，社区治理中还存在大量的居民行为问题，如宠物扰民、邻里关系不和谐、噪声污染问题等，这些问题看似鸡毛蒜皮，却处于法律空白处与政府管理的死角，社区管理随意管、管不到的情况比比皆是。这些问题单靠政府自上而下的硬性规定和政策无法解决，因其与社区中的各个利益主体息息相关。因此，如何保持社区治理主体间的平衡及实现利益调整，如何通过合理的治理结构调整相互之间的运作模式和流程，如何在治理过程中实现公共利益最大化，是社区治理方式创新的重要方向。而本文中的案例耀江社区《住户守则》是社区治理方式创新的一个重要方向，是适合现代城市社区治理的一种重要的实现形式。

二、耀江社区《住户守则》的形成过程

耀江社区位于上海市黄浦区半淞园路街道，其居委会辖区北从中山南路起，南临黄浦江畔。耀江居委会所辖地域与2010年上海世博会浦西园区相伴，紧邻南浦大桥和卢浦大桥。其内居民区由10个新旧商品房小区组成，占地约0.52平方公里，户籍人口4 285户共8 330人，常住人口居多，流动人口占比仅为10%左右。耀江花园居民区是一个典型的商品房小区，此类社区的主要特点是业主的权利意识非常强，边界意识清晰，规则意识强，公共意识相对较弱。社区治理中面临的主要问题是不同业主的利益和需求多元化，还有因为停车问题、垃圾处理问题、噪声污染问题、社区卫生问题等造成的邻里之间、人与人之间的矛盾和冲突，此类问题大多与业主的行为方式有关，但却是正式制度难以解决的，因此，如何形成业主和居民普遍遵循的规则和公约是解决此类社区治理问题的重要方向。

2016年，半淞园路街道通过购买社会服务，为每个社区配备了法律顾问，为社区居民提供免费的法律咨询服务。耀江社区法律顾问王德杰律师说："其实，我们现在社区里的很多矛盾，都能够在法律框架内找到解决办法和依据。但由于社区治理涉及方方面面，解决矛盾的法律依据分散在诸多法律条文中，而业委会成员并非专业人士，所以遇到实际问题，很难使用这些法律依据来开展工作。"这说明，社区问题的解决是有法可依的，并非只能停留在"无凭无据讲道理"上面，只不过有关工作人员在法律专业人士介入之前不具备为细碎的治理问题寻找到法律依据的能力。

耀江社区的业委会主任联谊会在街道办事处、居民区党总支和居委会的指导下，根据"有法规依法规，没法规从约定"的原则，在律师事务所、居民代表和专家的共同参与下，经过深入调查、社区动员、意见反馈、反复研究、

律师参与，用时 13 个月，九易其稿，终于在 2017 年 4 月出台了耀江社区《住户守则》。《住户守则》出台后，社区向居民大力宣传，将具体内容精心设计成一本轻便的“口袋书”，让社区居民人手一册，让耀江社区特色公约在社区内“家喻户晓”并常态化实行，由此社区居民的生活质量明显改善。

三、耀江社区《住户守则》的主要做法

《住户守则》主要致力于制定和执行社区居民共同遵守的规则，提升社区居民的规则意识，从而实现规则治理。耀江花园在形成《住户守则》的过程中主要进行了以下工作。

（一）形成制定规则的治理架构

耀江花园居民区建立了“1＋1＋3”的住宅小区综合治理架构：第一个“1”即居民区党总支牵头召集居民区综合治理联席会议作为议事决策层；第二个“1”即下设工作机构“居民区综合治理小组”，打破小区界限，整合各小区资源，化解各类小区矛盾纠纷；“3”即党的工作小组、业委会主任联谊会、物业经理联谊会三个平台，三者既独立运转、各司其职，又相互支撑、协作配合。党总支派驻每个业委会的党的工作小组有力支撑并监督业委会工作，有效发动社区党员、楼组长、居民代表等参与社区治理；业委会主任联谊会联结各小区业委会，听取全体业主意见，推进社区治理；物业经理联谊会联结各物业服务企业，不断提高物业管理水平，响应社区治理。这一治理架构充分调动了社区中各类治理主体的积极性，广泛吸纳业主参与治理，从而使得《住户守则》的制定和执行具有广泛的群众基础。

（二）借助专业力量讨论制定住户规范

业主行为需要大家共同遵守的规则来规范，耀江花园居民区在专业法律顾问的帮助下，通过前期广泛调研和征集居民意见，最终形成了《住户守则》。耀江社区《住户守则》有近 40 条内容，涉及内容全面，约定非常细致，表述也十分严密，规范了住宅小区业主（住户）的权利、义务、责任，为小区业主订立根本性自治规约提供了行之有效的法律文件范本。这一规则超越了一

般的居民公约：大部分居民公约以文明倡导居多，但耀江社区《住户守则》更偏重社区治理，贯彻私法自治原则，合理界定适用对象，具有清晰的问题导向，主要围绕小区治理的高发矛盾明确分级制裁处置违约行为的规定。当业委会在自治中遇到难题时，完全可以将《住户守则》作为开展工作的依据。与一般倡导性的社区公约不同，耀江花园《住户守则》坚持以下三大原则。一是坚持问题导向，即以当下社区居民的问题需求为导向，切实解决社区居民的实际困难，特别是以有效解决社区不文明养宠、停车难、群租乱象等居民群众迫切需要解决的“顽疾”为目标。二是坚持民意导向。《住户守则》是基于社区内生需求产生的，依托“三会”制度、“零距离家园”理事会等平台，在尊重民意的基础上，引导居民群众有序参与守则的内容制定、流程出台、效果评议等全过程，形成了全体居民认可也愿意共同遵守的具有较高普遍适用性的社区规范性文本。三是坚持法治导向。《住户守则》制定中所涉及的法律法规要精准有效，应是具有普遍性、约束性的规范准则，包括实体内容，也包括程序内容，既围绕小区管理中的常见问题做具体规定，同时也要列明对违反守则的行为的纠错机制。

（三）高度重视规则的内化和执行

耀江社区《住户守则》出台后，通过民主程序，在各个小区内公示，并经全体业主投票表决同意将守则作为小区管理的合法规约。违反相关条款者，业委会有权采取措施，阻止其侵害小区全体业主的合法权益。通过各种方式，耀江花园社区的居民将法治思维和法治方式融入社区治理中。比如，之前装修中遇到楼层渗水问题时，业主首先会将责任归咎于物业，缴纳物业费的业主会无限夸大自己的权利。自从《住户守则》出台之后，发生此类纠纷时，物业公司在与业委会和业主沟通的过程中，可以依据《住户守则》第二章第八节“相邻关系”的有关条款来界定各方责任，以守则为准则。《住户守则》的出台为很多业委会与物业公司处理问题提供了抓手。制度固然重要，但法治精神和法治思维的存在更为重要。因此，制定《住户守则》的初衷就是不仅要让条文的每字每句背后都有法可依，还要通过制度出台后的遵守来培养起居民的法治精神。

四、耀江社区《住户守则》的主要特点

《住户守则》通过居民自治而形成，是居民自治的重要依据；《住户守则》作为社区软法治理的重要实践，是法治在社区的延伸；《住户守则》将传统社会基于特殊关系的德治上升为适用于现代社会基于普遍关系的规范。因此，《住户守则》是十九大提出的自治、德治、法治“三治”融合在超大城市社区治理中的重要实践，具有很强的实践意义。

（一）源于法理，依托契约精神，贯彻社区自治

参与守则编写的王德杰律师强调，耀江社区《住户守则》的每项规定都将治理经验与相关法律出处进行了对应，具有法律注解，切实做到有法可依、有据可循，并且结合实际情况设立了分级处理的奖惩办法，相当于“穿上了法律的制服”。这使得耀江社区《住户守则》得以成为一种私法自治性的新型公约。一方面，《住户守则》区别于其他社区的形式化公约，具有一定的法律性质，较其他社区公约更具约束力、合法性和公共性，能够获得居民的认同、重视和自觉遵从，且其内容明确指向治理问题，充分体现自治特色，具有更强的实用性和适用性，正如王律师所说：“很多小区都制定过居民公约，但大多都以文明倡导为主，而耀江社区《住户守则》更偏重社区治理，具有清晰的问题导向，贯彻私法自治原则，精准锁定治理对象。”另一方面，《住户守则》区别于普通、普适的一般法律，虽然巧用了法律效力，但避免了普通法律的泛化和绝对强制，不过于刻板和生硬，较普通法律更具弹性和灵活性，更加具体化和软化。作为一种社区私法，耀江社区《住户守则》独具特色，相当于法律在社区场域中的延展，并由此弥补了普通法律在社区矛盾和具体问题上的空白。同时，这也使得社区不至于发生由公约引起的二次冲突，在一定程度上规避了公约对社区关系的负面干预。

（二）内容翔实，可操作性强

《住户守则》中的每项规则指涉对象清晰、内容简练明确，这正是耀江社

区《住户守则》区别于其他社区传统公约的第二大特征。其他社区以往的公约内容过于泛化，而耀江社区《住户守则》之所以能成为“规则”，不仅仅是因为其法理效力，还因为其条文化、具体化、精准化的内容要求。例如，在养宠问题上，传统公约中的内容一般为“文明养宠”的宣传标语，而耀江社区《住户守则》明确规定“带宠物外出，需束牵引带，牵引带长度不得超过两米。如果宠物对他人造成伤害，饲养者要及时将受害人送往医院接受救治，并垫付相关费用”；在停车问题上，传统公约中的内容一般是“安全驾驶，有序停车”等，而耀江社区《住户守则》规定“住户驾驶车辆不得占用非行驶车道和公共区域，避免影响他人通行。针对乱停车的住户，业委会对逾期不改正的，可以将其车辆信息、车主信息在小区内以电子屏或其他方式进行公示，对两次以上违规停放机动车或非机动车的住户，业委会可委托物业锁车，产生的费用由相关责任住户承担”。

（三）守则的设计和修改程序规范

这一规范首先具体体现在顶层设计规范化上。围绕小区管理难题，立足于问题覆盖的全面性、适用法律的有效性、措施落地的可操作性，由半淞园路街道主导，邀请专业律师团队草拟，经过专家分析研讨、业主代表协商、有关职能部门参与讨论修订等步骤，自上而下设计制定。其次体现在修订更新规范化上。结合《中华人民共和国民法典》涉及的相关条款，聚焦近年来社区治理的新需求、新热点和新规定，《半淞园住户守则 2021 版》的内容涵盖了文明养宠、垃圾分类、公共空间使用和维修资金筹集等方面，进一步明确了住宅物业管理各方的权责，明确了业主可授权的事项、业委会可履职的范围、物业公司的责任等，既严格按照现行上位法制定，又贴近社区发展的需求。最后体现在程序指南规范化上。按照“界定清晰、量化为优、简便易行”的原则，细化了行为规定，明确了相关职责，其配套示范文本可作为程序性证据，规范了业委会、物业公司和居委会在遇到违反条款的行为时进行处置的职责范围和操作流程，为小区依法依规依约管理提供保障，确保处置过程合法合规。

总之，耀江社区将传统公约和一般法律融合，以《住户守则》这一崭新的形式重新获取了普法、社区治理和社会生活的"交集",创造了一种现代新式公约,这意味着社区公约从一味软性的道德倡导性质向活性的私法自治性质的蜕变,正式定义和解释了现代"社区规则",由此唤醒了以新式公约为落脚点的规则治理。

五、耀江社区《住户守则》的社会影响

耀江社区《住户守则》是上海首个带有法律效力的住户守则,对新时期破解物业管理、停车管理、装修扰民、宠物扰民等社区治理难题发挥了积极的作用,因此得到了社区居民的高度肯定。《住户守则》出台后,社区环境实现了明显的改善,业主们的公共意识也明显提升,特别是对于约束那些个人意志至上、损害公共权利而不自知且屡教不改的居民有积极的效果。

耀江社区《住户守则》取得了明显的社会影响,获评"2017 中国(上海)社会治理创新实践十佳案例"。2017 年 10 月 30 日,上海市委书记李强同志在黄浦调研时也高度肯定了《住户守则》,称其是贯彻落实十九大精神,推进依法治国的有益实践。此外,以《住户守则》为主要内容的黄浦区分类治理工作七法也获得了首届上海社会建设与基层社会治理创新项目征集与推广活动"十佳创新展示项目"。目前这一工作方法也被广泛借鉴推广,对推动超大城市社会治理创新发挥了积极的作用。

耀江社区《住户守则》是现代社会规则治理的重要探索和实践。与一般笼统的倡导不同,《住户守则》更加强调实效性,注重规则在解决具体问题中的针对性。这种实效性主要体现在两个方面:一是规则均围绕社区治理中的具体问题,如不文明养宠问题、房屋装修噪声污染问题、垃圾处理问题等;二是注重治理机制的设计,包括参与机制、惩罚机制、激励机制和内化机制等,进而提升社区解决具体问题的能力。

六、耀江社区《住户守则》的经验表达

《住户守则》出台后,耀江社区高度重视规则的内化和执行,通过各种方

式扩大守则的影响力，引导社区居民践约而行，使其成为社区居民的基本遵循。

第一，注重程序民主，以公开透明的程序获得小区居民的信任和认同。守则出台后，耀江社区居委会在辖区内的各个小区进行公示，并经全体业主投票表决同意将守则作为小区管理的合法规约。制定完成后，《住户守则》被分发到每个居民手中，社区居民充分学习《住户守则》的各项规定，并提出修改建议。

第二，注重宣传实效，以图文并茂的编排体例赢得小区居民的关注和认可。《住户守则》出台后，耀江社区充分发挥党员的带头引领作用，广泛动员业委会、楼组长参与到《住户守则》的宣传活动中。值得一提的是，耀江社区对《住户守则》的表现形式进行了创新，特地设计了两个卡通人物形象，以漫画的形式图文并茂地介绍每一项规定，使规定不再停留于冷冰冰的条文之中，而是充满了趣味性。蓝、绿为主基调的色彩搭配，也给人一种清新淡雅之感，增加了《住户守则》的可读性，使得居民的接受度更高了。此外，《住户守则》的开本选择也格外讲究，只有巴掌大小，方便居民随身携带、随时翻看。

第三，调动参与热情，以专家权威和发声平台的建设加速《住户守则》在社区内的传播和落地。《住户守则》出台后，耀江社区邀请专家详细解释了其中的内容，通过各种方式，将法治思维和法治方式融入社区治理中。上海交通大学法社会学研究中心与耀江花园社区联合创建了法治社会研究基地，并开通了上海市首个基层治理的实体法治交流平台“法治聊聊吧”。在“法治聊聊吧”上，业委会成员、社区干部、物业公司代表与居民可以对社区治理话题进行讨论，由法律与社区治理方面的专家、学者从专业角度给予解答和分析。在“法治聊聊吧”平台上，参与者们讨论了“交、收物业费的主体是谁？不交物业费会损害谁的利益？不交物业费有哪些不好的后果？”等问题，法律专业人士一一进行了专业解释。多方参与者最终一致认为，无正当理由拒交物业费不是对物业公司的惩罚，反而可能导致物业公司降低服务标准和质量，最终受害的将是全体业主。不少参与者之后都表示，这些讨论消除了心中很多疑问，增长了社区管理的法律知识。

第四，以正面案例强化宣传引导作用。居委会将依据《住户守则》解决的社区纠纷案例做成宣传板，在居委会办公室予以展示，社区居民通过参观学习强化了对《住户守则》的认同。而且，上海市的多家媒体都曾对耀江社区《住户守则》展开报道，增强了居民对《住户守则》的信任感和对社区的归属感。

案例点评

叶敏（华东理工大学公共政策系副教授）

耀江社区作为一个大型商品房居住区，在社区治理的过程中遇到了许多其他商品房社区的共性难点，如人口众多、结构复杂、诉求多样以及物业管理水平不足等。难能可贵的是，耀江社区在党建引领下做好了社区自治机制这一篇“大文章”，建立了能够打通社区治理“最后一公里”的“1＋1＋3”住宅小区综合治理架构，有效实现了“三驾马车”的协同治理。耀江社区的治理诀窍是建立了一种“长牙”、“带电”、有实效的《住户守则》，区别于一般意义上的“业主公约”，对社区治理中的宠物饲养、房屋出租、车辆行驶与停放、小区通行、房屋装修、垃圾处理、物业管理收费、邻里关系等一系列难题做了自治管理设计，有效增强了社区通过自治机制解决问题的能力。耀江社区《住户守则》的治理成效也说明了居民区层面能够通过党建引领实现自治、德治和法治的良性互动。

奉贤区"和美宅基·美丽约定"：村庄治理公约

马流辉(华东理工大学社会学系副教授)
熊万胜(华东理工大学社会学系教授)

一、背景与缘起

上海作为一座占地6 000多平方公里的超大城市，既有现代化水平较高的中心区域，也有半城市化的郊区和以农业为主的乡村。乡村对于超大城市而言虽然所占比重很小，但却是城市的稀缺资源。上海的发展离不开乡村，如何提升郊区农村的宜居度、吸引力，实现城市发展与乡村振兴的有机融合，是上海的重要命题。当前上海推进的五大新城建设更是为上海走出一条与超大城市功能定位相匹配的乡村振兴新路提供了新的机遇。

奉贤区是上海乡村振兴的主战场，全区按照市委、市政府提出的打造美丽家园、绿色田园、幸福乐园的目标要求，提出了打造"田园综合体""三园一总部""生态商务区"的乡村振兴新样式，着力打响国际化大都市背景下的乡村振兴品牌。在这一导向下，奉贤区积极创新基层社会治理模式，开展"生态村组·和美宅基”(以下简称“和美宅基”)创建,实施“美丽乡村,美丽约定”(以下简称“美丽约定”),走出了一条村庄有效治理的新路。

我们在奉贤区调研期间,也发现了一个比较有趣的现象,那就是很多在城镇里买房的人开始选择回农村老家修建房子,年轻人也比以前更爱回村里了。农村这个原来人人逃离之地,如今为什么会成为人们心驰神往的空间?有人回答了这个问题:“现在村里面环境这么好,我也想搬到乡下去住了。”这是奉贤区时下不少人的真实想法。而这一转变要归功于奉贤区“和美宅基·美丽约定”的实施。

二、“和美宅基”:划小单元、以奖代补,治理撬动自治

为践行“绿水青山就是金山银山”的发展理念,解决农村地区普遍存在的“脏、乱、差”等人居环境突出问题,奉贤区于 2017 年 5 月开展了“和美宅基”创建工作,通过合理设置创建标准、划小治理单元、以奖代补等形式,撬动了村民自治,激发了农民参与热情,实现了农村面貌大变样。

(一)制定创建标准、打破部门思维

“上面千条线,下面一根针”,农村作为国家治理的基础,地域广阔,治理事项繁杂,涉及众多的政府部门。在过去的乡村治理过程中,各个条线部门往往各自为政,自上而下的资源缺乏有效的整合机制,致使“政出多头”,农村基层干部为了应付不同部门的要求而疲于奔命,乡村治理的绩效低下。奉贤区推出的“和美宅基”创建,在一定程度上突破了乡村治理的部门思维,通过构建各个政府部门有效协商参与的共治平台,最终形成“和美宅基”的创建标准。具体来说,由区地区办(原区社建办)统筹协调,在充分征求有关政府部门意见的基础上,形成了“三清三美”的创建标准,即清“五违”①、清群租、清垃圾、河道美、绿化美、民风美,六大类创建标准中包含了来自规土局、拆违办、市场监管局、环保局、人口办、农委、绿化市容局、水务局、民政局等

① “五违”指的是违法用地、违法建筑、违法经营、违法排污、违法居住。

多个部门的一共26项具体创建标准。通过科学、合理地设置“和美宅基”创建标准，各个涉农的政府部门对农村的工作要求都找到了一个抓手，从而形成合力，推进农村社区建设。

（二）确定奖惩规则、激发村民自治

村民自治是实现乡村治理的制度基础。奉贤区通过多轮村组撤并后，现有建制村规模较大，平均几百户到1 000户不等，村民自治在行政村范围内难以有效运行。而村民小组范围较小，平均30户左右，而且地缘相近、村民相熟，便于村民自治的开展。正是基于这样的认识，“和美宅基”以村民小组为基本单位开展集体创建，并且建立相应的责任连带机制，只要一户不达标就视为整组不达标，通过以奖代补激发村民自治参与积极性，实现乡村治理目标。村民小组按照“三清三美”标准，经验收达标后，区镇两级按每户村民3 000元/年的标准核拨奖励资金。每名村民小组长奖励1 000元/年。整村创建成功，则在原有基础上给每户村民增拨奖励资金1 000元/年，每名村民小组长增发奖励500元/年，优先考虑纳入美丽乡村建设叠加相关奖补政策。这一奖惩规则的设置，充分利用了熟人社会的关系结构特征，在村民小组这一治理层级探索村民自治的有效实现形式，从而调动了村民的参与热情，提高了农村人居环境整治的效能。

截至2019年6月，奉贤区已成功创建1 844个村组，农村人居环境得到了根本改善。如今，走进创建达标的村民小组，田间窝棚不见了，历史违建拆除了，陈年垃圾清理了，河坡上的鸡鸭棚搬走了……人们看到的是一幅水清岸绿、景致如画的田园风光。老百姓也在创建过程中增强了参与度、获得感。村民们说：“环境干净后蚊子、苍蝇也少了，晚饭端到外面场地上来吃；以前子女回家不愿意多待，现在不仅待得多了还带朋友来乡下玩。”

三、“美丽约定”：“面子+票子”，建立创建成果的长效管理

“和美宅基”创建工作取得了积极成效，但如何巩固创建成果，提升创建质量，形成管理的长效机制，是摆在奉贤区委区政府面前的重要问题。为

此，奉贤区于2018年11月起，推动开展“美丽约定”行动。通过村民参与、村民制定、村民遵守的方式，用“村民的话”管“村民的事”，实现村规民约再升级，发挥村规民约“草根宪法”的作用，激发村民自治，充分发挥自治、德治、法治三位一体治理体系的力量，切切实实维护了“和美宅基”的创建成果。

（一）几上几下、简化形式，制定“美丽约定”

根据《中华人民共和国村民委员会组织法》，村民会议可以制定和修改村民自治章程、村规民约。可不少村干部反映，至少在过去十余年间，村规民约就是村委会“锁在办公室抽屉里”，村民“从不会翻看一眼”，却又不得不摆在那里的“规定文件”，它对乡村治理不具有指导性，对村民则很难产生约束力。为改变村规民约在乡村治理中被弱化的局面，奉贤区近年来做了如下探索：全区10万多户村民在镇、村引导下，通过座谈会、宅基课堂、党建微家等形式和阵地，几上几下，充分酝酿，集思广益，提出自己的“急、难、愁、盼”问题；通过召开村民会议，表决形成本村“美丽约定”（一般为10条），作为本村村民的“行动指南”。相比传统的村规民约，“美丽约定”具有便于记忆和容易操作的特点。如今，各村的“美丽约定”均不超过一页纸，最多的15条，最少的只有8条，具体内容也能够反映当前乡村治理中迫切需要解决的问题。现在，奉贤区170个村家家户户的门上都贴了“美丽约定”公示牌，便于查阅、使用，村规民约真正成为老百姓日常行为规范的公开准则。

（二）问题导向、制度保障，保证约定效力

“美丽约定”的内容不是口号型的标语，而是结合各村实际、根据问题导向、切实关系到老百姓自身利益的规定。如有的村流动人口比较多，这些村就把“出租房屋遵守‘一证一户’制”写入“美丽约定”；再如有的村是归并村，这些村就把“禁止毁绿种菜”写入“美丽约定”。约定内容简洁明了，针对性强，且都与村民福利挂钩，增强了约定的约束力。同时，奉贤区人大通过《关于推进实施“美丽乡村·美丽约定”行动的决定》，提出各街镇、各有关部门要督促基层自治组织按照规定的工作步骤和方法，制定、修订和完善“美丽约定”，确保其合法性，为“美丽约定”提供有效的法律支撑和制度保障。

（三）“票子＋面子”、严格奖惩，激发内生动力

光有“美丽约定”，没有相应的奖惩措施还是很难规范引导村民的行为。奉贤区“美丽约定”将奖励和惩罚规则同步写入约定中，从“票子＋面子”两个方面进一步推动“美丽约定”发挥“草根宪法”的约束力。在“票子”方面，有的村将“和美宅基”奖励金留存一部分，作为长效管理考核金，每月考评，合格则奖励，不合格则扣发；有的村对违反约定的村民暂停或取消当年度村级自筹福利待遇；有的村对丧事从简的村民给予一定的资金补偿或设宴折扣。在“面子”方面，全面落实公开公示制度，开展诚信村、诚信户评选，对违反约定的村民，警告后仍不整改的，纳入村级“黑名单”，不能参加任何评优活动；对违反约定的党员，视情况予以通报批评。目前，全区 2 300 多个村民小组均已设立公示牌，每月根据村民履约情况，以笑脸、平脸、哭脸等直观标识在公示牌上公示，对先进典型和突出问题进行通报。党员家庭户在公示牌上亮身份，将党员执行约定的情况纳入民主评议内容。村民们说：“谁家没有遵守约定，左邻右舍心里都有一本账，这户人家也会难为情的。”

奉贤区通过“和美宅基”和“美丽约定”的实施，极大改善了农村的面貌，达成了较好的社会治理效果，并有望能够做到长效维持。其中的关键在于，奉贤区通过体制机制的创新，用行政资源撬动村民自治，激发村庄内部活力，利用自治完善社会治理。应该说，奉贤区实践中的村民自治新模式，是实现村庄善治的有益尝试和宝贵经验。

四、如何让自治机制持续运转？

从“和美宅基”的创建到“美丽约定”的推行，村民自治作为基础性的制度安排在其中发挥了重要作用，一定程度上，这是在探索村民自治的有效实现形式。当然，村民自治在实际运行中也存在着各种问题。比如，在创建“和美宅基”的过程中，部分村民的有效参与不足，“美丽约定”形成以后，对有些村民缺乏约束力。针对这些乡村治理顽疾，奉贤区充分利用法治资源，在法治的制度框架下促成相关问题的解决。

奉贤区人大常委会印发《关于推进实施“美丽乡村·美丽约定”行动的决定》，要求区信访办、区司法局等部门在信访矛盾化解、纠纷调解过程中，把握好自治与法治的关系，保障“美丽约定”在调处纷争中的作用。区人民法院、区人民检察院加大对公序良俗的司法保护，依法确认“美丽约定”中违约罚则的效力。镇信访办也积极配合“美丽约定”的实施，比如某镇有居民来信反映自己因将违章房屋出租被村里取消村级福利待遇的问题，信中措辞很激烈，镇信访办了解了情况之后，讲清政策，讲清“美丽约定”的奖惩机制，最后劝导村民接受了这一条“美丽约定”。可见，面对日益复杂的乡村利益格局，完全依靠自治手段显然无法破解各种治理困境，必须援引法治、德治等多元化的治理资源和手段，在“三治”融合中推进“和美宅基·美丽约定”的可持续发展。

案例点评

（唐有财，华东理工大学社会与管理学院教授）

自治、法治、德治“三治”融合是中央对于乡村社会治理的要求，也是被实践证明的有效治理路径。在这一治理体系中，自治是根本，即充分发挥村民在村庄治理中的主体性和能动性，充分激活村庄治理的活力；法治是乡村治理的重要保障，其本质是形成有效的规则治理体系，从而实现乡村公共事务治理中讲规则、守规矩；德治是乡村治理的支撑，主要是通过道德示范、文化教育等方式形成乡村正能量。

奉贤区“和美宅基·美丽约定”是新时代“三治”融合的典范。美丽乡村是新时代超大城市郊区农村振兴与治理的目标和方向，问题的关键在于如何形成美丽乡村的长效维护机制。“美丽约定”是建设美丽乡村的社会机制，它不是简单依靠行政权力和市场机制来驱动的，而是来自村民们的参与行为和主体意识。首先，“美丽约定”是自村民中形成的，体现居民的自治精神，约定背后是一种共识，即村庄应该是环境优美、适合居住的；其次，“美丽约定”不是简单的倡导，不是花架子，条条都要落到实处，特别是针对村民的不良行为和生活习惯，是具有约束力的，体现了法治的精神；最后，“美丽约定”实际上是树立一种新的价值标准和道德规范，让村民们在正确理解自己利益的基础上形成对公共利益的尊重，强化了村庄的公序良俗，体现了德治的精神。

塘桥街道潮汐式停车：用规则来规范停车

叶敏（华东理工大学公共政策系副教授）
王小彦（上海市黄浦原点社会治理促进中心总干事）

一、背景与缘起

随着市区居民购车数量的增加，“停车难、乱停车”已成为社区管理的难点。特别是一部分老旧小区，车位确实非常少，小区外又没有合适的停车空间，出现了居民车子“有家不能回”的尴尬情况。

不过，同样是老旧小区集中的浦东新区塘桥街道，“潮汐式停车”的方法有效地缓解了停车老大难问题。“潮汐式停车”使住宅小区与周边商务楼或超市达成协议，晚上小区居民可以将车辆停进商务楼，同样，白天的时候，上班族可以将车停进小区。

塘桥街道区域面积约为3.86平方公里，地处浦东新区陆家嘴金融城南端，是高度城市化地区。街道内交通发达、商业繁荣，高档楼盘和老小区混合共存。塘桥街道辖区内共有70个居民小区，有巴黎春天、沃尔玛等大型商场超市，两个三甲医院，以及多幢商务楼。仅陆家嘴软件园，每天就有3万名白领上下班，再加上医院、商场带来的人流，以及当地居民，塘桥地区每天的人流量不下10万人次。但是，据统计，塘桥地区的固定车位只有8 000多个。每天，小区里的绿化带、消防通道里，全部停满了居民的小汽车。即使这样，还是满足不了居民的停车需求，居民停车只能向小区外发展。不管白天、晚上，总有人冒着被贴条的风险，将汽车停在路边。停车难导致小区停车的"恶性竞争"，有的老人为子女抢占车位甚至大打出手。"为了子女下班后有个停车位，过去有的老人下午就去占车位，居民之间经常为此发生纠纷。更惊险的是，有一次，小区有位老人心脏病发作，由于小区道路堵塞，急救车开不进来，差点耽误抢救。"南浦居民区党总支书记介绍道。社区干部们也对小区的"停车难"问题非常头疼："小区曾面临着近百个停车位缺口，无序停放既破坏了小区绿化，又堵住了应急通道，埋下了安全隐患，怎么办?"停车矛盾也成为经常"霸占"塘桥热线的主力。塘桥街道党工委书记奚德强介绍，停车难是社区代表大会上群众反映最激烈、反映频率最高的问题，如何破解停车难问题，事关百姓的切身利益，考验着基层政府的治理能力。

二、塘桥街道探索"潮汐式停车"的主要做法

（一）瞄准车位不够的"假象"

停车难的原因是车位不够，但是这种不够在一些区域并不是绝对的，而往往是"相对不够"。塘桥街道探索的潮汐式停车正是破解因一墙之隔的分割而造成的停车资源不足问题的有效方法。比如，南浦大桥下，只有一墙之隔的高端商务楼与公寓小区曾经出现过看似"奇怪"的正常现象：白天，永业大厦里车子非常多，上班族们只能将车停到浦东南路，而此时隔壁的国地公寓里却有大量空车位；入夜，国地公寓的车主下班回家，小区开始面临车位紧张的尴尬，而永业大厦里的空车位却很多。

停车难问题是真实存在的，可为什么会出现这种"怪象"，难道真的是因

为停车位不足吗？发现了这种情况后，塘桥街道办事处随即对辖区内的车位资源展开调研，结果发现，居民区的车位缺口达2 000多个，商务楼的车位缺口是1 000多个，而居民区与商务楼的停车高峰期正好错开。特别是在对永业大厦和国地公寓的进一步调查中发现：永业大厦商务停车场夜晚几乎没有车辆停放，而国地公寓白天却有40多个车位空闲，双方都存在车位的时段性闲置，更为重要的是，永业大厦和国地公寓相互毗邻。于是，商务楼与居民小区分时段交换车位的解决方案应运而生。

（二）试点探路：局部试点，错时停车

通过商务楼与居民小区分时段交换车位来达到相邻地点的资源共享，错时互补，乍看起来“潮汐式停车”像是简单的加减法，可实际操作起来却是一道颇为复杂的多元方程。塘桥街道以永业大厦和国地公寓为试点，探索商业体与社区之间的停车资源最大化利用。在“潮汐式停车”的想法被构思出来以后，作为一种尝试，塘桥街道和房管办将《错时停车方案》向永业大厦和国地公寓的物业公司征求意见，相关情况也一并通过业委会向居民公布。在街道的牵头联络和斡旋下，两家物业公司就交换车位的数量、时间区段和停放管理等事项进行了充分的协商，不出两个月，双方就达成了共识，并承诺交换车位的停车费用统一按照小区的标准进行收取。共识达成以后，国地公寓为永业大厦提供了白天停车的车位，而在夜间，小区内无法停放的车辆则停到了相对空闲的永业大厦停车场，通过错时停车，双方的停车问题都得到了解决。在停车方案试点的几个月里，两家物业公司进行有效的管理，参与车主也积极主动配合，双方的良性互动使得当初的协议得到了很好履行，很少有矛盾和纠纷发生。

（三）经验成熟之后全面推广“潮汐式停车”

国地公寓与永业大厦的“潮汐式停车”试点，使得政府没投入一分钱就解决了近30辆车的停车问题，此成效给了塘桥街道将这一工作经验和方法在全区域内进行推广的信心。为了深入了解社区内的停车资源和停车状况，塘桥街道以购买服务的形式委托物业服务社对社区内的停车资源及停车状况进行全面的摸排了解。调研数据显示，塘桥街道辖区内目前共有地下、地面停车位 10 700 个，其中商品房小区车位 6 146 个、老小区车位 1 033 个、社区单位及商务楼车位 3 001 个、道路车位 370 个，社会停车场车位 150 个（目前未使用）。调研结果证实了街道方面的猜想：实际白天停车数量大约为 7 293 辆，夜晚大约为 9 559 辆，白天各商务楼、各单位车流较为集中，而夜晚大部分车辆则都涌入住宅小区，而且很多居民小区与商务楼、驻地单位毗邻，广泛实施车位交换的条件基本满足。结合调研报告及试点工作经验，塘桥街道在全区范围内为有停车困难的小区与商务楼、驻地单位进行牵线搭桥和配对，实施车位交换。至此，“潮汐式停车”得到全面推广，停车方案也发展出了多种模式，既有一对一式的，也有一对多（或多对一）式的，还有单方面为对方提供车位的单位。

（四）通过协议和公约打消小区居民的顾虑

伴随着“潮汐式停车”的全面推广，社区内关于“潮汐式停车”的各种不和谐的声音不断涌现出来。商务楼虽然很乐意跟小区交换车位，但小区居民的心态却很复杂。小区居民产生了一些疑虑，比如商务楼停车位的收费价格会不会高于小区的价格，有车位的车主和没有车位的车主都担心交换车位是否会带来治安隐患，新增的停车费是否能得到有效监管和正确使用等。为消除大家的疑虑，塘桥街道办事处专门成立了“潮汐式停车”项目领导小组，居民区党组织成立“潮汐式停车”管理工作小组。物业服务社作为第三方社会组织，通过业委会主任沙龙及物业经理联谊会加强对“潮汐式停车”方案的宣传，与居民多次召开听证会、代表会，真心听取居民意见。经过广泛了解发现，业主对外来车辆停进小区有疑虑的另一个原因是担心物业向车主收了停车费却没用到居民身上。对此，物业公司做出承诺：“这笔停车收益将全部对业主公开，一分钱也不会动。”一方面，街道、房管办和物业公司等各方合力共治；另一方面，社区尊重民意，通过业委会实施民意征询制，措施公开透明，有关部门为居民解疑释惑，最终赢得了居民的理解和支持。两个月后，南浦居民区与永业大厦签订了“潮汐式停车”协议：8:30 至

17:00，永业大厦的白领或来访者都可以把车停进国地公寓，包月停车费仅50元，比业主的停车费便宜一半；到了17:30至次日8:00，永业大厦停车库对业主开放，并听取了协商议事委员会的建议，同样把每月200元的停车费降到了100元。业主每天停车虽然要“多走几步路”，但是车总算“有地安放”，他们“很放心”。

为了进一步统一和规范“潮汐式停车”的操作流程，明确参与各方的权利和义务，提高协议的约束力，街道方面决意出台《塘桥社区“潮汐式停车”公约》（以下简称《公约》）。《公约》的起草工作再次由物业服务社接受街道的委托进行，并由两者共同商讨确立了《公约》的三大基本原则：第一，“潮汐式停车”的实施必须以书面的协议为基础，以加强工作的规范性，提高对参与主体的约束力；第二，协议的签订应限于单位与单位之间，以避免单个车主寻求车位、扩大管理范围而导致管理不便，保证社区安全；第三，公约的主要约束对象应确定为小区业主和车主。针对《公约》草案的格式和内容，街道内部进行了广泛的沟通，并就一些法律问题向专业人士和机构进行了咨询。然后，《公约》被提交给各业主委员会，征询其意见，并力求将“潮汐式停车”过程中已经存在的和可能存在的问题都涵盖进来。在听取各方意见后，《公约》前后经过了多次修改，并最终在业委会主任沙龙上得到一致通过。《公约》出台以后，已经实施“潮汐式停车”的各物业公司之间纷纷补签了《塘桥社区“潮汐式停车”管理服务协议》，而之后参与“潮汐式停车”的单位也必须按照《公约》规定的程序完成协议的签订与备案。塘桥街道工作人员蒋晓丽介绍说：“一开始，偶尔也会有人忘了去开车，现在大家都养成习惯了，一到约定的时间就去挪车，我自己上班时也把车停在附近小区，每天下午五点半，一定会去挪车，不给小区居民添乱。”

（五）“互联网+”智慧停车系统升级潮汐式停车

在前期经验的有效探索基础上，塘桥街道还将利用智能化、信息化系统提高停车效率，一款名为“爱塘桥”的停车诱导系统APP已经投入试运营。车主可以通过手机定位查询“潮汐式停车点”，整个塘桥都将变成大潮汐停车场。塘桥街道办事处副主任周悦静说："从静态诱导升级到动态诱导，今后在APP上可以实时显示塘桥有哪些停车位正空着，通过网上申请后使用。今后的潮汐点不仅仅是一个公共停车场，甚至可以是一个私人车位，业主可以拿出他的产权车位，出租空余时段，在APP上完成对接，这样，塘桥辖区内的潮汐式停车位将大大增加。"

三、"潮汐式停车"的成效与启示

（一）成效："停车难"在塘桥不再难

经过几年的实践，如今塘桥街道的"潮汐式停车点"已经增加到30个，盘活停车位近2 000个，"停车难"在塘桥不再难。"潮汐式停车"推广后，受益的还有一些公共事业单位。上海儿童医学中心的物业负责人表示，街道通过社区共治，请附近一个小区的物业公司帮忙，利用白天的闲置车位，让医生的车停进了小区，解除了医生上班的后顾之忧；同时，也"腾挪"出医院的车位，方便就诊者停车，双方皆大欢喜。在陆家嘴软件园工作的白领也表示，原本一个停车位一个月的停车费要450元，还要"抢车位"，如今，通过各部门协调，盘活了周围小区的车位资源，每月只要花120元就能解决上班的停车问题。塘桥街道的工作人员表示，"潮汐式停车"实现了公众平稳、有序参与社会治理，达成了利益的最大化。在"潮汐式停车"的策划、实施中，每一个利益主体都能得到平等对待，共同利益得到维护，由此形成的《公约》也成为社区主体依法自我管理、基层组织依法治理的具体实践。

（二）"潮汐式停车"的启示

"潮汐式停车"动员社区多元利益主体广泛参与社区治理，解决社区问题。社区中存在着多元的利益主体，只有业主及自治组织、物业管理公司等各方主体积极参与，才能达到多元主体参与社区治理的条件，否则，治理工作依然只能是政府组织开展的工作。在"潮汐式停车"的落实过程中，政府部门退居幕后，充当社区治理的"引路人"，为停车工作的开展提供协商、沟通、监督和仲裁等服务。在众多主体中，尤其要充分发挥社会组织的作用，塘桥物业服务社(以下简称“服务社”)的专业化服务供给、差异化需求发现在问题解决中发挥了不小的作用。在项目开展之初,服务社展开了实地调研,查明社区停车“大数据”,并在项目的执行与停车公约的制定中进行跟进与评估。服务社还扮演了一个“老娘舅”的角色,在各个场合协调各方诉求,做好了政府的“合作伙伴”。

塘桥街道“潮汐式停车”的成功在很大程度上有赖于商务楼、驻地单位和居民小区可以利用的停车资源潜力。另外,公约、社区共识等社会资本作为一种无形资源,也为社区共治的顺利开展提供了重要保障。社区问题的解决也从来都不是一种纯粹的多中心治理,其不能离开基层政府的引导。街道党工委的正确领导、街道各职能部门的有效管理也在社区共治中发挥了不容忽视的作用,特别是在社会自治经验不足、社会资本积累不够的情况下,街道党工委、街道各职能部门依然是重要的权威来源和管理技术提供者。塘桥街道党工委的指导、街道房管办的牵头协调在“潮汐式停车”的落实过程中发挥着重要作用:在社区治理中通过协商产生共同的约束机制,避免社区共治进入混乱的利益争夺。《塘桥社区“潮汐式停车”公约》及其规定的协议的存在保证了“潮汐式停车”的正常秩序,形成了广泛的社区共识,在整个社区治理“棋局”中,将其从“停车难的困局”里解脱出来。

专家点评

冯猛(上海师范大学社会学系教授)

社区治理中不乏好创意,如何把好创意转化为好结果,塘桥街道的“潮汐式停车”案例提供了一种参考。停车难,是城市化进程中居民小区和商务楼宇共同面临的难题,不过,两者停车拥挤状况出现的时间能够错开,为解决停车难题创造了契机。将契机转化为行动,塘桥街道走在了前面。首先是资源共享,居民小区和商务楼宇都愿意提供车位和对方分享，背后的原因是双方通过车位共享能够获得更大的便利，增进彼此的“福利”。其次是意见沟通，在工作推进过程中，针对社区居民和上班职员的疑问，街道第一时间做了沟通和答疑，有街道在解决停车问题上做担保人和中间人，减少了利益相关方的疑虑，确保了工作的顺利开展。再次是规范操作，在总结已有经验的基础上，街道会同各方制定《塘桥社区“潮汐式停车”公约》，为执行“潮汐式停车”方案提供明确的制度依据，当更多社区和单位参与进来时，已有了可以参照的规范。最后是技术支持，如果只有个别小区和商务楼宇参与“潮汐式停车”，使用人工手段尚可满足车主需要，但当参与规模扩大时，信息化手段就变得必不可少，停车系统 APP 恰恰起到了提高停车效率、优化供需匹配的作用。

第七编

社区多元共治

新时代的社区治理应该走向何方？改革开放以来的基层社会治理创新是在从单位制走向社区制的大背景下推动的，主要目标是回应从组织脱嵌之后社区居民的再组织和兜底服务等问题。进入新时代，基层社会治理的外部环境、居民诉求、主要矛盾和目标任务都发生了深刻的转型，因此，如何构建共建共治共享的社会治理共同体是未来治理创新的重要方向。

邻里汇工程是徐汇区在前期邻里汇服务空间建设的基础上试图打造新时代基层社会治理枢纽工程的重要探索，它是对一系列基层社会治理创新的重要集成。邻里汇工程以打造共建共治共享的社会治理共同体为目标，通过片区一体化空间改造、社区治理平台搭建、社区资源整合以及治理机制完善等全方位的创新，探索超大城市中心城区治理的有效路径，形成基层社会治理的品牌工程。

黄浦区的“零距离家园”也是类似邻里汇工程这样的体系化创新。“零距离家园”的形成是为了解决社区治理疑难问题，通过行政力量下沉实现多方共治，即“管理零距离”阶段。不过，随着“零距离家园”建设的逐步深化，在各个发展阶段中从居民自治和街区共治着力，最终形成社区共同体意识。

社区基金会是近年来基层社会治理的重要创新，也是公益慈善模式的重要创新。上海的社区基金会已经初步形成了一个行业生态，文中选取的几家社区基金会都是该行业的佼佼者，它们在资源筹集、项目设计、社区动员、破解问题方面都发挥了积极的作用，是未来社区共治的重要主体，代表了社区治理社会化的发展方向。

邻里汇工程：从服务空间向治理枢纽的转型

汪仲启(中共上海市委党校公共管理教研部副教授)

一、背景与缘起

为更好地实现党的十九届五中全会提出的“改善人民生活品质，提高社会建设水平”的宏伟目标，深入实践“人民城市”的重要理念，贯彻落实“五个人人”的努力方向，进一步加强和创新基层社会治理，不断满足人民群众对美好生活的向往，持续推进社会治理共同体建设，在新起点加快建设人民城市最佳实践区，徐汇区在前期邻里汇服务空间建设的基础上不断创新升级，打造了新时代基层社会治理枢纽工程——邻里汇工程。

二、徐汇区的邻里汇建设

(一) 项目背景

城市是一个不断生长的生命有机体，城市空间必然始终面临老化衰退和改造提升的问题。我国部分城市的老旧小区普遍存在建筑设计落后、设备设施老化、公共空间不足等问题。这不仅直接影响了人民群众的居住品质，也在一定程度上制约着居民交往和社区治理活动的开展。如何通过社区公共空间建设改善群众的居住环境，进而促进社区优良治理，是一个重要的民生问题和治理问题。

徐汇区作为上海市中央活动区和十大商业中心之一，一面是高楼大厦的华丽，另一面却有着不少狭小逼仄的旧里弄和老小区。老旧小区的户型普遍较小，且缺乏公共空间，人民群众对“公共客厅”和交往空间的需求十分迫切。2016年，在上海市委“1＋6”文件出台推动“资源下沉、重心下移”的背景下，时任徐汇区委副书记、区长方世忠以“行走式办公”的形式，在40摄氏度高温的双休日调研了13个街镇20多个小区，发现徐汇区的社区公共服务空间少、资源散、功能弱，社区治理缺乏有效的抓手和平台，社区养老设施建设也面临邻避效应的挑战。为了满足人民日益增长的美好生活需要，徐汇区开始构思和推动邻里汇建设，希望通过邻里汇的社区服务连锁品牌，着力打造社区居民的共享空间、社区服务的前沿阵地、社会治理的枢纽载体。

（二）典型做法与实际成效

自2016年年底“邻里汇”项目正式启动以来，2017年4月，全区首个街镇级邻里汇——康健街道寿昌坊邻里汇——正式投入运营。2018年，区民政局出台文件①深化邻里汇品牌建设，同时开始探索向下延伸至居民区的邻里小汇。2019年，徐汇区结合社区治理功能、邻里小汇和服务型居委会建设，出台“1＋3”系列文件②，深入推进邻里汇从“服务载体”转向“治理枢纽”。2020年，徐汇区在“区—街镇—居民区”三级体系全覆盖的基础上，进一步研究制定了评价体系③，并进行了首轮创建评比，以激励基层社区争创治理新标杆。

---

① 《关于深化邻里汇品牌建设构建徐汇美好生活共同体的实施办法》。

② “1＋3”系列文件：《徐汇区进一步深化邻里汇建设持续提升人民群众获得感、幸福感和满意度的实施意见》以及《邻里汇建设和运行管理规范（2019修订版）》《居民区邻里小汇建设和运营指引》《关于深化为民服务功能推动居民自治的指导意见》。

③ 《徐汇区星级邻里汇创建指标体系》。

第一，优化邻里汇三级联动体系，做实服务群众的“最后一公里”。徐汇区以15分钟社区生活圈为半径，在13个街镇所建立的邻里汇的基础上，向上延伸建设1个区级国际邻里中心，发挥好引领示范和统筹指导作用，打造邻里“旗舰店”；同时，向下以5分钟家门口生活圈为半径，形成了306个居民区邻里小汇。由此，形成了“区—街镇—居民区”的“1＋13＋306”三级联动、全面覆盖的邻里汇网络体系。邻里汇网络体系深入居民家门口，不仅增加了社区公共服务空间，也实现了服务集成，有效破解了长期以来基层公共服务拉“条”为主、各自为政的问题，推动社区服务从“最后一公里”逐步走向“零距离”。

第二，以党建引领撬动平台建设，实现从服务空间到治理枢纽的转变。以邻里汇为枢纽，发挥党建引领作用，推动社会组织、社会企业、共建单位等治理主体多元参与，搭建民意收集、民主协商的空间平台。尊重群众首创，在服务上注重因地制宜、按需定项、各具特色，改变以往社区空间功能单一的状况和自上而下的传统路径，推动邻里汇从服务空间向治理枢纽的转型。

第三，充分发挥社区群众的自治作用，打响邻里汇建设的“徐汇范式”。邻里汇通过对社区能人的挖掘培养，对议事机制的优化完善和社会力量的资源共建，深耕打造系列品牌项目。这些品牌不仅强化了居民对邻里汇社区文化的认同感，还以广大居民群众的需求为出发点，充分激发社区群众的自治潜能，最终形成“邻里汇、汇邻里，美好生活共同体”的“徐汇范式”。

三、从邻里汇到邻里汇工程

随着我国全面建成小康社会并进入全面建设社会主义现代化国家新征程的新发展阶段，在上海实现高质量发展、高品质生活需要积极践行“人民城市人民建，人民城市为人民”的重要理念，深化完善新时代基层党建和社区治理体系，打造共建共治共享的社会治理共同体。

徐汇区通过邻里汇工程建设，致力于打造人民城市的社区样本和最佳实践区。聚焦建设“美丽、温馨、活力、智慧、和谐”家园的基本导向，用3～5年时间，努力以更高水平回应人民群众对美好生活的新期待，将邻里汇工程打造成落实“五个人人”目标的基层治理标杆，凝练成具有当代价值、能够复制推广、始终保持领先的徐汇治理范式。

（一）从服务供给向系统治理转变

从邻里汇到邻里汇工程是从服务空间向治理枢纽的深刻转变。邻里汇工程将以“五个家园”建设落实人民城市的社区样本。

一是回应城区治理新挑战，建设人人向往的美丽家园。持续开展“美丽家园”建设，实施分类治理，精准施策，在不同类型的社区打造若干邻里汇工程示范点，提升社区规范化精细化水平。打造一体化片区引领示范，建设一批条块共建、街区共融、社会共治、人民共享的卓越片区。

二是紧扣美好生活新期待，建设人人享有的温馨家园。聚焦居民群众“急、难、愁、盼”和矛盾复杂的老大难问题，进一步梳理加装电梯、旧住房修缮、物业管理、适老化改造、困境儿童关爱、清洁楼组、文明养宠、群租治理、飞线充电整治等基层治理难题，进一步提升群众感受度和满意度。

三是激活共建共治新动能，建设人人参与的活力家园。持续完善群众参与社会治理的制度化渠道，鼓励居民围绕社区公共议题有序开展协商，制定完善的居民公约、住户守则、团体章程等社会规范。聚焦停车管理、文明养宠、公共设施使用等热点问题，开展自治实践和探索创新，形成一批合法合规、切实可行的自治规约。

四是把握数字化转型新趋势，建设人人交互的智慧家园。发挥互联网对社区共同体建设的延伸叠加效应，不断完善“社区云”居社互动板块和“汇治理”移动终端，搭建人与人、人与社区的线上交互平台，使居民意见能够有效表达，解决结果及时反馈，打造现实与数字“孪生”社区。做好老年人、残疾人等群体的智能技术无障碍服务，创造优质普惠的数字生活新图景。

五是适应平战结合新常态，建设人人安心的和谐家园。健全疫情防控常态机制，强化社区群防群控合力，推动社区常态化疫情防控措施落实落地。全面完善社区突发应急机制，建立健全社区应急队伍，提高社区防范和应对各类突发事件的能力。建设完善的立体化、法治化、专业化、智能化的社会治安防控体系。

（二）实际成效

邻里汇是由党委领导、政府主办、社会多元主体共同参与的社区治理和服务共享空间，致力于打造成家门口的党群站、会客厅、托老所和便民点，体现小空间、大集聚，小平台、大创新，小载体、大服务。针对城市社区特别是老旧小区公共活动空间稀少、公共服务资源不足等问题，徐汇区率先构建集服务性、活动性、交往性于一体的邻里汇。1 个区级邻里总汇，13 个街镇邻里汇，306 个居村邻里小汇，共同构成徐汇区服务人民群众的“平台”、配送公共资源的“管道”，撬动治理创新的“支点”，打下党建引领共建共治共享社会治理格局的空间基础。

然而，邻里汇的空间体系建设并没有从根本上破解社会治理和社区治理的难题。现有邻里汇空间的资源配送功能显著，而撬动治理功能未能得到充分发挥；邻里汇站点对落地小区的服务带动作用明显，但对周边社区的辐射效应不足；社会治理和社区治理中的整合效应、联动效应、参与效应和良治效应也没有从邻里汇中完全释放出来。

邻里汇工程是徐汇区面向“十四五”，在邻里汇的空间站点建设基础上，落实“五个人人”、推动高质量社会发展、实现人民生活更加美好的创新社会治理标杆工程。邻里汇工程旨在实现徐汇区创新基层社会治理从空间建设到治理赋能，从小区布点到片区融合，从服务惠民到一体发展的转型升级。邻里汇是以空间站点、资源配送为核心的社会建设，属于徐汇区对基层公共服务的优化；邻里汇工程是以联动参与、一体发展为要旨的社会治理，属于徐汇区对基层社会治理的创新。邻里汇是物理空间和可见资源的供给，邻里汇工程则是升级赋能和治理模式的创新。从邻里汇到邻里汇工程的升级，徐汇区社会治理和社区治理在形态、空间、机制等多重层面上的拓展完成了完善和转型升级。

（三）核心功能

1. 邻里汇，汇邻里

邻里汇工程将进一步汇聚多元主体力量，推动人人有序参与治理，实现社会治理的资源整合、功能复合、服务融合，创新性解决民生难点、治理痛点、工作堵点。一是注重引入专业社会组织，积极搭建各类平台，畅通专业社会组织进入社区的渠道，整合区域内外的枢纽型、资源型、支持型、专业服务型社会组织的各自资源，协同社区各类主体和力量，形成社会治理的资源链、服务链和创意链。完善政府购买服务目录管理制度，落实在同等条件下优先向专业社会组织购买，加强与邻里汇的项目对接和组织联动，深化专业社会组织在社会服务领域、养老领域、文化领域、卫生领域以及体育领域的参与效能。二是大力培育社区社会组织，进一步激活社区治理的内生动力，紧扣邻里汇建设需求，广泛调动社区居民和多方主体参与社区社会组织发展，通过实施一批项目计划和开展系列主题活动，引导社区社会组织深度参与“邻里守望”系列社区志愿服务活动、“共建共治共享”系列社区协商活动、“共创平安”系列社区治理活动以及“文化铸魂”系列精神文明创建活动，真正推动社区社会组织在建设社会治理共同体中更好地发挥作用。三是充分挖掘社区居民达人，创新集聚达人的有效途径，做实纵向和横向支持网络，继续强化邻里汇的综合议事功能，充分发挥居民区联席会议制度、“三会”制度、邻里汇理事会会议以及邻里社区“公共客厅”的功能，聚焦业委会组建或换届、物业管理、垃圾分类、群租治理、停车难、电瓶车充电、适老化改造、文明养宠、楼组自治等“急、难、愁、盼”问题，引导更多社区达人有组织、有计划地参与社区治理，强化社区居民的家庭结伴、邻里结情、社区结缘的家国情怀，塑造社区居民的主人翁意识和责任意识。

2. 邻里汇，汇党群

党政军民学，东西南北中，党是领导一切的。在城市基层工作中，党建引领既是基层治理的发动机，也是行动者。邻里汇工程要始终坚持党建引领，使邻里汇成为党组织领导下资源汇聚、整合动员的重要阵地。一是党的元素融入邻里汇空间。在空间硬件建设上体现党建要素，通过规划、设计、展示，将邻里汇建设成党建引领社区治理的示范性平台，使邻里汇整体上体现和展示党的光辉。二是党的组织建在邻里汇阵地。社区和楼宇中有许多地域党支部、临时党支部、联合党支部、流动党支部，要在明确支部组织功能的基础上，将邻里汇打造成党组织固定的活动场所。推动社区党委的实体化建设，规范党的组织体系，使邻里汇成为党组织的活动地、集散地和责任区。加强党组织的纪律和责任建设，使每一位党员承担一定的社会治理责任，成为社区治理的积极行动者。三是党的功能嵌入邻里汇平台。充分发挥党组织的联动作用，使邻里汇成为区域化党建中不同党组织交流沟通的平台。发挥党组织的整合作用，以街道社区党组织为主体，以邻里汇为平台，进而整合各类治理资源。发挥邻里汇治理体系的辐射作用，通过党建带群建做好群众工作。开发邻里汇的学习教育功能，形成党员学习教育课程资源包，并进一步通过推进党建学习教育的“中央厨房配送”开发党建服务功能，通过邻里汇向基层党组织下沉资源，并为党员群众和基层党组织做好党建服务。

3. 邻里汇，汇民智

推进社区民主协商，使邻里汇成为街道、社区各类不同主体开展民主协商的平台。重点总结归纳乐山坊推进多元主体参与和民主协商的经验，形成规范化的程序和制度，并以邻里汇为平台将其进一步向全区推广，形成徐汇社区治理中的民主协商体系。一是坚持居民当家作主的代表会议制度。通过邻里汇为社区代表会议提供空间支持，进一步激活居民代表及社区代表会议的功能。二是形成上通下达的社情民意机制。依托邻里汇合理设置“两代表一委员”联络室和街道社代会代表联络点，通过代表委员轮值接待，定期听取居民诉求，畅通民意表达渠道，切实做到问需于民、问计于民、问效于民。三是完善吹哨报到的基层治理机制。强化职能部门“基层吹哨、部门报到”意识，完善基层约请制度，设立邻里汇约请站，加强与区级网格化管理的联动，街镇或居民区可按需约请区级职能部门前来邻里汇共商社区事务，为基层提供更多面对面的专业服务和专业支撑。四是强化多元参与的社会共治机制。通过邻里汇进一步强化区域化党建机制，将邻里汇建设成驻区单位参与社区治理和履行社会责任的重要平台。五是培育以社区居民为主体的社区自治机制。用好居民区联席会议制度和“三会”制度，定期开好邻里汇理事会会议，建好邻里社区“公共客厅”，加强基层协商共治和居民自治，推动社区共建共治共享。

4. 邻里汇，汇资源

邻里汇不应仅被定位为一个实体化的空间，而是应该作为一定空间和地域内的社会治理的枢纽发挥作用，它联结着更加丰富和广泛的治理体系。从邻里汇建设的布点建网情况来看，邻里汇联结和拓展的是街区/片区的治理体系，发挥的是街区治理枢纽的功能。邻里汇要想吸引更多居民停留和参与，应当在空间布置上增加更加亲民、更加便民的设计和布置，鼓励居民在这里开展日常活动和参与基层治理。进一步梳理居民群众的需求，在此基础上推进公共服务职能进一步向邻里汇下沉和整合，使邻里汇成为党群服务、公共服务、社会服务和生活服务的中心。

5. 邻里汇，汇智能

邻里汇工程以大数据、云科技、物联网以及人工智能等先进科技为支撑，把牢人民城市的生命体征，充分发挥政务服务“一网通办”和城市运行“一网统管”的功能，将“邻里汇”的服务功能向纵深延伸，加快新型智慧城区建设，推动徐汇城区数字化转型，打造科学化、精细化、智能化的徐汇区“数治”新范式。聚焦智慧养老、智慧社区等重点领域，引入人工智能和大数据技术，开拓人工智能应用场景，创新项目建设，打造智慧养老、智慧生活的示范点和体验馆。延伸便捷、高效的政务服务。依托区行政服务中心和街镇社区事务受理服务中心“一网通办”的服务体系，合理设置社区政务服务延伸点，配备多功能触摸屏、小机器人“徐小邻”等智能化自助服务设备，全天候为社区居民和区域单位提供服务事项的咨询和办理，并为行动不便、办事困难的社区居民提供代办服务、上门服务等个性化定制服务，真正落实家门口、指尖上、一体化政务服务。

四、邻里汇工程的经验启示

从邻里汇到邻里汇工程，是徐汇区主动回应人民需求、落实中央和市委要求的重要民生工程、民心工程、治理工程，更是抓住机遇打造人民城市社区样本的重要举措。

第一，整合资源，回应民生需求。习近平总书记指出，人民的需求就是我们的奋斗目标。从邻里汇到邻里汇工程，徐汇区始终紧扣人民需求，整合条块多元力量，推动资源下沉、重心下移，通过建立全面覆盖的一体化空间服务载体，将公共资源配送到群众身边，不断改善人居品质、回应民生需求。

第二，党建引领，提升社区温度。充分利用基层党建和“块区党建”的组织、引领力量，从关心人、帮助人，到尊重人、发展人。社区干部走百家门、知百家情、解百家难、暖百家心，以更优质的公共空间和公共服务吸引人、凝聚人、引领人、带动人。

第三，治理导向，激发社会活力。邻里汇工程不是简单的“送服务”，而是着眼于“促治理”，通过让居民群众从“走出来”到“动起来”，让他们成为社区治理的积极参与者和行动者。同时，只有充分引入专业社会组织与企业力量，充分孵化社区社会组织，才能将政治资源、社会资源与经济资源充分融入社区治理。

案例点评

李威利（复旦大学马克思主义学院副教授）

今天的城市中已基本建立了适应市场化社会、流动化社会、生活化社会的治理结构。不过，随着经济社会发展和人民生活水平的提高，人民对于更高质量的治理和更高质量的生活有了新的期待，党和国家对于进一步实现社会治理的科学化、规范化也有了更高的目标。在今天社会治理的基础上，未来的城市生活将在两个维度上拥有更高的治理目标：一是法治社会，即针对各类社会矛盾，不是侧重协调或调解，而是构建能够规范个人行为的治理体系，通过制度化程序和公共执法规范个人行为，以推动社会外在秩序的规范有序；二是健康社会，即不仅关注社会的物质条件，还要关注良好的社会生态。健康社会不仅关注人的物质需求、生理需求，还要进一步关注人的心理健康，使每一个个体都成为文化的、公益的、行动的积极公民；另外，健康社会要求人与人之间构建起更加和谐、互益的社会关系，这就需要在治理体系上进一步强调社会资本的培育和群体生活的构建。

徐汇区邻里汇工程正是在这一背景下展开的。从邻里汇到邻里汇工程，意味着徐汇区基层社会治理的模式有了一个质的跃升，即从原来以政府为主导打造服务空间的模式转变为多元参与、培育共建共治共享的社会治理共同体的模式。从邻里汇到邻里汇工程，一以贯之的核心理念是以人民为中心的城市发展和治理理念，以关心人、服务人、改变人、发展人为最终落脚点，特别是聚焦“老、小、旧、远”和困难群众，以空间拓展和功能提升为抓手，构建新时代城市社会治理新高地。

黄浦区“零距离家园”：社区多元共治治理模式

唐朗诗（华东理工大学公共政策系副教授）
王小彦（上海市黄浦原点社会治理促进中心总干事）

一、背景与缘起

政府所面临的公共问题往往属于“跨界”问题，当前中国社区同样呈现出多元化格局，其公共事务具有跨边界性质，因此需要建立起多元主体间的合作治理。党的十九大报告指出要“打造共建共治共享的社会治理格局”，十九届四中全会进一步强调，必须“完善党委领导、政府负责、民主协商、社会协同、公众参与、法治保障、科技支撑的社会治理体系，建设人人有责、人人尽责、人人享有的社会治理共同体”，这对社区多元共治提出了明确的要求。

但是我们也要看到，虽然社区内存在着相互关联的多元主体，但他们在实践中未必会趋于合作共治。若多元主体之间的关系处理不当，反而会导致种种冲突，比如物业管理纠纷问题以及引发业主维权的群体性事件。面对这类问题，多元主体或者事不关己当“甩手掌柜”，或者相互推诿，由此产生“搭便车”和“公地悲剧”现象。所以，社区要形成共建共治共享的治理格局，就必须为多元主体参与构建充分的激励机制，这都需要良好的制度设计给予保障。

黄浦区南京东路街道自2009年以来，着力探索和深化“零距离家园”治理模式，通过“零距离家园”建设，发挥基层党组织的领导核心作用，统筹凝聚各类党建资源、行政资源、社会资源，推动居民区、商铺、楼宇等各方互联互动，促进各方主体共同参与社区建设，共同治理社区公共事务，共同分享社区发展成果，形成共建共治共享的新格局，努力建设和谐有序、宜业宜居、活力盎然、融合共享的美好社区。

二、“零距离家园”模式的创立与发展

（一）中心城区的治理难题

黄浦区是上海的经济、行政和文化中心所在地，南京东路街道辖区属于历史悠久、商业繁华的中心地带。由于商业发展时间较早且速度飞快，南京东路街道辖区既保留了历史街区和老旧里弄住宅，同时又拥有现代综合性大型购物商场、商务楼宇、商品房小区，因此南京东路街道的社区结构具有鲜明的“二元”结构和“三高”特点，这也是城市中心区域所普遍存在的。

“二元”结构具体表现为两个方面：一方面，南京东路街道辖区是上海旧房最为密集的城区之一，拥有约80万平方米的风貌保护街坊（上海全市风貌保护街坊为730万平方米），大部分居民居住于老旧里弄住宅，住房成套率不足30%；另一方面，街道辖区内高楼云集、商务资源丰富，辖区内有63幢商务楼宇、8 000余家社区单位。

“三高”特点即外来人口高密度化、常住人口高龄化、商居高混合化。街道常住人口96 484人，外来人口占了45%，在有的居民区里甚至占了65%以上，除此之外，还有20余万人的工作人群。人口的高流动性对传统的人口管理服务提出了挑战，而且流动人口缺乏社区归属感，社区参与的积极性不高。高度人口老龄化也使得社区治理的公共服务尤其是养老服务的压力增

大。街道辖区内60岁及以上老人的数量占人口总数的比例高达23.2%，70岁及以上的独居老人有1 041人。商居高混合化则加剧了社区事务的复杂性，不同类型的居住区与楼宇以及多元化的群体对于社区治理有着多样性的诉求。

“二元”结构和“三高”特点极大地提升了社区治理的难度，直接考验着基层政府应对民生保障、环境卫生、市容交通、人口管理和公共服务等问题的能力。因此，如何缩小“二元”结构差异、增强社区自治力量、激发社区治理活力、化解治理困境，成为基层政府的治理难题。

（二）“零距离家园”的几个发展阶段

面对诸多治理难题，南京东路街道积极探索解决问题的新机制、新方法、新思路，提出了“零距离家园”治理模式，构建了党建引领社区多元共治的机制。

2009年，南京东路街道提出了“零公里社区，零距离服务”，创立了“零距离服务”品牌，并持续不断地深化“零距离服务”机制。经过十余年的发展，街道已经形成居民群众、自治组织、社会组织、企事业单位、行政部门等各方力量共同参与社区建设、共同治理社区公共事务、共同分享社区发展成果的良好局面，全面建成了“服务群众零距离、议事协商零距离、条块协作零距离、多元互动零距离”的“零距离家园”。“零距离家园”本身的理念就是通过加强社区治理，让个人、家庭、单位、社会团体等各类主体之间没有隔阂、没有距离，良好互动、共商共议、共治共享，每个社区都是和谐融洽、充满活力的“零距离家园”。

从发展过程来看，“零距离家园”建设推动社区治理经过了“管理服务”“居民自治”“街区共享”三个阶段，最后向地理、时间、心理等全方位“零距离”的阶段发展（见图7-1）。

第一阶段，“零距离家园”的主要目标是以行政力量为支撑，提供高效、精准的管理与服务，解决长期困扰居民区的顽症和居民群众“急、难、愁、盼”问题，并以此为触发点，增强居民群众对“零距离家园理事会”的信心，以解决现实问题，促进良性循环，进而激活自治力量、孕育共治萌芽。

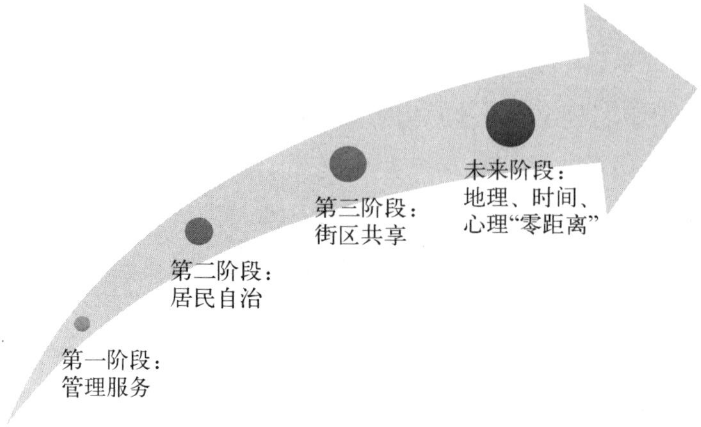

图 7-1 “零距离家园”的几个发展阶段

第二阶段，“零距离家园”的主要目标是以居民自治为根本，借助“零距离家园理事会”平台的引导与支撑，以社区公共议题为导向，使居民在积极参与民主协商的过程中学会自己管理自己，而街道做好资源配置和行政指导，帮助居民区提升自治能力，逐步实现“老百姓的事由老百姓自己商量着办”。在这一阶段，“零距离家园”引导下的各居民区基本都有了自治品牌项目，居民自治蓬勃开展。特别是自治基础扎实的居民区，如贵州居民区、顺天村居民区、承兴居民区、江阴居民区等，通过自治形式解决“零距离家园理事会”平台上的问题的比例已达 50%。

第三阶段，“零距离家园”的主要目标是以街区共建共治共享为重点，积极推动社区治理主体向社区外延伸拓展，建立与社区单位、社会组织的协同合作，依托“两代表一委员”，把老百姓的需求和呼声向更高层面反映，在全社会层面取得支持、赢得资源，持续推动社区治理共同体的构建。

三、“零距离家园”的主要做法

（一）顶层设计，构建制度体系

“零距离家园”坚持“三个一”的建设思路，坚持确定一个目标、制定一个体系、做实一个平台，在街道层面做好顶层设计（见图 7－2）。

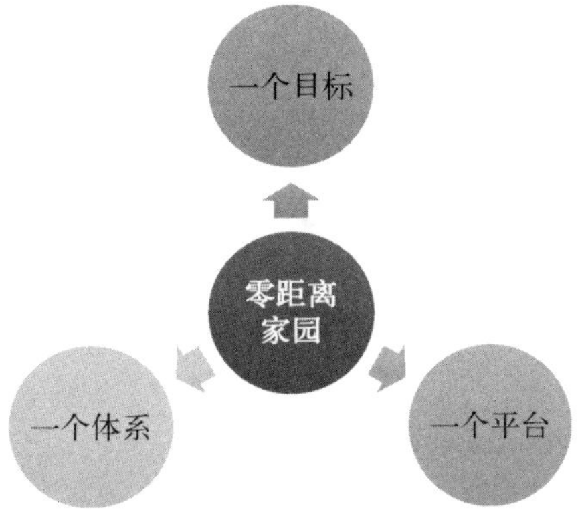

图 7－2　“零距离家园”的主要做法

一是确定一个目标。“零距离家园”的目标是，坚持以居民需求为导向，以深化“零距离服务机制”为核心，在党建引领下提升社区治理能力，强化对居民区的组织保障、资源保障、制度保障、队伍保障，真正实现“眼睛向下、服务前移、效能提升”，全面开展“平安、宜居、睦邻、共享”家园行动。构建一个党建引领、居委会主导、群众参与、社区协同的开放式治理格局，形成社会各方有序参与的多元化治理合力和最大化的治理效果。

二是制定一个体系。为保证“零距离家园”的顺利推进，南京东路街道制定了《零距离家园实施方案》《零距离家园联络员制度》《居民区三治理事会制度》等配套文件。同时，建立组织、资源、制度、队伍四个支撑体系，不断完善居民区经费投入机制、社区资源服务配送机制、管理部门下沉机制、信息化平台建设机制、网格化对接机制、自治项目机制、社工队伍培训培养计划等，保障“零距离家园”建设的落地生根。

三是做实一个平台。完善的“零距离家园理事会”的组织架构（见图 7－3）为更好地推进“零距离家园”建设构筑了载体与平台。“零距离家园理事会”是居民区协商议事的平台，也是一个条块协作、资源共享、多元互动的平台。它不仅是发现问题、提出任务的平台，还是一个解决问题的平台。这个平台有效地解决了居民区议而不决、效率不高、效果不强、居委会干部威信不高、居民自治力不足等社区治理痛点问题。

（二）资源下沉，促进条块协同

在传统的社区治理中，居民区承担了大量协助开展行政工作的任务，但又缺乏足够的人力、财力、物力等各种资源，出现了权责不匹配的困境。党

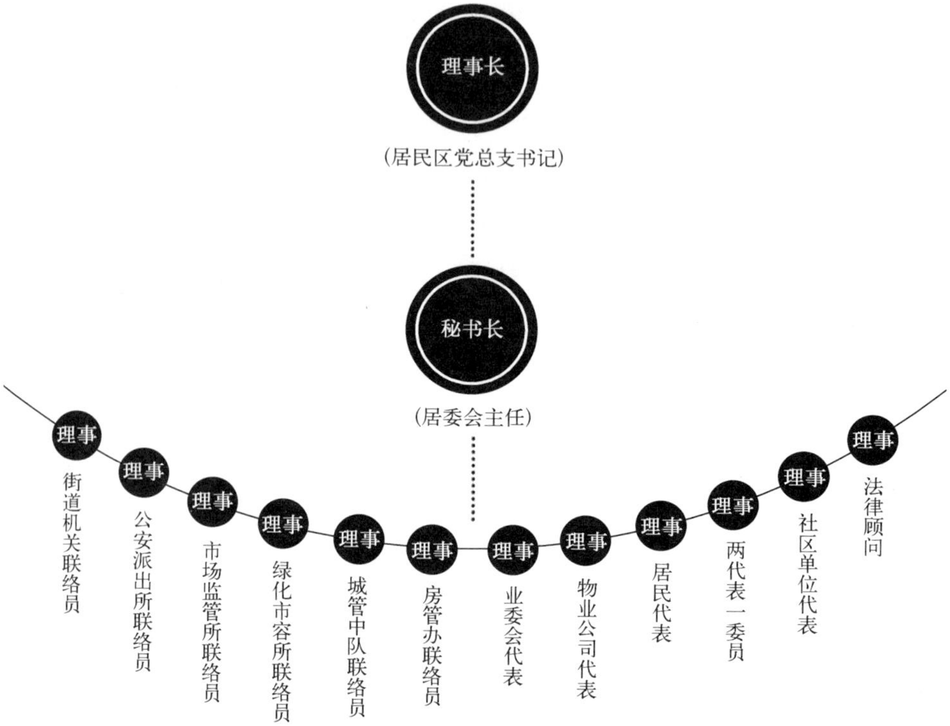

图 7－3 “零距离家园理事会”组织架构

的十九届四中全会指出：“推动社会治理和服务重心向基层下移，把更多资源下沉到基层，更好提供精准化、精细化服务。”这就要求将社区治理的关口前移，将资源、服务下沉到基层。当然，这也需要理顺条块关系，建立起治理资源统筹机制，才能保障资源下沉、服务下移。

一是建立专职联络员制度。由街道机关、公安派出所、市场监管所、城管中队、绿化市容所、房管办等单位分别派出专人对口联系居民区，并担任专职联络员，同时这些联络员也都是所在居民区“零距离家园理事会”的理事。针对居民区存在的突出矛盾、疑难杂症，他们根据各自的职责，主动认领、充分参与、研究落实解决措施和方案；针对需要联勤联动的事项，理事会成员主动跨前、通力合作，“零距离”解决居民群众“急、难、愁、盼”问题。

二是建立三项保障制度。为了落实专职联络员制度的运作，街道建立了三种保障制度：首先，建立“所院办”联系居民区制度；其次，完善机关“片长、指导员、联络员”现场办公日制度；最后，设立居民区“民情手册”，居民区工作者在居民区内包块，从而把社区干部主动联系群众“走访、下访、接访”的工作制度落到实处。

三是运用多种方法协同解决治理难题。第一种方法是直接解决法，对单一、容易解决的问题，由各居民区、街道职能科室和所院办单位依职责自行解决。第二种方法是归口办理法，对于跨部门的问题，按照流程转交相关职能部门落实解决。第三种方法是协同整改法，对于涉及多个部门、难度较高的问题，每月的第三个周四由街道党政主要领导牵头，召开由各分管领导、职能科室负责人和所院办单位负责人参加的“零距离服务分析会”，联动解决。

“零距离家园”通过机制建设和方法运用，优化条块关系，推动行政管理条线力量和资源一“沉”到底，促进政府行政职能与基层自治共治有效衔接。

（三）民主协商，激励多元参与

多元共治必然包含着多元协商机制。协商机制有助于推动横向上不同治理主体的联动合作，形成多元参与的治理共同体。南京东路街道充分利用“三会”（听证会、协调会和评议会）制度，通过“零距离家园理事会”建立了包容参与、议题导向、程序规范的民主协商机制，从而激发了各主体多元参与的积极性。

一是包容参与。“零距离家园理事会”以居民区联席会议的形式开展工作，会议成员由居民区党总支书记、居委会主任、“零距离家园”联络员、业委会代表、物业公司代表、居民代表、社区单位和社会组织代表、区域内“两代表一委员”、法律顾问等组成，涵盖了社区治理的各方力量，同时又根据居民区实际和议题内容确定参与范围，具有一定的弹性和灵活空间，避免了“一刀切”的弊端。

二是议题导向。坚持问题导向、需求导向、精准服务的原则，以居民“急、难、愁、盼”的问题为导向，通过对居民需求“自下而上”的精准挖掘，实现快速、高效回应，努力实现矛盾小事不出居民区、管理服务零距离。“零距离家园理事会”实现了议题征询环节中“听证会”的常态化，加强听证前置，广泛听取民意，完善听证过程，确保对居民需求的精准提取和对社区公共议题的全面把握。“零距离家园理事会”实现了议题讨论环节中“协调会”的规范化，通过多元主体之间的民主协商，实现协调部门全、协调过程细、协调责任实，从而使得问题解决更加高效快捷。“零距离家园理事会”实现了效能评估环节中“评议会”的制度化，形成了对理事会理事履行职能和作用发挥的服务效能评估与反馈的闭环流程，确保平台运作的常态长效。

三是程序规范。多元共治要求形成公开、透明、规范的协商程序。“零距离家园理事会”在事前听证、事中协调、事后评议中都遵循规范的程序。同时，还建立了三项机制确保民主协商程序的规范化、稳定性与长效化：固化定期和适时召开会议机制，“零距离家园理事会”通过居民区联席会议的形式开展工作，每两周召开一次，根据工作需要可适时召开；细化协商讨论和现场办公机制，会上由理事会成员充分协商讨论社区议题，会后由理事会成员共同开展社区巡查和现场办公；强化快速反应与分类处置机制，明确每周四为联络员联系基层走访日，发现单一、容易解决的问题，由联络员依据职责及时联系解决，综合性问题则提交“零距离家园理事会”协调解决，复杂疑难问题便上报街道研究解决。

（四）监督考评，保障治理成效

监督考评制度是实现“零距离家园理事会”高效运转的制度设置，也是确保多元共治成效的制度保障。

一是专职联络员考评制度。针对联络员的考评，定期由居民区对联络员的考勤签到、工作记录、群众满意度测评三项内容进行公示，每半年对联络员进行考核测评。同时，由居民区党总支定期（按季度）将联络员的工作情况上报街道党工委，考评结果作为他们年终考评的重要参考依据。对考评不合格的，取消其评优资格，并视情况在一定范围内予以通报批评。

二是“零距离家园理事会”考核制度。“零距离家园理事会”形成了制度化、规范化的民主评议制度。理事会的每次会议均公开举行，并欢迎被服务对象和各界人士列席；定期组织党员代表、居民代表、楼组长、居委会干部、业委会成员、社区单位代表等开展对理事会工作及其理事履职情况的群众满意度测评；每年对职能部门的整体履职情况进行综合评价。与此同时，引入专业的第三方评估机构，切实把群众是否满意和工作是否有成效作为评判标准，将该项工作纳入并作为街道社区治理居民评议的重要组成部分，针对居民区“零距离家园”建设的知晓率和参与度等进行动态监测与评估。

四、“零距离家园”的成效与不足

（一）取得的成效

一是党建有力，增强了基层党组织的组织力。“零距离家园”是党建引领下的社区多元共治模式，实现了党组织在社区治理中的政治引领、资源统筹、群众动员、服务保障等组织力培育。“零距离家园理事会”让“走形式”的参与方成为发挥实质作用的行动者，强化基层党组织的领导地位，使其更好地发挥核心引领和组织纽带作用，强化了对社区总体利益的集约与整合。在居民区党总支的领导下，不仅落实了社区治理传统“三驾马车”即居委会、业委会、物业公司的主体责任，实现了“三驾马车”的功能整合，而且在其他多元主体社会资源的发掘、整合、激活、培育等方面，党总支更是发挥了不可或缺的引领作用。

二是下沉有度，强化了职能部门的行动力。与以往行政执法部门一人多头联系居民区、联络员制度流于形式的模式不同，“零距离家园理事会”明确赋予各方（如居民区、职能部门、法律专家、专业社会组织和居民代表）理事长、秘书长、理事等不同身份，强调1∶1配比，并要求“亮”身份上岗。理事会成员增强了身份意识和角色意识，也增添了社区归属感和自豪感，内化成敢作为的品质，外化为服务群众的行动。各居民区依靠居民自治以及沿街商铺、社区单位、“两代表一委员”等共治解决的事项所占比例高达85.80%，以法律顾问为主介入解决的事项所占比例为3.98%。而且，大量社区问题通过联络员走访等形式得以解决，无须再提交“零距离家园理事会”，提交理事会平台解决的行政事项降至 10.23%。据统计，自该制度实行以来，街道信访总量实现同比下降 65%。

三是整合资源，促进了多方联动处理问题。“零距离家园理事会”由居民区党总支搭建平台，汇聚各方力量和资源到基层一线，同时又搭建了疑难问题提交街道网格平台处理的“出口”机制，真正做到既为居民区“减负”又为其“增能”，推动顽症得到更为快速、高效的处理。如困扰新桥居民区长达八年的机动车违规停放问题，通过“零距离家园理事会”这一平台，在居民区法律顾问的全程指导把关下，由居民代表先开展问卷调查汇总居民意见，再由小区车辆督导队志愿者上门向车主发放告知书，物业公司人员和楼组长同时做好车主的思想工作，职能部门共同参与协调，最终得以妥善解决。

四是协商有效，提升了居民自治能力。和过去往往是居民被动参与、参与力量集中在部分居民骨干的社区协商不同，“零距离家园理事会”特别邀请了居民代表作为一方主体，其中有离退休的楼组长，有为社区建设积极建言献策的居民，也有在职的党员群众，让更多的居民代表做积极的行动者，参与到社区各项事务中来。贵州居民区党总支书记介绍说，区域内的社区单位的参与度和活跃度有了明显提升，小区居民更是积极参与到了社区微更新的各项重点项目的建设和各项后期维护中来。

（二）存在的不足

虽然“零距离家园”治理模式的成效明显，但在运行过程中也存在一些不足之处。例如，社区治理的行政化色彩还比较浓厚，对条线职能部门的依赖程度还比较高；社区服务的精细化程度还不够，社会资源支持社区发育和成长的便捷性还有待提高；多元主体参与社区治理的广度和深度还不够，对部分优势资源和稀缺资源的吸引力还不够。虽然“零距离家园”模式为探索符合中心城区特点和规律的社区治理路径提供了新思路，但总体而言，亮点多、“齐步走”的少，“盆景”多、真正形成“苗圃”的少，面上还没有形成高地，“零距离家园”建设的总体方向和定位还有待进一步聚焦。只有继续补短板、强弱项，夯实基础，才能不断开创基层社会治理新局面。

案例点评

唐有财（华东理工大学社会学系教授）

基层社会的治理是否有效，可以以下述指标来衡量：一是党是否具有强有力的统合力和引领力；二是各种治理主体是否充分参与；三是是否降低了治理的成本；四是最根本的，即是否显著提升了居民的满意度和获得感。南京东路"零距离家园"正是对上述治理标准的充分展现，它将党建引领、社区共治、居民区自治等要素有机融合起来，通过"服务居民零距离""议事协商零距离""条块协作零距离""多元互动零距离"四个方面的探索和发展，打造成黄浦区鲜明的治理品牌。

基层社会治理主要面对两个难题：一是横向上不同的治理主体如何联动合作；二是纵向上党的组织力和居民的自治力如何衔接。"零距离家园"正是在破解上述两个难题上发力。一是优化条块关系，推动行政管理条线力量一"沉"到底，促进政府行政职能与基层自治共治有效衔接；二是搭建"零距离家园理事会"平台，促进商居、居居和居楼三方面的街区共治，推动社区治理共同体的构建；三是以更好地服务居民为出发点，推进"服务居民零距离"，高效回应居民的诉求，快速解决居民"急、难、愁、盼"问题，显著提升居民的获得感和满意度；四是深化居民自治，从自治项目、议事规则、协商平台、自治队伍等方面多管齐下，培育居民的自治意识和自治能力，促进居民的有效参与。

社区基金会：社区治理的重要合作伙伴

张佳华（上海市陆家嘴社区基金会秘书长）
王小彦（上海市黄浦原点社会治理促进中心总干事）

一、背景与缘起

在近十年的上海基层社会治理创新实践中，以街镇为单位成立社区基金会是其中的亮点工作之一。2012 年至 2020 年，上海陆续成立了 86 家社区基金会，覆盖了全市三分之一以上的街镇，形成了规模化发展效应和示范性引领作用。随着我国创新社会治理工作的不断深入，社区基金会在现代社会治理格局中的重要性也得到广泛认可，深圳、北京、南京、成都、杭州等城市也陆续推进社区基金会的成立和发展。

2017 年，社区基金会首次被写入中央文件，《中共中央 国务院关于加强和完善城乡社区治理的意见》明确提出，“鼓励通过慈善捐赠、设立社区基金会等方式，引导社会资金投向城乡社区治理领域”。2021 年，《中共中央 国务院关于加强基层治理体系和治理能力现代化建设的意见》进一步提出，

“支持建立乡镇(街道)购买社会工作服务机制和设立社区基金会等协作载体,吸纳社会力量参加基层应急救援”。

本文主要介绍上海社区基金会的发展模式,并基于陆家嘴社区公益基金会、洋泾社区公益基金会和凌云社区基金会三个典型案例,介绍社区基金会的运作模式及其在社区治理中发挥的作用。

二、理解社区基金会

(一) 什么是社区基金会

社区基金会起源于 20 世纪初的美国。世界上第一家社区基金会由银行家弗雷德里克·哈里斯·戈夫(Fredrick Harris Goff)于 1914 年在俄亥俄州克利夫兰创立。这一新型的慈善组织形式不仅解决了当时大量信托资金闲置的问题,还鼓励社区居民团结起来共同解决社区问题,满足社区发展需求。由于其形式灵活、高效,易于推广和运用,这一形式很快便被引入加拿大,并在 20 世纪中后期从北美洲推广至欧洲和亚洲。

根据全球社区基金会地图网站统计,目前全球有 1 866 家社区基金会,遍布四大洲的 50 多个国家。其中,美国、德国、加拿大和中国的社区基金会数量最多。这些国家的社区基金会的平均受薪工作人员为 7.8 人,每家社区基金会覆盖的服务人群平均为 19.3 万人。全球 1 866 家社区基金会的年度筹资总额近 50 亿美元。教育、社会服务、健康和艺术文化是社区基金会资助的最主要的四个领域。

在各类社区基金会的定义中,由美国莫特基金会总结的社区基金会的六个特征是被使用最多的。这六个特征分别为组织化运作、独立法人、开放式架构、市民社会、使用自有资金和资产、建立包容和平等的社会。其中,使用自有资金和资产是社区基金会独有的特征。上海的社区基金会是社会组织的一种类型,大多为非公募基金会。它与社会组织服务中心、社会组织联合会共同构成推动社会组织发展和社会力量参与社区治理的“两会一中心”综合平台。

（二）社区基金会的作用

上海的社区基金会发展源于对上海基层社区治理问题的基本判断。2014年，上海市委一号课题对当时基层社会治理问题的基本结论是，“政府主导、多元主体共同参与的社会治理体系尚未有效形成。社区共治和自治水平不高、基层社会动员能力不强就是其中的一个重要方面。具体表现为政府行政资源不足与社会资源闲置的现象并存”。社区基金会作为一种新型的组织形式，可以使善款的使用更加公开透明，促进慈善资金的募集，也可以为开展社区共治和创新社会治理提供新的平台和载体。

在过去十年的发展历程中，我们看到社区基金会在以下三个方面的作用不断凸显。一是社区资源的蓄水池作用，社区基金会可以通过整合社区单位和社区居民的捐赠资源，为社区弱势群体帮扶和社区发展建设积累社会资金。二是社区治理的协作体作用，社区基金会通过联系社区单位和公众参与社区服务，与地方政府形成伙伴关系，共同改善社区治理多元主体的生态环境。三是社会创新的发动机作用，主要表现为社区基金会以新的不同于行政干预和介入的方式积极推动新老社区发展问题的解决。

三、上海社区基金会的发展历程和培育模式

上海的社区基金会主要定位于街镇层面，是指利用自然人、法人或者其他组织捐赠的财产，以从事社区公益事业、参与社区治理、推动社区健康发展为目的，按照《基金会管理条例》规定成立的非营利性法人。社区基金会作为社会组织参与社会治理“组合拳”中的重要一环，立足于服务街镇社区，其爱心资源源于社区、用于社区。社区基金会的业务范围主要包括帮扶社区困难群体、资助社区公益项目、培育社区社会组织和群众活动团队、传播公益文化等。

（一）制度先行、培育扶持

自2015年起，上海市先后发布了《上海社区基金会建设指引（试行）》《上

海市社会组织评估指标(2018 版)》《关于加快培育发展本市社区社会组织的若干意见(试行)》等文件,为社区基金会的发展提供了制度保障。这些文件明确了社区基金会设立的条件、名称,并鼓励市、区两级民政部门和街镇为社区基金会的发展提供保障;推动政府购买社区基金会的服务,将符合条件的社区基金会纳入承接推荐目录;支持社区基金会优先申请入驻社会组织孵化基地,优先享受减免场所租金等优惠政策。

上海各区结合实际情况积极推进社区基金会依法登记成立。其中,浦东新区于 2015 年开始探索区级社区基金会的登记注册,成立了陆家嘴社区公益基金会和凝心聚力社区公益基金会两家区级注册的社区基金会。普陀区于 2015 年率先实现街镇社区基金会全覆盖。2017 年,虹口、徐汇、杨浦等区实现街镇社区基金会的全覆盖,之后,浦东新区也实现了街道社区基金会的全覆盖。目前,除宝山区外,全市其他区的各街镇都已设立了社区基金会。与此同时,各区不仅在人力、财力、物力等方面给予倾斜,而且在发动社区参与、联络企业捐赠等方面也主动行动。普陀区等区还有意识地将社区建设的部分工作内容与社区基金会的公益项目有机结合,让社区基金会在参与社区治理中慢慢发展壮大。

(二) 整合资源、多元合作

社区基金会积极与社区居民、社区企业、社区社会组织、社区学校等各种爱心资源对接,获得社区各方成员捐助的资金、物资和志愿服务等,同时量力而行,雪中送炭,合理配置宝贵的社区公益爱心资源,资助社区解决最急迫的困难和问题。在理事、监事成员的构成上,充分体现社区的广泛性,由捐赠人、发起人、基层群众性自治组织代表、社区居民代表、社区单位代表、社区社会组织代表,以及街道(乡镇)代表等通过协商组成。在运作方面,社区基金会以资助型为主,开展项目化运作和管理,以居民的实际需求为出发点,通过自下而上的公益项目设计路径,确保公益项目符合社区发展需要,催化社区共同利益和共同意识的形成,吸引更多社会企业融入社区、服务社区,让社区真正实现自治共治。

（三）搭建平台、提升能力

上海市民政局基金会管理处设置了社区基金会季度例会，通过每季度一次的交流分享为社区基金会搭建交流、学习、互助的平台。同时，通过“大手牵小手”活动，为社区基金会对接公募基金会分享公募资质，拓宽筹资渠道，提升筹资能力。2019 年，全市设立了社区基金会带头人和观察点，为社区基金会的发展提供示范。

（四）信息公开、加强监督

上海市民政局联合企业基金会和高校共同举办社区基金会公益创投大赛，由企业基金会出资，社区基金会申报，在公益创投大赛中提升能力，争取资助。自 2017 年以来，上海市在每年 9 月举办社区基金会开放日，让这一新兴的社会组织形式走入居民的生活场景，让更多居民知晓。2020 年，全市第一批“暖心”专项基金在 7 个区的 10 家社区基金会开展试点，汇聚了社会爱心资金 200 余万元。例如，陆家嘴社区公益基金会的“暖心”专项基金覆盖了 20 个老旧居民区，每学期面向困难家庭的高中生和大学生发放助学款 83 000 元。

四、上海社区基金会的运作经验

上海的社区基金会发展已近十年，净资产规模达到了 2.55 亿元，累计公益支出超过 5 000 万元。但无论是在资金体量还是在运作能力方面，与大型的基金会相比，社区基金会都存在很大的差距。但与其他类型的基金会不同，社区基金会立足于社区，以整合本地社区资源和服务本地社区发展为目标，是快速成长中的社区实现自治共治的重要力量。上海社区基金会的运作经验，可以归纳为以下四个方面。

（一）积极整合社区资源

社区基金会作为资源桥梁，在社区共治层面打造了全新的治理模式，其成立发起的定位就是链接政府、社区企业、社区社会组织、社区居委会、社区居民等主体，整合挖掘社区潜在资源，为社区共治、社区发展打下基础。在整合资源的基础上，通过资助社区项目，回应社区需求，社区居民直接受益受惠。这种整合本土资源、采取本土路径（项目）、解决本土社会问题的机制，非常接地气，也被实践证明是行之有效的。

案例　洋泾社区公益基金会是上海首家公募社区基金会，借助自身作为公益组织的身份优势，洋泾社区公益基金会有效撬动和整合资源，实现了收入结构和资金来源多样化。其收入来源包括捐赠性收入、服务性收入、政府补助收入、其他收入等，资金来源途径主要有线上平台或线下动员等，包括社区劝募、项目筹资、专项基金及其他来源。在整合资源方面，洋泾社区公益基金会最有代表性的是居民专项基金。洋泾居民不仅是捐赠方，而且通过社区基金会的"羽洋参与式预算实验项目"，让全体居民投票决定资金使用，这一方式可更加契合社区居民需求，保障资金的合理有效利用；项目后期，羽洋居委会引导居民商议项目内容，推进项目落实。专项基金的设立不仅撬动了社区资源，而且为洋泾居民参与社区治理、实现居民自治、培养社区公共意识提供了一条更好的路径。

（二）激发多元主体参与

从社会管理到社会治理，最核心的概念是加强多元主体参与社会发展建设。社区基金会有着天然的社区治理的基础和优势，社区基金会通过企业、社会组织、社区居民等多元主体共同参与、互动推进的社区治理新体系，有效强化了基层"末梢"的管理和服务。多元主体参与到社区代表大会、社区委员会、居委会、睦邻中心、居委会自治家园等平台的工作中，通过充分讨论，取最大公约数，最后确定议题，形成方案。这一过程，就是社区共同利益和共同意识形成的过程。

案例　陆家嘴社区公益基金会以独立第三方的角色，协同地方政府、社区企业、社会组织、社区代表、行业专家和媒体，以利益相关方多元参与的方式，聚焦社区议题，共同探讨解决方案并采取行动。如在陆家嘴的福山路项目改造过程中，陆家嘴社区公益基金会基于社区优势，了解到一个健身房的老板想自己出资对福山路商城入口进行改造。于是，陆家嘴社区公益基金会召集项目的相关方（周围四个居民区的居民代表、商户的老板、周围学校的代表）共同讨论这个方案，并结合居民的需求重新修改方案。此外，陆家嘴社区公益基金会还集合专业力量参与城市规划，如今福山路项目已经成为社区微更新的典范。

（三）培育扶持社区社会组织

社区社会组织与群众的日常生活和社区治理密切相关，其在为社区居民提供专业化、社会化、差异化服务的过程中，能更准确地把握社区居民的服务需求，是参与基层社会治理的一支“轻骑兵”。但规模小、资源少成为社区社会组织发展的瓶颈。社区基金会通过公开招标或邀请招标等方式，筛选社区社会组织的服务项目并提供资助，同时按照基金会管理的要求，加强对项目的跟踪指导，更好地促进了社区社会组织的内部治理和规范化运作。此外，对于大量在街镇层面备案注册的群众活动团队的发展壮大，社区基金会也起到了支持作用。

案例　徐汇区凌云社区基金会以培育和发展社区的自组织团队为抓手，在开展项目时注意到“亲子教育”是社区的刚性需求，且社区里已经有了一个活跃的社群，但是其组织性和社区公共性均不足。为此，凌云社区基金会通过项目购买的形式给予该社群资金资助，并将其引导到社区参与中来。经过两年多的努力，徐汇区凌云社区基金会将该社群发展成了居民自发成立的社区社会组织“爱与绘本屋”，该组织目前已经有超过 300 个家长参与。在此基础上，凌云社区基金会又培育了“小彩鱼”儿童服务社会组织。

（四）补充社区公共服务

目前的社区公共服务有的是政府有关部门和街镇的财政资金直接提供，有的是由政府购买社会组织服务来提供的。但政府资金提供的服务有时难以满足社区多样性、临时性和紧急性需求，而社区基金会作为社区资金的“蓄水池”，可以作为行政资金的补充，更为灵活、更为及时、更接地气地提供资助，可弥补社区尚未得到满足的需求，进一步增强社区群众的获得感。

案例　洋泾社区公益基金会深入社区调研，着力打造具有洋泾地域特色的优质公益品牌。通过整合外部资源，挖掘社区资源，重点关注社区的弱势群体。例如，设立“传家宝—关爱阿尔茨海默病”专项基金，努力营造失智友好社区；实施“少年志—洋泾中学生社区公益挑战赛”项目，运用“优势视角”和“服务学习”理论，增强青少年参与社区服务的意识和能力。

(五) 培育社区公益文化

中国的公益慈善具有深厚的历史文化基础，如历史上的义仓、族田、公田等都是民间慈善的重要组织形式。但现代公益理念、公益组织形式和各种制度设计却相对滞后，社区公益的土壤相对贫瘠，因此社区基金会肩负着推动社区公益慈善创新以及培育公益文化的历史使命。相对于其他大型的公募基金会而言，社区基金会更加贴近居民，更容易让居民在基金会的运作中掌握话语权，因此社区基金会对社区慈善的推动也发挥了更大的作用。

案例　凌云社区基金会发起了“感动凌云公益人物”活动，依托社区基金会的平台，宣传社区的公益故事，引导更多的居民参与到社区公益活动中来。洋泾社区公益基金会提出了“人人公益，幸福洋泾，成为社区公益的先驱和领导者”的愿景。自 2013 年成立至今，洋泾社区公益基金会深耕社区，先后通过创新实施一日捐、少年志、小小志愿军等优秀的品牌项目，整合社区资源，增强了社区居民的参与意识和能力。

五、上海社区基金会的建设成效与反思

目前，社区基金会发展前景良好，但从全市范围内来看，此项工作仍然处于起步阶段，依然属于新生事物，还存在推进时行政色彩较浓、资金规模相对较小、专业人才严重匮乏、运行模式较为单一、整合资源能力较弱等诸多问题。我们建议，未来社区基金会的发展应该努力向治理独立性、运作规范性和项目特色性的方向发展。

(一) 治理的独立性

社区基金会的成立起步离不开街镇党委、政府的支持和推动，因此它从一开始“出生”就不可避免地带有行政的痕迹，有些社区基金会由街道自治

办（或社会办）实行日常业务和经费管理，由街道（或社会组织服务中心）工作人员担任秘书长，项目计划和经费使用需要经过街道党政领导签字。但是一旦成立，社区基金会就不是街镇的下属机构，而是独立的法人组织，是政府部门的合作伙伴，是基层共治合力中的一股重要力量。因此，社区基金会的管理和运作必须受理事会决策领导，淡化行政色彩，保持其独立性，才能更好地链接社会的多重资源。

（二）运作的规范性

成立只是万里长征的第一步，如何克服运作管理中遇到的困难和问题（如社区基金会财务一般由街道财务人员兼任，套用行政机关报销审核流程操作），才是决定其发展的关键。因此，社区基金会在信息公开、资金募集、资金运作、内部管理、项目管理、财务管理等方面都需要建章立制，规范化开展和运作。比如，可推广洋泾社区公益基金会经费使用模式，即“编制年度预算→预算决策（理事会）→执行预算（秘书处）→预算调整和决算（理事会）→向社会公示”；再如，也可推广宜川社区基金会项目筛选模式，即“项目立项→申请→评审→执行→评估”流程，加强面上社区基金会相应的服务和指导。

（三）项目的特色性

社区基金会区别于其他基金会之处在于“社区”，这就要求社区基金会充分了解本社区最基本的社情，充分了解本社区最迫切的需求，因地制宜、因人制宜开展公益活动，在此基础上形成各自公益项目的特色，逐渐呈现公益项目百花齐放的格局。

案例点评

胡小军（广州社会组织研究院执行院长）

社区基金会是近年来公益慈善和基层社会治理的重要创新形式。文章梳理了上海市社区基金会的发展过程，简单介绍了几家优秀社区基金会的运作经验。显然，每家社区基金会都是独一无二的，不同社区基金会的发展模式、资源结构、运作管理方式等都存在很大的差异。但同时我们也看到了社区基金会对于社区治理所具有的一些共性价值。首先，社区基金会是在上海大力推动街道管理体制机制改革之际成立发展起来的，鉴于其组织性质和功能，它在基层社会治理创新中能够发挥重要的作用，体现其独特的价值。其次，社区基金会对城市社区的异质性有着深刻的认识和理解，关注到了社区需求的多层次性，通过建立“社区居民需求清单”和“社区公益资源数据库”等，构建基金会长期运作的基础。最后，社区基金会在参与式城市社区规划、社区议事等领域的探索也颇富价值，通过创造社区公共议题的讨论和参与空间，能够有效凝聚社区建设多元合力，这也是社区基金会发挥社区领导力的重要体现。

后　记

2017 年，受上海市民政局基层政权建设处委托，由本人领衔的课题组对近年来上海市各区社会治理创新实践的典型案例进行调研和梳理，总结超大城市社会治理的经验做法，理解这些创新实践背后的逻辑。在将近一年的时间里，我们课题组的成员走访了 15 个区，在经过多轮讨论筛选后，最终收集了 24 个案例，内容涵盖了党建引领社区共治、居民区自治、社会力量协同、社区公共空间的规划和运营、物业管理、社区工作者专业化等当前社会治理领域最热门的议题，展示了上海这一超大城市在精细化治理方面所取得的成绩。

“一流城市要有一流治理”，上海之所以在城市社会治理方面能走在全国前列，从而走出一条超大城市社会治理新路，是与这个城市治理的管理者和千千万万的一线实践者密不可分的。当然，一流的社会治理更要归功于这个城市 2 500 万名左右的市民，他们是有序参与治理和促进城市发展的真正主体。在本次案例调查过程中，我们采访了包括市、区有关部门领导，街道有关领导，居民区社区工作者，活跃在一线的社会创新者，积极参与社区治理的居民代表近百人，感受最深的是他们精益求精的工匠精神、开拓创新的进取精神、求真务实的工作作风以及开放包容的积极心态。他们勤于思考和调研，敏于接受新的治理理念，敢于不断尝试新的方法，从而为这个城市的社会治理创新实践提供了持久的动力。

本书主要面向社会治理的研究者和实践者，我们希望能够通过案例的呈现为全国的社会治理实践者提供一些有益的参考。为了增强可读性，本书在体例上采用了案例介绍和案例点评相结合的方式。本书是集体合作的成果。长期以来，华东理工大学的基层社会治理团队秉持“国情、实证、介入”的学术理念，直面当前城市基层社会治理的真问题，深入参与实地调研，特别是深度介入了一些基层社会治理创新实践的指导和干预，培育了很多在上海甚至在全国都颇具影响力的治理品牌，如本书中的黄浦计划、社区基金会、梅陇三村绿主妇、邻里汇工程等，都与我校的基层社会治理团队不同程度的参与有关。特别感谢复旦大学熊易寒教授、同济大学陈泳教授、华东理工大学熊万胜教授、上海市委党校刘中起教授、上海师范大学冯猛教授、华东理工大学叶敏副教授、广州社会组织研究院胡小军院长、上海市委党校刘建洲教授、复旦大学李威利副教授等为案例做的精彩点评，让我们能更好地理解这些创新实践背后的理论逻辑。需要指出的是，由于能力和精力所限，课题组仅对上海的部分区和街镇的案例进行了调研，因此并不代表上海创新社会治理的全貌。另外，本书所呈现的案例只是课题组调研时的概况，实际上，这些实践本身也在不断深化和发展，因此很多案例呈现的内容并不完整。

衷心感谢上海市民政局原基层政权建设处章淑萍处长、金丽慧副处长对我们团队的信任和给予的全程指导，感谢相关区、街镇领导以及社区干部对我们本次调研的大力支持。最后，我谨代表课题组成员，对上海的社会治理创新的实践者们表达由衷的敬意。

本书的出版离不开华东理工大学出版社各位领导的大力支持，特别是各位编辑老师给了我很多专业的建议，只是因我本人之故，导致本书的写作一直拖延。稍微可以给自己一点儿安慰的是，三年后，再看这些创新案例，仍感觉其颇具生命力，也说明这些创新实践是经得起检验的。另外，由于本人及团队能力所限，对案例的介绍和分析可能不够全面，若内容存在纰漏，也请读者批评指正！

唐有财

2021 年 8 月

内容提要

本书内容主要是对 2014 年年底上海市委《关于进一步创新社会治理加强基层建设的意见》一号课题实施以来，上海市各区社会治理创新经验的总结。根据党的十九大提出的“提高社会治理社会化、法治化、智能化、专业化水平”的相关要求，本书围绕基层党建、社区共治、居民区自治、智慧治理、公共空间改造、社区基金会等当前创新治理的热点问题，详细介绍了近年来上海市各区、街镇和居民区的一些典型做法和品牌项目，梳理了上海这一超大城市在社会治理创新方面的探索实践，深入分析了背后的理论逻辑。本书可为各级领导干部、专家学者以及从事社会治理相关工作的实务工作者等提供参考和借鉴。